de

MICROSOFT®

WORD 2000

ONLINE TRAINING SOLUTIONS, INC.

Traducción de Eduardo Arias Trujillo

GRUPO
EDITORIAL
norma
INTERES GENERAL

Microsoft®Press

Edición original en inglés:
Quick Course in Microsoft Word 2000
de Online Training Solutions, Inc.
Una publicación de Microsoft Press.
Copyright © 1999.
Escrito por Joyce Cox y Christina Dudley.
Quick Course es una marca registrada de Online Training Solutions, Inc.
Windows y Microsoft son marcas registradas de Microsoft Corporation.

Edición en español publicada mediante acuerdo con el editor original,
Microsoft Press, una división de Microsoft Corporation,
Redmond, Washington, U.S.A.
Copyright © 1999 para Latinoamérica
por Grupo Editorial Norma, S. A.
http://www.norma.com
Apartado Aéreo 53550, Bogotá, Colombia.
Reservados todos los derechos.

Impreso por Imprelibros S.A.
Impreso en Colombia – Printed in Colombia

Coordinación editorial, Lucía Borrero
Edición, Libia Patricia Pardo Miller
Dirección de arte, María Clara Salazar
Preparación de pantallas y armada electrónica, Eduardo Arias Trujillo
Índice, Bernardo Borrero

ISBN: 958-04-5296-2

Del editor

Curso rápido... el nombre lo dice todo.

Hoy en día todo el mundo está continuamente buscando métodos más sencillos, soluciones más rápidas y sistemas mejores para alcanzar el éxito. Ésa es la razón para que exista la serie Curso rápido de Microsoft.

¿Por qué escoger un libro de Curso rápido?

Si todos los libros de computadores que existen en el mercado prometen ser fáciles de usar y completos, ¿cómo hacer para escoger exactamente el libro que usted necesita? Puede confiar en la capacitación de Curso rápido porque le suministra:

- Toda la información que necesita para realizar bien su trabajo, dividida en dos partes fáciles de abordar: Lo básico y Desarrollo de habilidades. Dependiendo de sus inquietudes y disponibilidad de tiempo, puede decidir hasta dónde profundizar en el aprendizaje.

- Ejercicios de aprendizaje progresivo que se apoyan en los conceptos aprendidos en los capítulos precedentes, para reafirmar los conocimientos adquiridos.

- Direcciones paso a paso para crear documentos profesionales que puede volver a utilizar y adaptar de acuerdo con sus necesidades.

- Numerosas pantallas para ayudarle a seguir las instrucciones.

- Flechas que destacan los términos clave y permiten hacer revisiones rápidas.

- Calidad uniforme en toda la serie. Si a usted le gusta un libro, le gustarán los demás.

- Posibilidad de uso individual y en cursos colectivos. La serie satisface diversas necesidades de capacitación, entre ellas instrucción en clase, ejercicios para realizar en la casa y aprendizaje personal.

Contenido general

PARTE UNO: LO BÁSICO

Aprenderá las técnicas para crear y guardar documentos, dar instrucciones utilizando el ratón y el teclado y aplicar formatos. Después, verá cómo obtener ayuda y salir de Word.

Aprenderá a usar Autotexto y Autocorrección. Luego, explorará otras técnicas de edición. Finalmente, buscará texto, lo reemplazará y corregirá su ortografía y su gramática.

Creará un memorando y un fax con ayuda de las plantillas y de los asistentes de Word. Luego, combinará dos documentos, y les aplicará formato complejo, como columnas múltiples y estilos. Finalmente, aprenderá a imprimir documentos en papel y a publicarlos en el Web.

PARTE DOS: DESARROLLO DE HABILIDADES

Usará tabulaciones para crear listas tabuladas. Luego, empleará las opciones de tablas de Word para crear y dar formato a tablas más complejas. Después, elaborará y llenará un formulario sencillo.

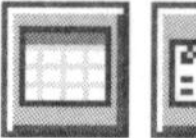

Utilizará WordArt para crear texto elaborado, y luego importará y manipulará una imagen. Además, hará un gráfico con Microsoft Graph y, finalmente, importará una hoja de cálculo de Excel como tabla.

Creará una base de datos y la usará para imprimir cartas. Luego, hará cartas modelo más complejas, con instrucciones condicionales. Por último, imprimirá un conjunto de etiquetas postales.

Contenido detallado

DESARROLLO DE HABILIDADES

5 Más efectos visuales   138

6 Combinar correspondencia: cartas modelo y etiquetas   168

Índice   194

UNO

LO BÁSICO

En la primera parte cubrirá las técnicas básicas para utilizar Microsoft Word y le mostraremos cómo crear y trabajar con documentos sencillos. En el capítulo 1 aprenderá las principales técnicas para usar el programa, mientras hace una carta de negocios. En el capítulo 2 verá las técnicas de edición de texto. En el capítulo 3 utilizará plantillas y ayudantes, y explorará formas de agregar detalles llamativos a sus documentos. Luego, le mostraremos cómo imprimir sus archivos, así como la forma de publicarlos en Internet. Cuando termine esta primera parte estará listo para trabajar con la mayoría de los documentos que haga en Word.

Cómo empezar

Mientras escribe una carta sencilla de negocios aprenderá las técnicas para crear y guardar documentos, dar instrucciones utilizando el ratón y el teclado y aplicar formatos. Después le enseñaremos cómo obtener ayuda y cómo salir de Word.

El documento de ejemplo de este capítulo es una carta sencilla, escrita en un estilo directo, con un formato clásico. Usted podrá adaptarla fácilmente para utilizarla en diferentes escritos de tipo personal y de negocios.

Documento creado y conceptos tenidos en cuenta:

Diciembre 4, 2005

Fernando Rojas, Presidente
ChillFill Inc.
Avenida Primero de Mayo # 70-28
Santafé de Bogotá

REF: FIESTA DE LANZAMIENTO DE LA SERIE SACOS GLACIAR

Estimado Fernando:

Me complace anunciar que la **Serie Sacos Glaciar**, nuestra última línea de sacos de dormir, está completa y lista para producción. Gracias al duro trabajo de nuestro equipo de desarrollo, el producto se terminó de desarrollar antes del tiempo previsto. Quiero agradecerle a su compañía por la contribución al producto. El uso del sistema de aislamiento "ChillFill" contribuye a hacer los sacos Glaciar únicos y atractivos. Muchos almacenes han hecho pedidos de estos innovadores sacos de dormir aptos para temperaturas bajo cero.

El sábado 27 de diciembre de 2005 daremos una fiesta para homenajear a los que contribuyeron al desarrollo de este excelente producto. La semana próxima lo contactaré para precisar detalles. Espero que pueda asistir.

Nuevamente, gracias.

Alfredo Pinto

<table>
<tr><td>

Otras formas de iniciar Word

En lugar de iniciar Word escogiéndolo del menú Inicio, puede crear un icono para tener acceso a él desde su escritorio. Haga clic derecho en una área desocupada del escritorio; después seleccione Nuevo y luego Acceso directo. En el cuadro de diálogo Crear acceso directo, haga clic en el botón Examinar, navegue hasta la carpeta C:\Archivos de programa\Microsoft Office\Office, y haga doble clic en Winword. Luego, haga clic en Siguiente. Escriba un nombre para el icono de acceso directo y haga clic en Finalizar. Para mayor eficiencia, usted puede simultáneamente iniciar Word y abrir un documento utilizado recientemente, seleccionando el documento del submenú Documentos, del menú Inicio; en el submenú Documentos, Windows almacena los nombres de los 15 archivos más recientes que usted ha abierto. Si está utilizando Microsoft Office 2000, también puede escoger Abrir documento de Office, desde el menú Inicio, y navegar hasta la carpeta donde está guardado el documento que desea abrir. Para iniciar Word y abrir un documento nuevo, haga clic en Nuevo documento de Office, en el menú Inicio, y luego haga doble clic en el icono Documento en blanco.

</td></tr>
</table>

Microsoft Word 2000 es un programa de procesamiento de texto robusto, que inicialmente puede parecerle complejo. Por eso comenzaremos por la parte más sencilla. En este capítulo le mostraremos cómo guardar y recuperar documentos, introducir y seleccionar texto, y desplazarse en sus archivos. Cubrirá todos estos temas mientras hace una carta corta y, cuando haya terminado, sabrá lo suficiente como para crear documentos sencillos utilizando Word.

Suponemos que instaló Word 2000 en su computador y que permitió que el programa de instalación colocara cada elemento donde corresponde en su disco C:. (Si el administrador de la red fue quien instaló Word en su computador, asegúrese de leer el recuadro de la página siguiente.) También suponemos que ya ha trabajado con Microsoft Windows. Si Windows es nuevo para usted, le recomendamos dar una mirada a un libro sobre el tema, que le ayude a alcanzar el nivel necesario sin pérdida de tiempo.

Crear un documento nuevo

¡Bueno, entremos en materia! Siga estos pasos para crear su primer documento de Word:

1. Haga clic en el botón Inicio, en el extremo izquierdo de la barra de tareas de Windows.

2. En el menú Inicio, haga clic en Programas y luego en Microsoft Word.

3. Si es necesario, haga clic en la opción Comenzar a utilizar Microsoft Word, del Ayudante de Office. (Discutiremos el Ayudante de Office en la página 31. A medida que sigue nuestros ejemplos, el Ayudante de Office lo entretendrá con algunas poses graciosas y ocasionalmente le mostrará un mensaje o una bombilla. En lugar de responder a sus mensajes, por ahora puede ignorarlo.) Su pantalla lucirá como la que se aprecia a continuación. (A medida que avance en este capítulo aprenderá qué significan las partes marcadas en la ventana.)

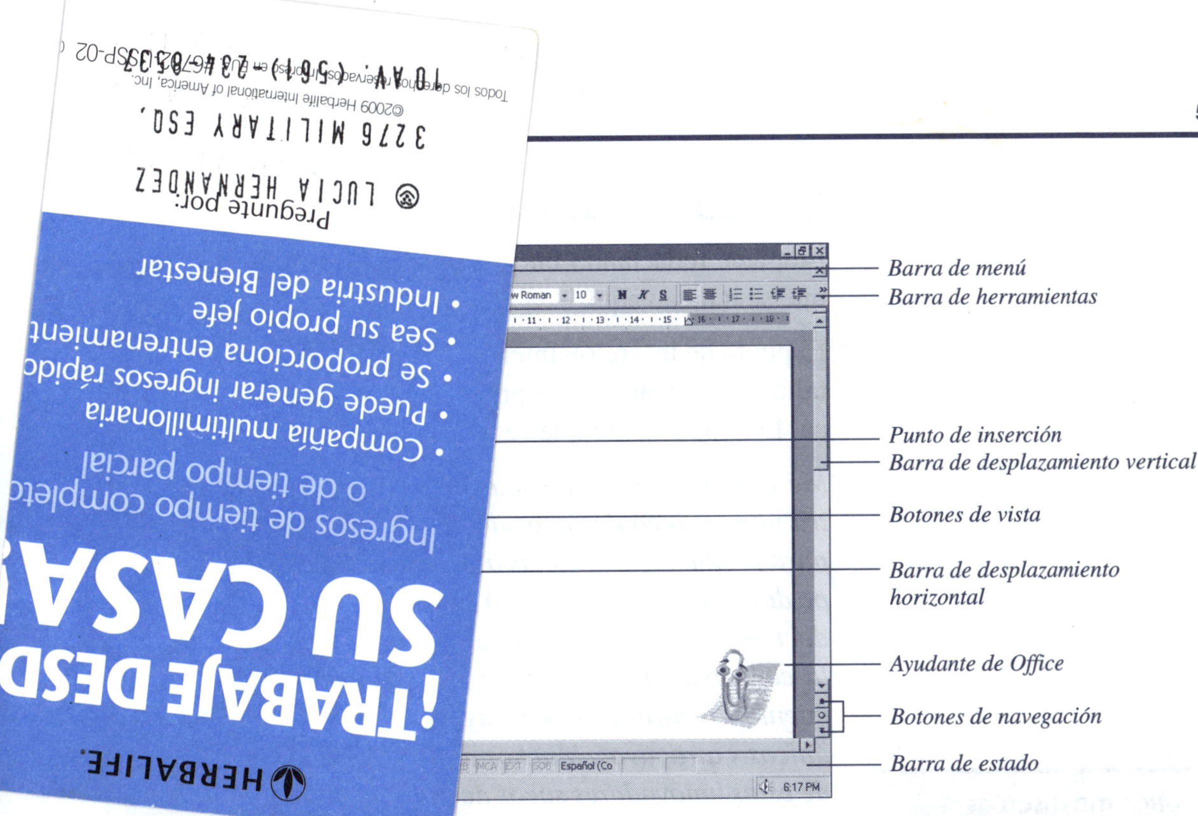

La pantalla se ve algo congestionada. Para más claridad y para poder ver una mayor parte del documento, oculte la barra de tareas de Windows. Para ello, siga los pasos siguientes:

1. Haga clic en el botón Inicio, luego en Configuración y finalmente en Barra de tareas y Menú inicio (Windows 98) o en Barra de tareas (Windows 95 y NT).

2. En el cuadro de diálogo Propiedades de barra de tareas, haga clic en la casilla de verificación Ocultar automáticamente, para seleccionarla, luego haga clic en Aceptar y finalmente haga clic en una área en blanco de la ventana de Word, para activarla. La barra de tareas desaparece y la ventana de Word se expande hasta llenar el espacio disponible.

3. Apunte hacia la parte inferior de la pantalla para hacer que la barra de tareas aparezca temporalmente y luego retire el puntero para ocultarla de nuevo.

Configuraciones diferentes

Escribimos este libro en un computador con Microsoft Windows 98 con la resolución de pantalla 800x600. Si usted está utilizando una versión diferente de Windows u otra resolución, la apariencia de sus pantallas no coincidirá exactamente con la de las nuestras. También utilizamos la configuración de Word que resulta de hacer la instalación típica de Microsoft Office 2000 del CD-ROM. Si un administrador de red instaló Word en su computador, su configuración puede ser diferente. No se preocupe; aun así, puede seguir la mayoría de los ejemplos de este libro.

Introducir texto

Empiece redactando un párrafo. Para ello, siga los pasos que se indican aquí:

1. El punto de inserción intermitente indica el sitio de la pantalla donde aparecerá el próximo carácter que se introduzca. Escriba el texto que se muestra a continuación:

Me complace anunciar que la Serie Sacos Glaciar, nuestra última línea de sacos de dormir, está completa y lista para producción. Gracias al duro trabajo de nuestro equipo de desarrollo, el producto se terminó de desarrollar antes del tiempo previsto. Quiero agradecerle a su compañía por la contribución al producto. El uso del sistema de aislamiento "ChillFill" contribuye a hacer los sacos Glaciar únicos y atractivos. Muchos almacenes han hecho pedidos de estos innovadores sacos de dormir aptos para temperaturas bajo cero.

Cuando una línea de texto alcanza el lado derecho de la pantalla, la siguiente palabra que usted escriba empezará en un renglón nuevo. Esto se conoce como *ajuste automático de líneas*. Gracias a esta característica, cuando usted introduce texto en Word no tiene que preocuparse por presionar la tecla Retorno al final de cada línea para comenzar una nueva. Word se encarga de esa tarea, llenando cada renglón con el número de palabras que quepan. (Mientras sigue los ejemplos que se indican en las páginas que vienen a continuación, no debe preocuparle si su ajuste automático de líneas no es idéntico al de nuestras pantallas.)

2. Presione Retorno al final del párrafo. Su pantalla se verá como la que mostramos en la parte superior de la página siguiente (con el fin de hacer más legible el texto cambiamos el tamaño de la fuente a 12 puntos):

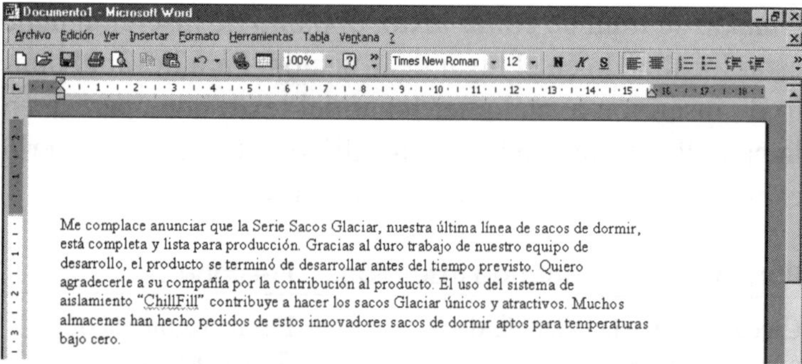

Con el texto en la pantalla, ya tiene material para trabajar. Pero antes le daremos algunas bases para desplazarse en el documento.

Cómo desplazarse

Es importante que sepa cómo desplazarse dentro de un documento, por dos razones: primero, porque algunos documentos son demasiado largos, de manera que no caben completamente dentro de la pantalla, y segundo, para poder editarlos.

La ventana de un documento no es, por lo general, lo suficientemente grande como para mostrar todo su contenido. Para ver la totalidad de la información del documento, utilice las *barras de desplazamiento*. Haciendo clic en la flecha localizada al final de una barra, el contenido de la ventana se mueve un poco en dirección a la flecha; haciendo clic en uno de los lados de un cuadro de desplazamiento (los cuales se encuentran ahora al final de las barras de desplazamiento), se mueve todo el documento una pantalla. La posición del cuadro de desplazamiento con respecto a las barras indica la posición de la ventana en relación con su contenido. Arrastre el cuadro de desplazamiento para ver diferentes partes del documento, como la parte del medio o la parte final. (A medida que mueve el cuadro de desplazamiento en un documento de múltiples páginas, Word muestra el número de la página correspondiente al lado de la barra de desplazamiento.)

Barras de desplazamiento

Cuando se trata de editar texto, el punto de inserción debe estar localizado en el lugar de la acción. Para llevar el punto de inserción a cualquier lugar del texto que aparece en la pantalla, basta con hacer clic allí; otra forma de moverlo es utilizar las teclas de navegación, así:

Teclas de navegación

Para mover el punto de inserción...	Presione...
Un carácter hacia la izquierda o hacia la derecha	Flecha Izquierda o flecha Derecha
Una palabra hacia la izquierda o hacia la derecha	Ctrl+flecha Izquierda o Ctrl+flecha Derecha
Una línea arriba o abajo	Flecha Arriba o flecha Abajo
Una pantalla entera hacia arriba o hacia abajo	Re Pág o Av Pág
Hacia la derecha o izquierda de la presente línea	Inicio o Fin
Hacia el primer o último carácter en un documento	Ctrl+Inicio o Ctrl+Fin
Hacia el lugar de la última edición	Mayús+F5

(En este libro indicamos que debe presionar simultáneamente dos o más teclas cuando va entre ellas el signo +. Por ejemplo, oprima Ctrl+Inicio significa mantenga presionada la tecla Ctrl mientras presiona la tecla Inicio.)

Seleccionar texto

Antes de que pueda hacer algo con este párrafo debemos discutir cómo seleccionar texto; esto le permite ahorrar tiempo porque puede editar o dar formato a todo el texto seleccionándolo de una sola vez y no letra por letra o palabra por palabra. La forma más sencilla de aprender a seleccionar texto es practicando, así que siga los pasos que se indican a continuación:

1. Mueva el puntero hasta la palabra *lista* y haga doble clic sobre ella. La palabra queda en blanco sobre fondo negro (*resaltada*) para indicar que ha sido seleccionada, tal como se muestra en la parte superior de la página siguiente:

Corrección de errores

Word corrige algunos errores tipográficos como als (las) y cno (con); explicamos cómo lo hace en la página 43. Si usted escribe incorrectamente una palabra menos común — o si utiliza nombres propios u otras formas ortográficas correctas pero poco comunes —, Word señala el error subrayándolo con una línea roja ondulada. (Le explicamos por qué en la página 59.) Si Word cree que usted cometió un error gramatical, utiliza un subrayado ondulado verde. En la página 28 le mostramos algunas técnicas de edición, pero mientras tanto, si usted comete un error y quiere corregirlo, presione la tecla Retroceso hasta que borre el error, y escriba el texto de nuevo.

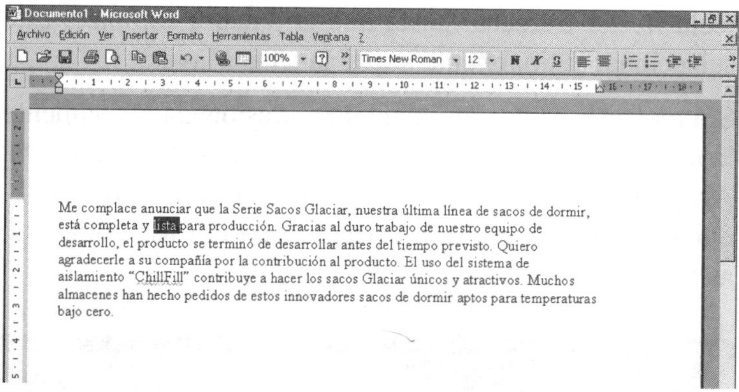

2. Apunte hacia la izquierda de la palabra *ChillFill* y haga clic con el botón izquierdo del ratón para que el punto de inserción quede al comienzo de la palabra; luego, apunte hacia la derecha de la palabra *atractivos*, mantenga presionada la tecla Mayús y haga clic en el botón izquierdo del ratón. Word resalta las palabras ubicadas entre los dos clics:

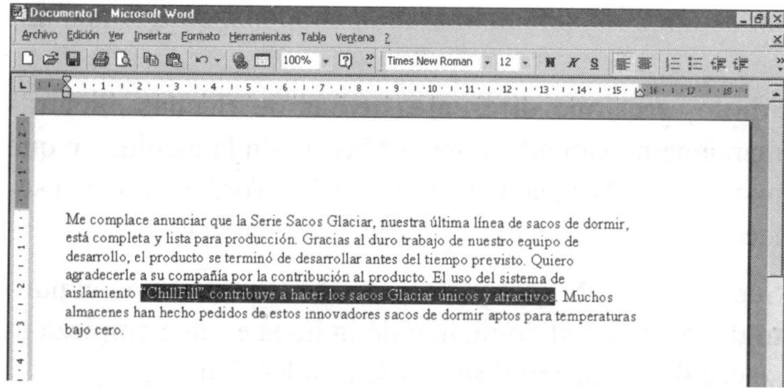

3. Apunte hacia la izquierda de la palabra *innovadores*, mantenga presionado el botón izquierdo del ratón mientras lo arrastra hacia la derecha, hasta que *innovadores sacos de dormir aptos para temperaturas bajo cero* esté seleccionado; luego suelte el botón. Usando esta técnica usted resalta fácilmente el texto que desee.

4. Haga clic justo antes de la letra *G* en *Gracias*. Mientras mantiene presionada la tecla Mayús presione también la

Selección de palabras completas

De forma predeterminada, Word selecciona palabras completas. Por ejemplo, si usted empieza una selección en la mitad de una palabra y arrastra el ratón hacia el final, después del último carácter, Word selecciona la palabra completa. Si usted arrastra el ratón hacia el primer carácter de la siguiente palabra, Word selecciona también esa palabra y así sucesivamente. Para indicarle a Word que desea seleccionar sólo algunos caracteres, escoja Opciones, del menú Herramientas, haga clic en la pestaña Edición y luego haga clic en la casilla de verificación Seleccionar automáticamente la palabra completa, para deseleccionarla, y finalmente haga clic en Aceptar.

tecla flecha Derecha, hasta que la palabra completa esté seleccionada; finalmente suelte la tecla Mayús.

5. Sin mover la selección, mantenga presionada nuevamente la tecla Mayús y al mismo tiempo presione la tecla flecha Abajo; luego, presione la tecla flecha Derecha o flecha Izquierda, hasta que quede seleccionada la frase completa, así:

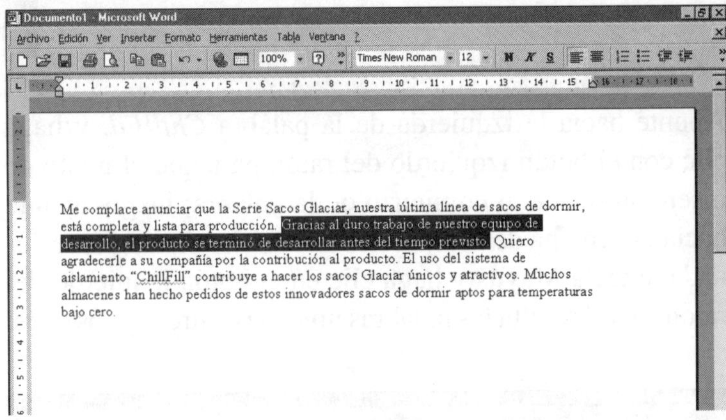

6. Ahora, presione diferentes teclas de flechas mientras mantiene presionada la tecla Mayús. En la medida en que mantenga presionada la tecla Mayús, Word extiende la selección en la dirección de la flecha de la tecla presionada.

7. Suelte la tecla Mayús y presione Inicio para mover el punto de inserción al comienzo de la línea en que empieza la selección. Al hacerlo, se pierde la selección.

8. Mueva el puntero hacia el extremo izquierdo de la ventana. Cuando el puntero se convierte en una flecha, indica que está sobre una franja vertical invisible, denominada *barra de selección*.

Barra de selección

9. Mantenga el puntero sobre la barra de selección, apunte hacia la línea que contiene la palabra *ChillFill* y haga clic en el botón izquierdo del ratón para seleccionar la línea, tal como se muestra en la pantalla que aparece en la página siguiente:

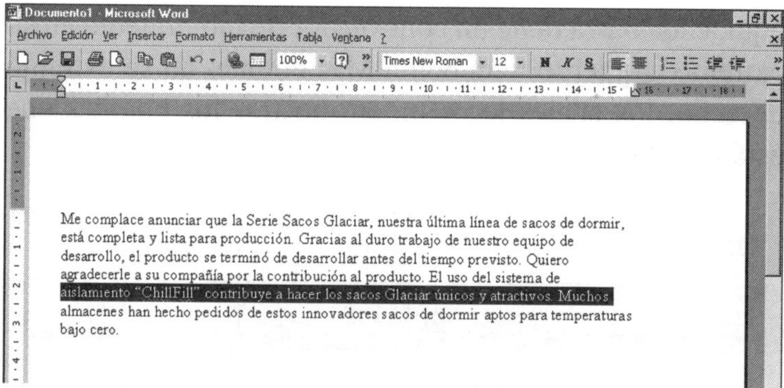

10. Ahora seleccione el párrafo completo haciendo doble clic en la barra de selección contigua al párrafo. (Si el Ayudante de Office muestra una bombilla para indicar que tiene una sugerencia para usted, ignórelo por ahora. Si no puede resistir la tentación, haga clic en la bombilla, lea la sugerencia y luego haga clic en Aceptar.)

También puede arrastrar el puntero sobre la barra de selección para resaltar múltiples líneas o párrafos. Para seleccionar todos los párrafos en un documento, haga triple clic en la barra de selección.

Dar instrucciones

Ahora que sabe cómo seleccionar texto, veamos cómo indicarle a Word qué hacer con la selección. Las instrucciones se imparten haciendo clic en los botones de las barras de herramientas, escogiendo comandos en los menús y presionando teclas de método abreviado.

Usar las barras de herramientas

Word tiene varias barras de herramientas, cada una con un conjunto de botones apropiado para un tipo particular de tarea. De forma predeterminada, muestra dos de sus barras más útiles — Estándar y Formato — en una sola fila debajo de la barra de menú. Word sobrepone las dos barras y muestra inicialmente en cada barra sólo los botones que el usuario emplea con mayor frecuencia. Como se muestra

Botón Más botones

aquí, cada barra tiene un controlador de movimiento en su extremo izquierdo y un botón Más botones en su extremo derecho, los cuales le permiten mostrar los botones que están ocultos:

Controladores de movimiento

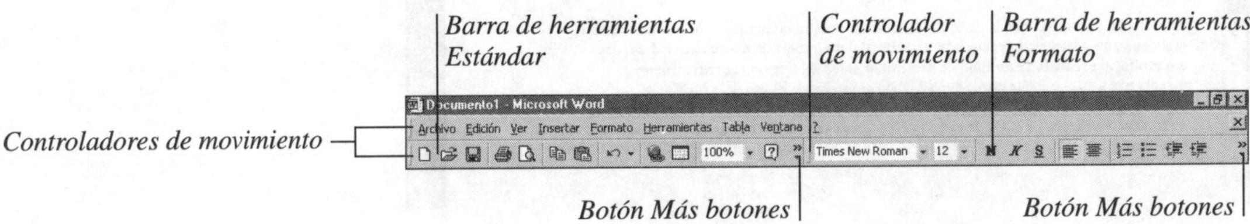

En este libro utilizamos los botones de las barras de herramientas cada vez que es posible, puesto que generalmente es la forma más rápida de tener acceso a los comandos. Exploremos las barras de herramientas:

Sugerencias en las barras de herramientas

1. Apunte a cada botón, de uno en uno, haciendo una pausa hasta que su nombre aparezca en un cuadro debajo del puntero (la información de estos cuadros se conoce como *sugerencias en las barras de herramientas*).

2. Utilice cualquiera de los métodos explicados en las páginas 8 a 10 para seleccionar la primera vez que aparece *Serie Sacos Glaciar*.

Botón Negrita

3. Haga clic en el botón Negrita, en la barra de herramientas Formato.

4. Presione la tecla Inicio para quitar el resaltado. Como puede ver, este cambio simple hace que el texto se destaque:

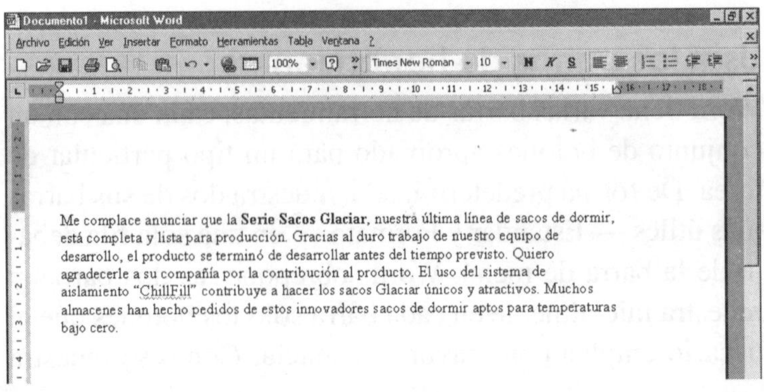

5. Seleccione de nuevo la primera vez que aparece *Serie Sacos Glaciar* y fíjese que el botón Negrita aparece "oprimido". Si una selección está en negrita, al hacer clic sobre el el botón Negrita oprimido desactiva el formato en negrita. Este tipo de botón se llama *botón de selección*, porque activa y desactiva una opción determinada.

Veamos cómo mostrar más botones en la barra de herramientas Estándar, ocultando algunos de los botones de la barra de herramientas Formato:

1. Apunte hacia el controlador de movimiento de la barra de herramientas Formato y cuando el puntero se convierta en una flecha de cuatro puntas, arrástrelo hacia la derecha hasta que sólo sean visibles el cuadro Fuente y el botón Negrita, como se muestra a continuación:

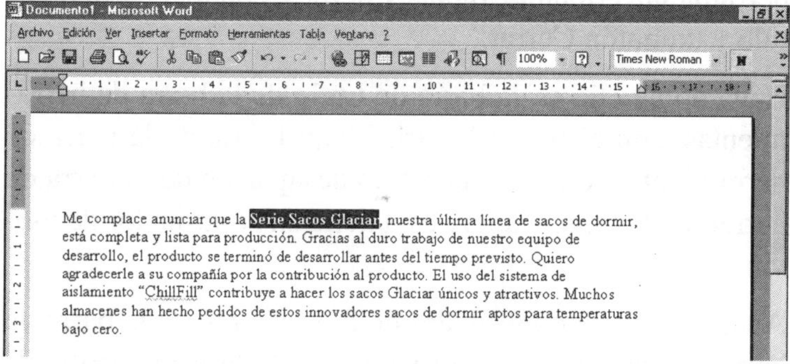

2. Con la primera vez que aparece *Serie Sacos Glaciar* aún seleccionada, haga clic en el botón Más botones, de la barra de herramientas Formato, para mostrar una paleta con todos los botones ocultos de esa barra, como se muestra a continuación:

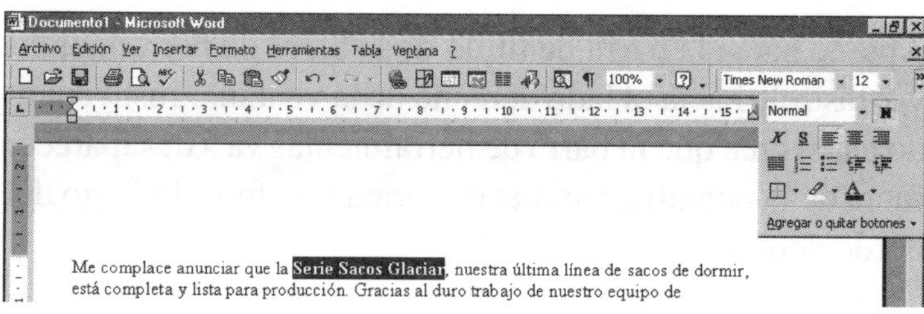

Botones Subrayado y Cursiva

3. Haga clic en el botón Subrayado. (También puede agregar cursiva al formato del texto si hace clic en el botón Cursiva.) Word subraya la selección y ajusta el espacio asignado a las dos barras de herramientas, de manera que el botón Subrayado sea visible, como se muestra en la imagen a continuación:

Puede ver u ocultar las barras de herramientas en cualquier momento, así como también puede moverlas y cambiarles el tamaño. Siga estos pasos para ensayar con otra barra de herramientas:

Botón Tablas y bordes

1. Haga clic en el botón Tablas y bordes. Aparece la barra de herramientas flotante Tablas y bordes, con una barra de título y un botón Cerrar.

**Fijar una barra
de herramientas**

2. Haga doble clic en la barra de título de la barra de herramientas, con el fin de "fijarla" bajo la fila de la barra de herramientas. La barra de título desaparece de la barra de herramientas fija, y ahora ésta tiene un controlador de movimiento.

**Mover una barra a la fila
de las barras de herramientas**

3. Apunte hacia el controlador de movimiento de la barra de herramientas Tablas y bordes y arrástrela hacia arriba de manera que se integre con las barras de herramientas Estándar y Formato.

4. Utilizando el controlador de movimiento, arrastre la barra de herramientas Tablas y bordes desde la fila de la barra de herramientas hacia el documento, donde se convierte nuevamente en una barra de herramientas flotante.

5. Apunte hacia la barra de título de la barra de herramientas y arrástrela hacia el lado derecho de la ventana. Justo cuando usted cree que la barra de herramientas va a desaparecer fuera de la pantalla, cambia de forma y se fija a lo largo del borde derecho.

6. Desplace la barra de herramientas flotante a diferentes posiciones, anclándola y desanclándola. (Fíjese que al hacer doble clic sobre la barra de título de la barra flotante, ésta se fija en la posición en que estuvo anclada por última vez.)

7. Finalmente, haga clic en el botón Cerrar, en el extremo superior derecho de la barra de título de la barra de herramientas flotante, para que desaparezca de la pantalla.

Ensaye ahora con la fuente y su tamaño:

1. Seleccione el párrafo y haga clic en la flecha del lado derecho del cuadro Fuente, para desplegar una lista de las fuentes disponibles.

Cambiar la fuente

2. Si es necesario, use la barra de desplazamiento para ver el comienzo de la lista y haga clic en Arial. La fuente del texto cambia; en el cuadro Fuente aparece el nombre de la nueva fuente.

3. Con el párrafo aún seleccionado, haga clic en el botón Más botones, de la barra de herramientas Formato, haga clic en la flecha del lado derecho del cuadro Tamaño de fuente, y seleccione 11 de la lista desplegable.

**Cambiar el tamaño
de la fuente**

4. Ahora presione Fin para ver los resultados:

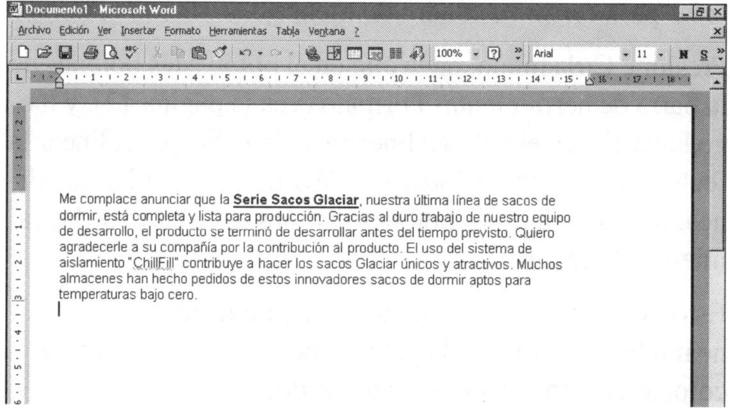

Acaba de usar botones de las barras de herramientas y cuadros para aplicar formatos de caracteres a un texto selec-

Formatos de caracteres

Formatos de párrafo

cionado. Los *formatos de caracteres* afectan a la apariencia de caracteres individuales. Pueden aplicarse a cualquier número de caracteres, desde uno hasta la totalidad del documento. También puede utilizar botones de la barra de herramientas para cambiar *formatos de párrafo*, los cuales, como su nombre lo indica, afectan a la apariencia de párrafos completos. Veamos cómo el cambio de la alineación de un párrafo afecta a la forma como se ve:

1. Presione Ctrl+Inicio para moverse al comienzo del documento, y después escriba lo siguiente, oprimiendo Retorno una vez para terminar los párrafos y crear líneas en blanco donde se indica, y dos veces después del saludo:

   Diciembre 4, 2005 (Presione Retorno)

   Fernando Rojas, Presidente (Presione Retorno)

   ChillFill Inc. (Presione Retorno)

   Avenida Primero de Mayo # 70-28 (Presione Retorno)

   Santafé de Bogotá (Presione Retorno dos veces)

   REF: FIESTA DE LANZAMIENTO DE LA SERIE SACOS GLACIAR (Presione Retorno dos veces)

   Estimado Fernando: (Presione Retorno dos veces)

2. Si el Ayudante de Office le ofrece ayuda, haga clic en Cancelar para cerrar su cuadro de mensaje.

3. Presione Ctrl+Inicio, haga clic en el botón Más botones de la barra de herramientas Formato (vea la página 12), y luego haga clic en el botón Alinear a la derecha, para alinear la fecha a la derecha. (Fíjese que Word agrega el botón Alinear a la derecha a los botones visibles en la barra de herramientas Formato.)

4. Esto no se ve bien, por lo tanto haga clic en el botón Alinear a la izquierda, en la paleta Más botones, para volver a colocar la fecha en el lado izquierdo.

5. Haga clic en cualquier parte de la línea REF: y después haga clic en el botón Centrar. Aquí están los resultados:

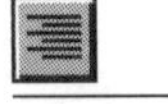

Botón Alinear a la derecha

Botón Alinear a la izquierda

Botón Centrar

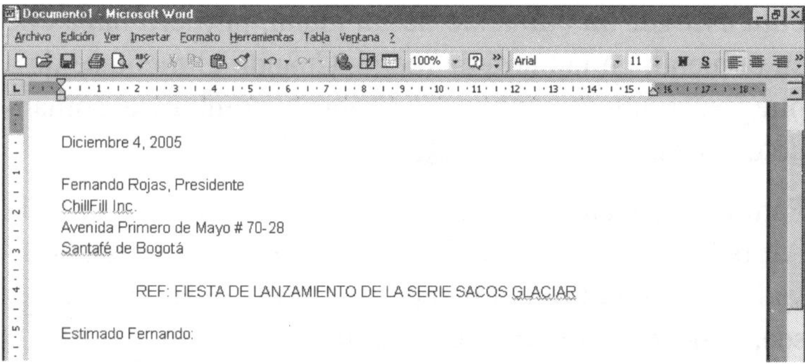

Usar los comandos en los menús

La mayoría de los botones de las barras de herramientas tienen comandos equivalentes en los menús de Word, los cuales están organizados en la barra de menú que se extiende a lo ancho de la ventana, debajo de la barra de título. Adicionalmente, puede escoger algunos comandos de los menús contextuales que aparecen cuando hace clic en ciertos elementos del documento o de la ventana, usando el botón derecho del ratón. En esta sección explicamos ambos tipos de menús.

¿Cuándo debe usar un botón y cuándo un comando? Siempre puede usar un comando para llevar a cabo una tarea particular, pero no siempre puede usar un botón equivalente. Al hacer clic en el botón, generalmente se ejecuta el comando asociado con él, con sus valores predeterminados, sin intervención nuestra adicional. Cuando un comando no tiene representación en la barra de herramientas o cuando usted quiere usar un comando con valores diferentes de los predeterminados, debe seleccionar el comando del menú.

Escoger comandos de la barra de menú

Como el procedimiento para seleccionar comandos de menús es el mismo para todas las aplicaciones de Windows, suponemos que usted está familiarizado con él. Aquí revisamos rápidamente cómo llevarlo a cabo:

Hacer clic y escribir

Si quiere centrar el texto o alinearlo a la derecha, haga doble clic para colocar el punto de inserción en el sitio apropiado e inmediatamente después empiece a escribir. Por ejemplo, para agregar rápidamente un título centrado, haga doble clic en el centro de una página y empiece a escribir. Si al hacer doble clic no obtiene el efecto deseado, escoja Opciones, del menú Herramientas, y seleccione la casilla de verificación Habilitar hacer clic y escribir, en la pestaña Edición. (Esta opción funciona únicamente en vista Diseño de impresión y vista Diseño web.)

- Para escoger un comando de un menú, primero haga clic en el menú, en la barra de menú. Cuando el menú se despliegue, simplemente haga clic sobre el nombre del comando que desee.

- Para escoger un comando con el teclado, oprima la tecla Alt para activar la barra de menú, presione la letra subrayada en el nombre del menú, ubique el comando que desee, y luego presione la letra subrayada.

- Para cerrar un menú sin escoger un comando, haga clic por fuera del menú o presione una vez la tecla Esc con el fin de cerrar el menú, y otra vez para desactivar la barra de menú.

Submenús →

- Algunos nombres de comandos van seguidos de una flecha que indica que un *submenú* aparecerá cuando escoja el comando. Los comandos de los submenús se escogen de la misma forma que los comandos de los menús.

Cuadros de diálogo →

- Algunos nombres de comandos van seguidos de puntos suspensivos (…) que indican que debe suministrar información adicional antes de que Word pueda ejecutar el comando. Cuando escoge uno de estos comandos, Word muestra un *cuadro de diálogo*. Algunos cuadros de diálogo tienen varias páginas llamadas *pestañas*. Para ver las opciones de una pestaña, haga clic sobre ella. Para suministrar la información necesaria para ejecutar un comando, escríbala en un *cuadro de texto* o seleccione opciones de listas y haga clic en *casillas de verificación* y en *botones de opción*. Para cerrar el cuadro de diálogo y ejecutar el comando de acuerdo con sus instrucciones, haga clic en un botón de comando (generalmente Aceptar o Cerrar) o haga clic en el botón Cerrar, en el extremo superior derecho. Si hace clic en Cancelar, cierra el cuadro de diálogo y cancela el comando. Otros botones de comandos pueden estar disponibles para abrir otros cuadros de diálogo o para ajustar el comando original.

- En ciertas circunstancias algunos nombres de comandos aparecen en gris, lo que indica que no pueden seleccionarse. Por ejemplo, el comando Pegar no estará disponible hasta tanto usted copie o corte una selección.

Word 2000 no se limita a esto y determina qué comandos usa usted con mayor frecuencia; para ello, despliega en cada menú inicialmente sólo algunos comandos y refleja así el uso habitual que usted hace del programa. Como un ejemplo rápido, siga los pasos que enumeramos a continuación para seleccionar un comando y para explorar un poco al mismo tiempo:

1. Haga clic en Ver, en la barra de menú, para desplegar el menú. Dos flechas en la parte inferior del menú indican que uno o más comandos están ocultos, porque se trata de comandos poco utilizados.

Menús abreviados

2. Continúe apuntándole a la palabra Ver. Las dos flechas desaparecen y el resto de los comandos del menú se hace visible, como se muestra aquí:

Menús expandidos

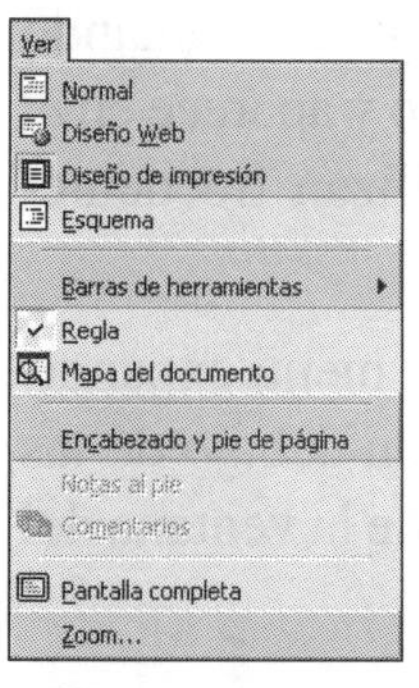

El menú Ver ofrece comandos para personalizar la apariencia de la pantalla. Fíjese que el estado de los comandos usados con menos frecuencia se indica con una sombra más clara.

3. Haga clic sobre el comando Pantalla completa, para escogerlo. El espacio que contiene su documento se expande para llenar la pantalla completa, así:

Botones correspondientes

Debió de notar que en los menús algunos comandos tienen un icono a la izquierda del nombre. El icono indica que existe un botón correspondiente para este comando en una de las barras de herramientas de Word. En el caso de los cuatro primeros comandos del menú Ver, los botones aparecen en el extremo inferior izquierdo de la barra de desplazamiento horizontal.

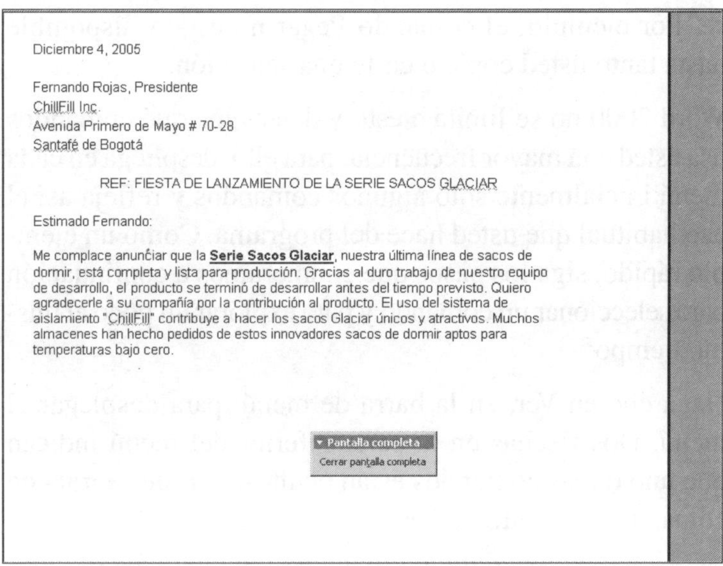

4. Haga clic en el botón Cerrar pantalla completa, para devolver la pantalla al estado anterior, y luego haga clic nuevamente en Ver, en la barra de menú. Note que el comando Pantalla completa ya no se encuentra oculto y aparece en el mismo color de los comandos que se utilizan frecuentemente.

5. Oculte las reglas seleccionando Regla, del menú expandido Ver. Word oculta las reglas que aparecen debajo de las barras de herramientas y al lado izquierdo de la ventana del documento.

6. Escoja Regla, del menú Ver, para volver a mostrarlas. (Si las reglas ya estaban ocultas, al seleccionar Regla nuevamente, éstas aparecerán. Seleccione el comando una vez más para volver a ocultarlas.)

7. Haga clic nuevamente en el menú Ver y apunte hacia Barras de herramientas para mostrar el submenú que aparece a continuación:

Cómo hacer reaparecer la regla

Cuando las reglas están ocultas, es posible ver temporalmente la regla superior si coloca el puntero sobre la barra gris debajo de las barras de herramientas. La regla aparece y permanece visible mientras el puntero está sobre ella. Cuando retira el puntero, la regla desaparece. De la misma forma, es posible ver la regla izquierda si apunta a la barra gris al lado izquierdo de la pantalla.

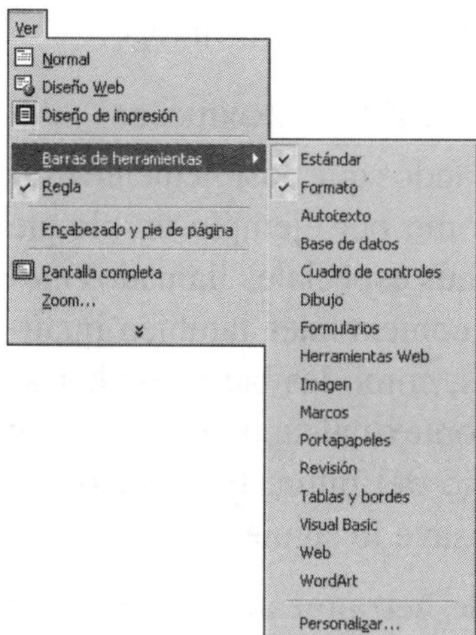

Puede hacer aparecer o desaparecer una barra de herramientas escogiéndola de este menú; sin embargo, a continuación ensayará otra forma de conseguirlo.

8. Elija Personalizar, del submenú Barras de herramientas, y si es necesario haga clic en la pestaña Barras de herramientas, para ver este cuadro de diálogo:

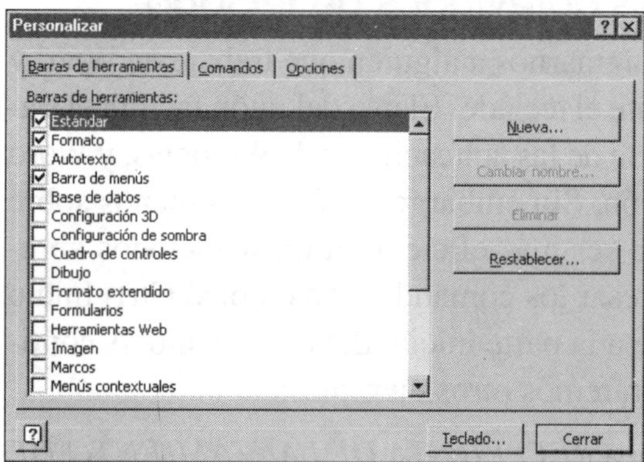

En la pestaña Barras de herramientas puede activar y desactivar varias barras de herramientas al mismo tiempo haciendo clic en sus casillas de verificación y luego haciendo clic en el botón Cerrar. También puede personalizar sus barras de herramientas (para mayor información vea la ayuda de Word).

Barras de herramientas y menús personalizados

Como ha visto, los menús y las barras de herramientas de Word se adaptan por sí mismos a su forma de trabajo, mostrando más comandos y botones a medida que los usa. Los comandos y los botones que no usa se ocultan de manera que no estorben. Como consecuencia, sus menús y sus barras de herramientas pueden no verse exactamente iguales a los nuestros, y ocasionalmente es posible que le indiquemos que escoja un comando o haga clic en un botón que no se encuentra visible. Si esto ocurre, no se alarme. Simplemente haga clic sobre el menú y espere a que aparezcan todos sus comandos, o haga clic sobre el botón Más botones, de la barra de herramientas, para ver los botones ocultos. Si en algún momento desea restaurar sus menús y barras de herramientas a su estado original, escoja Barras de herramientas y luego Personalizar, del menú Ver, y en la pestaña Opciones haga clic sobre el botón Restablecer mis datos; finalmente, haga clic en Sí. (También puede asignar las barras de herramientas a filas diferentes retirando la marca de la casilla de verificación Las barras Formato y Estándar comparten una fila, en la sección Menús y barras personalizadas.

9. Haga clic en Cerrar para cerrar el cuadro de diálogo.

Escoger comandos de los menús contextuales

Menús contextuales

Para mayor eficiencia, los comandos que posiblemente usará con un objeto particular, como por ejemplo un bloque de texto, se encuentran en menús especiales llamados *menús contextuales*. Los menús contextuales también incluyen elementos de las ventanas, como las barras de herramientas. Para abrir un menú contextual, apunte al objeto y haga clic con el botón derecho del ratón. Esta acción se conoce como *clic derecho*. Ensaye lo siguiente:

Clic derecho

Otra forma de desplegar las barras de herramientas

1. Apunte a una de las barras de herramientas y oprima el botón derecho del ratón para desplegar el menú contextual de la barra de herramientas, el cual es muy similar al submenú Barras de herramientas que mostramos en la página anterior. (Puede desplegar u ocultar una barra de herramientas escogiéndola en este menú.)

Ocultar el Ayudante de Office

2. Haga clic derecho sobre el Ayudante de Office y elija Ocultar, del menú contextual, para ocultarlo temporalmente.

Usar métodos abreviados de teclado

No podemos imaginarnos a alguien que trabaje en Word y utilice únicamente el teclado. El uso del ratón facilita el trabajo en la mayoría de las aplicaciones de Windows, y Word no es la excepción. Sin embargo, si tiene las manos sobre el teclado puede ser más eficiente utilizar métodos abreviados para ingresar los comandos. Ya empleó Ctrl+Inicio para desplazarse a la parte inicial del documento. A continuación le mostraremos otros ejemplos:

Ayuda para teclas de método abreviado

La lista de teclas de método abreviado es extensa y se requeriría mucho espacio para publicarla aquí. Para mayor información consulte el Ayudante de Office o utilice la pestaña Asistente para ayuda, con el fin de buscar "método abreviado". (Vea la página 31 para más información acerca del sistema de ayuda.)

1. Seleccione la línea *REF: FIESTA DE LANZAMIENTO DE LA SERIE SACOS GLACIAR* y presione Ctrl+N y luego Ctrl+S para agregar negrita y subrayado al texto. (Como usted sabe, se puede obtener el mismo resultado usando los botones Negrita y Subrayado, en la barra de herramientas Formato.)

2. Ahora use un método abreviado de teclado para cambiar la alineación del párrafo principal. Coloque el punto de inserción en el párrafo que comienza con *Me complace anunciar* y a continuación presione Ctrl+J para emparejar las líneas a ambos lados. (Al presionar Ctrl+Q, el párrafo se alinea a la izquierda, con Ctrl+D se alinea a la derecha y con Ctrl+T lo centra.)

3. Presione Ctrl+Inicio para mover el punto de inserción hacia la parte inicial del documento. Los resultados se muestran a continuación:

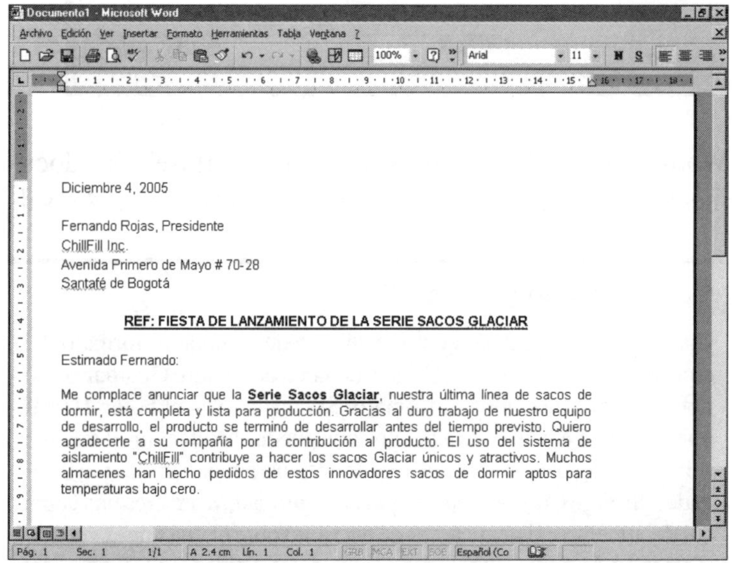

Guardar documentos

Hasta que guarde en un disco el documento que creó en forma de archivo, éste existe solamente en la memoria del computador y desaparecerá si apaga el equipo de forma intencional o accidental. Para guardar el documento por primera vez, puede hacer clic en el botón Guardar, o escoger Guardar como, del menú Archivo, para desplegar el cuadro de diálogo donde escribirá el nombre del documento. Guarde el documento que está en la pantalla:

1. Escoja Guardar como, del menú Archivo, para desplegar el cuadro de diálogo Guardar como:

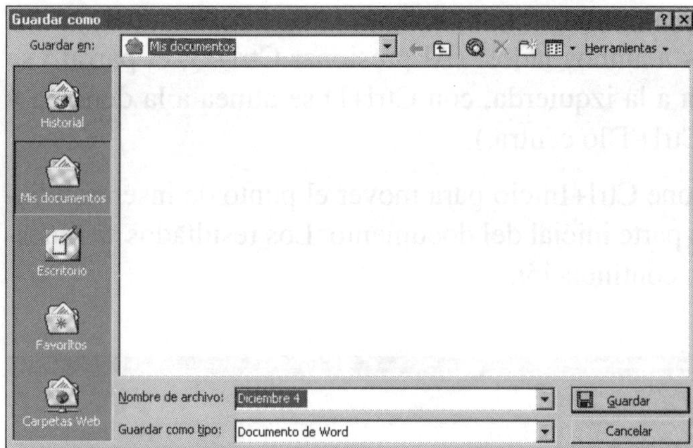

2. Word sugiere *Diciembre 4*, la primera "frase" del documento, como nombre del archivo. Con *Diciembre 4* resal-

Guardar en otro lugar

Para guardar un archivo en una carpeta diferente de Mis documentos, haga clic en la flecha a la derecha del cuadro Guardar en, busque la carpeta donde desea guardar el documento y ábrala. También puede utilizar los iconos en la barra de accesos directos para tener acceso a carpetas usadas regularmente y archivos utilizados recientemente. Para crear una carpeta nueva, haga clic en el botón Crear nueva carpeta. Para cambiar la carpeta predeterminada, escoja Opciones, del menú Herramientas, seleccione la pestaña Ubicación de archivos, haga clic en Modifcar y especifique una nueva ubicación.

Opciones para guardar

Cuando guarda un documento, usted puede cambiar el formato del archivo si hace clic en la flecha a la derecha del cuadro Guardar como tipo, y luego selecciona el formato. Si hace clic en el botón Herramientas, verá una lista de acciones que puede ejecutar con el archivo seleccionado; escoja Opciones generales para mostrar más posibilidades. Si elige Crear siempre copia de seguridad, Word crea una copia del documento existente antes de escribir sobre él una nueva versión y asigna a la copia el nombre Copia de seguridad de (nombre del archivo). De manera predeterminada, las opciones Permitir guardar en segundo plano y Guardar información de autorrecuperación cada, se encuentran seleccionadas. Puede quitar las marcas de verificación o cambiar la cantidad de tiempo que Word tardará en efectuar nuevamente la acción de guardar en segundo plano. Si asigna una contraseña en el cuadro de texto Contraseña, en la sección Opciones de compartir archivos, Word sólo abrirá el documento hasta que introduzca la contraseña correcta. Si asigna una contraseña en el cuadro de texto Contraseña de escritura, Word abrirá una versión del documento de sólo lectura si la contraseña no se introduce correctamente; usted podrá modificar la versión de sólo lectura, pero deberá guardarla con otro nombre.

tado, escriba *Carta ChillFill* en el cuadro Nombre de archivo (Word maneja nombres de archivos de hasta 255 caracteres, incluyendo los espacios en blanco. Los nombres no pueden incluir los siguientes caracteres: < > : * | \ " " ? y /).

Especificaciones de los nombres de archivo

3. Haga clic en Guardar para guardar el documento en la carpeta Mis documentos, en su disco duro.

Botón Guardar

De aquí en adelante usted puede hacer clic en el botón Guardar en cualquier momento que desee, para guardar los cambios de este documento. Puesto que Word conoce el nombre del documento, lo guarda escribiendo sobre el archivo anterior.

Más formas de crear documentos

Parte de la magia del computador es que puede utilizar la misma información para diferentes propósitos sin necesidad de escribirla una y otra vez. Si crea un documento y desea adaptarlo para un propósito distinto sin destruir la información original, puede crear una copia y darle otro nombre.

1. Escoja Guardar como, del menú Archivo.

2. Reemplace el nombre en el cuadro Nombre de archivo escribiendo *Carta Fiesta Lanzamiento*, y haga clic en Guardar. Word crea una copia del archivo, cierra el documento original y cambia el nombre del archivo en la barra de título por Carta Fiesta Lanzamiento.

Puede crear un documento totalmente nuevo en cualquier momento sin cerrar otro. Siga estos pasos:

1. Haga clic en el botón Nuevo, en la barra de herramientas Estándar. Word despliega un documento nuevo llamado Documento 2, tapando completamente Carta Fiesta Lanzamiento, el cual aún está abierto.

Botón Nuevo

2. Escriba el párrafo siguiente, cometiendo errores en las palabras *sábado* y *homenajear* (Word las subrayará con líneas rojas onduladas):

*El **sábedo** 27 de diciembre de 2005 daremos una fiesta para **homanajear** a todos aquéllos que contribuyeron al desarrollo de este excelente producto. Espero que pueda asistir. La próxima semana lo contactaré para precisar detalles.*

3. Presione Retorno y guarde el documento con el nombre *Fiesta Sacos Glaciar.*

Abrir documentos

Tiene un par de documentos abiertos en ventanas separadas, colocadas una sobre otra. Ahora abra un documento existente:

Botón Abrir

1. Haga clic en el botón Abrir, en la barra de herramientas Estándar, para mostrar el siguiente cuadro de diálogo:

2. Con Carta ChillFill seleccionada, haga clic en Abrir.

Manipular ventanas

Haremos una pausa para revisar algunos de los procedimientos básicos del manejo de las ventanas.

Activar documentos desde la barra de tareas

1. Despliegue la barra de tareas de Windows y haga clic en el botón Carta Fiesta Lanzamiento, para activar el documento.

2. Seleccione Organizar todo, del menú expandido Ventana. Ahora los tres documentos abiertos se organizan de forma que cada uno ocupa un tercio de la pantalla:

Organizar ventanas

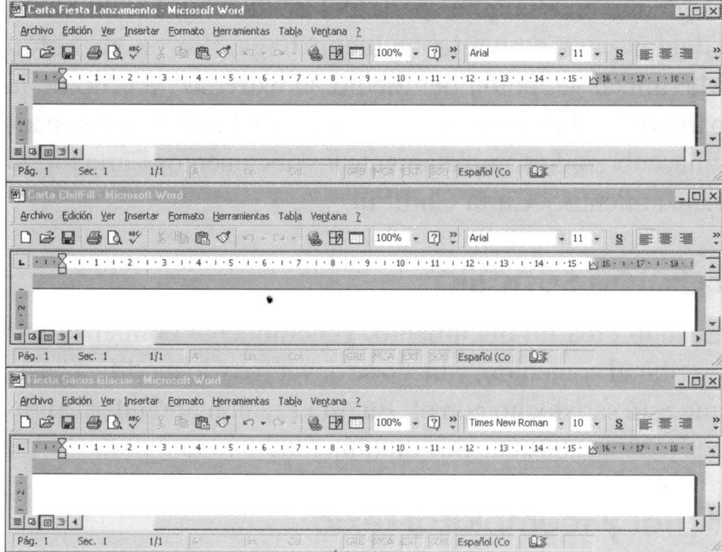

Buscar documentos

Suponga que no recuerda exactamente el nombre de un documento o dónde lo archivó. En el cuadro de diálogo Abrir, haga clic en el botón Herramientas y luego en el comando Buscar, escriba la letra correspondiente al disco que desea examinar en el cuadro Buscar en, seleccione la casilla de verificación Buscar en subcarpetas y revise que Nombre de archivo esté seleccionado en el cuadro Propiedad. Escoja la opción adecuada en el cuadro Condición y luego escriba cualquier parte que recuerde del nombre del archivo en el cuadro de texto Valor. Haga clic en Agregar a la lista, para agregar sus criterios a la lista de criterios, y luego haga clic en Buscar ahora. Word busca en este disco y en las subcarpetas cualquier documento de Word que contenga en su nombre el elemento que usted introdujo en el campo Valor, y muestra una lista de resultados. Luego, usted puede seleccionar el documento que desea y hacer clic en el botón Abrir. Si tiene varios documentos con nombres similares, puede refinar la búsqueda especificando otras propiedades, como texto incluido en el documento o fecha de modificación. Para guardar búsquedas, haga clic en el botón Guardar búsqueda, asígnele un nombre y haga clic en Aceptar.

Manejo de documentos

Para imprimir, borrar, cambiar un nombre o mover un documento desde el cuadro de diálogo Abrir, simplemente haga clic derecho sobre el nombre del documento y elija uno de los comandos del menú contextual. También es posible efectuar la mayoría de estas tareas desde el cuadro de diálogo Guardar como. (Otra opción es hacer clic en el botón Herramientas, en la barra de herramientas del cuadro de diálogo Abrir, para desplegar un menú para la administración de documentos.)

Fíjese que el color de la barra de título de la ventana activa es diferente del de las ventanas inactivas. El texto que usted escribe y la mayoría de los comandos que seleccione afectarán únicamente al documento en la ventana activa.

3. Haga clic en cualquier parte del documento Fiesta Sacos Glaciar para activarlo, y luego haga clic en su botón Maximizar (el botón del medio, al extremo derecho de la barra de título). La ventana se expande hasta llenar la pantalla, cubriendo completamente los documentos Carta Fiesta Lanzamiento y Carta ChillFill.

Maximizar una ventana →

Edición sencilla

Cuando crea un documento, generalmente comienza por escribir el contenido, y luego se devuelve y lo modifica hasta que está satisfecho con él. En esta sección aprenderá algunas técnicas básicas de edición.

Borrar y reemplazar texto

Efectúe unos cambios pequeños. Siga los pasos que se indican a continuación:

1. Haga clic a la izquierda de la letra *e* en *sábedo,* oprima la tecla Supr para borrar el carácter ubicado a la derecha, y sin mover el punto de inserción escriba *a*. Note que la línea roja ondulada que señalaba el error tipográfico desaparece.

2. Haga clic a la derecha de la primera letra *a* en *homanajear*, oprima la tecla Retroceso para borrar el carácter de la izquierda y luego escriba *e*.

3. Seleccione la palabra *todos* en la primera línea y presione Supr o Retroceso para borrar la palabra.

4. Ahora, haga doble clic en la palabra *aquéllos*, en la primera línea, y con la palabra resaltada escriba *los* como reemplazo.

5. Por último, haga clic en el botón Guardar para guardar el documento Fiesta Sacos Glaciar.

Mover y copiar texto

Puede mover o copiar cualquier cantidad de texto dentro
del mismo documento o a otro documento. Las operaciones de mover texto se pueden llevar a cabo usando los botones Cortar y Pegar, de la barra de herramientas Estándar.
En forma similar, las operaciones de copiar se pueden hacer utilizando los botones Copiar y Pegar. Ensaye:

1. En Fiesta Sacos Glaciar seleccione la palabra *semana* y
   haga clic en el botón Cortar, en la barra de herramientas
   Estándar. Word elimina el texto del documento y lo almacena en un sitio de memoria temporal en el computador,
   llamado *Portapapeles*.

Botón Cortar

2. Haga clic a la izquierda de la letra *p* en *próxima* y luego
   haga clic en el botón Pegar. Word inserta el texto que había
   cortado, precedido de un espacio en blanco.

Botón Pegar

3. Luego, seleccione la frase que comienza con *Espero que* y
   haga clic en el botón Cortar. (Si la barra de herramientas
   Portapapeles aparece, haga clic en su botón Cerrar y lea el
   recuadro de esta página.) Haga clic a la derecha del último
   punto del texto y luego haga clic en el botón Pegar.

Ahora trate de copiar texto a otro documento:

El Portapapeles de Office

Si desea cortar o copiar elementos diferentes de un documento y pegarlos en otro, puede hacerlo fácilmente con el Portapapeles de Office. A diferencia del Portapapeles de Windows, que sólo contiene un elemento a la vez, el Portapapeles de Office puede contener hasta 12 elementos de cualquier aplicación de Windows. Para utilizarlo, seleccione primero un elemento, luego haga clic en el botón Cortar o Copiar, y después seleccione y corte o copie otro elemento. La barra de herramientas Portapapeles aparece en su pantalla. Cada elemento que usted cortó o copió está representado por un icono del programa que lo creó. Apunte a cualquier icono para que su contenido aparezca en un recuadro. Puede pegar hasta 12 elementos simultáneamente en cualquier programa de Office. Para pegar un elemento, haga clic en el documento en el sitio deseado, y luego escoja el icono que representa el elemento que desea pegar. Para pegar todos los elementos de una sola vez, haga clic en el botón Pegar todo, en la barra de herramientas Portapapeles. Para eliminar los elementos del Portapapeles, haga clic en el botón Borrar portapapeles. Para ocultar esta barra de herramientas, haga clic en su botón Cerrar.

Botón Copiar

1. Escoja Seleccionar todo, del menú Edición, para seleccionar todo el texto en Fiesta Sacos Glaciar, y luego haga clic en el botón Copiar.

2. Escoja Carta Fiesta Lanzamiento, del menú Ventana, o haga clic en su botón en la barra de tareas, para activar el documento.

3. Maximice el tamaño de la ventana y oprima Ctrl+Fin para desplazarse al final de la carta; a continuación, presione Retorno para agregar una línea en blanco, y luego haga clic en el botón Pegar para insertar el párrafo seleccionado.

Cuando copió el texto de Fiesta Sacos Glaciar a Carta Fiesta Lanzamiento también copió el formato del párrafo. Más adelante dará nuevamente formato a la totalidad de la carta.

Comandos Deshacer y Rehacer

Para las ocasiones en que comete un error de edición, Word provee un mecanismo seguro: el comando Deshacer. Ensaye lo siguiente:

1. Como usted no está seguro de que necesita el párrafo que copió en la carta, haga clic en el botón Deshacer para invalidar la operación de pegado de los pasos anteriores.

Botón Deshacer

2. Suponga que vuelve a cambiar de idea; haga clic en el botón Rehacer para volver a pegar el párrafo en la carta.

Antes de mostrarle cómo obtener ayuda, termine la carta:

1. Con el punto de inserción al final de la carta, escriba *Nuevamente, gracias.* (incluyendo el punto al final), oprima Retorno cuatro veces, escriba *Alfredo Pinto*, y presione otra vez Retorno.

2. Escoja Seleccionar todo, del menú Edición, y en la barra de herramientas Formato cambie la fuente a Times New Roman, y el tamaño a 10 puntos.

Deshacer y rehacer varias acciones

En Word puede deshacer y rehacer varias acciones. Haga clic en la flecha a la derecha del botón correspondiente y arrastre el ratón por la lista para escoger las acciones que desea deshacer o rehacer. Sin embargo, no puede deshacer o rehacer cualquier acción. Por ejemplo, si quiere deshacer la tercera acción en la lista, debe primero deshacer las dos primeras.

3. Finalmente, seleccione el segundo párrafo, haga clic en el botón Más botones de la barra de herramientas Formato y luego haga clic en el botón Justificar.

4. Oprima Ctrl+Inicio. Luego guarde la carta, que ahora se ve como se muestra a continuación:

Botón Justificar

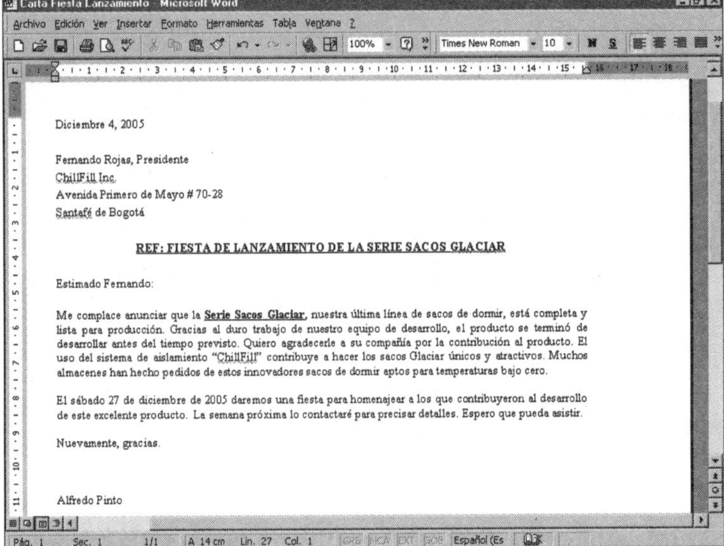

Diciembre 4, 2005

Fernando Rojas, Presidente
ChillFill Inc.
Avenida Primero de Mayo # 70-28
Santafé de Bogotá

REF: FIESTA DE LANZAMIENTO DE LA SERIE SACOS GLACIAR

Estimado Fernando:

Me complace anunciar que la **Serie Sacos Glaciar**, nuestra última línea de sacos de dormir, está completa y lista para producción. Gracias al duro trabajo de nuestro equipo de desarrollo, el producto se terminó de desarrollar antes del tiempo previsto. Quiero agradecerle a su compañía por la contribución al producto. El uso del sistema de aislamiento "ChillFill" contribuye a hacer los sacos Glaciar únicos y atractivos. Muchos almacenes han hecho pedidos de estos innovadores sacos de dormir aptos para temperaturas bajo cero.

El sábado 27 de diciembre de 2005 daremos una fiesta para homenajear a los que contribuyeron al desarrollo de este excelente producto. La semana próxima lo contactaré para precisar detalles. Espero que pueda asistir.

Nuevamente, gracias.

Alfredo Pinto

Obtener ayuda

¿Le preocupa no ser capaz de recordar todo lo que ha visto hasta ahora? Tranquilo. Si olvida cómo se hace una tarea, la ayuda está cerca. Ya vio cómo las sugerencias en las barras de herramientas pueden refrescarle la memoria en relación con las funciones de los botones. Posiblemente también ha notado que los cuadros de diálogo poseen un botón Ayuda — el signo ? en la esquina superior derecha — sobre el que puede hacer clic para obtener información acerca de las opciones disponibles. Aquí verá algunas formas de obtener información usando el Ayudante de Office. Siga estos pasos:

Ayudas en cuadros de diálogo

1. Haga clic en el botón Ayuda de Microsoft Word, en la barra de herramientas Estándar. El Ayudante de Office aparece,

Botón Ayuda de Microsoft Word

Más acerca del Ayudante de Office

Si el Ayudante de Office muestra una bombilla, esto significa que tiene una sugerencia para usted. Haga clic en la bombilla para ver la sugerencia. Para mover el Ayudante de Office a otro sitio en la pantalla, simplemente arrástrelo. Puede desplegar el cuadro de búsqueda si hace clic sobre el Ayudante de Office. Si tener el Ayudante de Office en la pantalla lo incomoda, o si desea personalizarlo, puede hacer clic en el botón Opciones, y seleccionar las opciones que controlan su aparición, si tiene sonido y las sugerencias que muestra. Para ocultar el Ayudante de Office, quite la marca de la casilla de verificación Utilizar el ayudante de Office. (Para hacer que el Ayudante de Office aparezca o desparezca temporalmente, escoja Ocultar/Mostrar el ayudante de Office, del menú Ayuda. En la pestaña Galería, del cuadro de diálogo Ayudante de Office, haga clic en el botón Siguiente o Atrás para desplazarse entre los diferentes ayudantes animados (el ayudante predeterminado es el sujetapapeles) y luego haga clic en Aceptar, para cambiarlo. (Es posible que necesite insertar el CD-ROM de instalación para completar el cambio.)

mostrándole un cuadro en el que puede escribir una pregunta, como se muestra en la pantalla que presentamos a continuación:

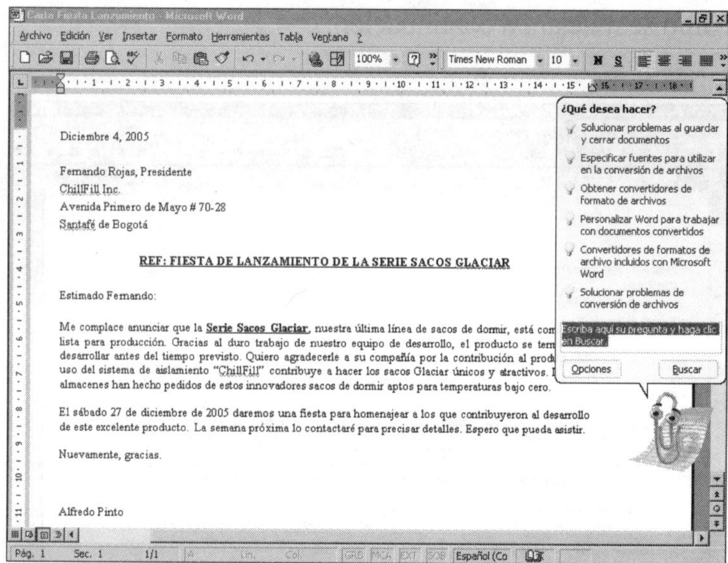

Si el Ayudante de Office ya estaba en la pantalla, simplemente haga clic sobre él para ver el cuadro en el cual él le consulta qué desea hacer.

2. En algunas ocasiones las opciones que aparecen en el cuadro están relacionadas con la tarea que usted acaba de realizar; en este caso, haga clic en el cuadro de búsqueda, escriba *guardar* y a continuación haga clic en el botón Buscar.

3. El Ayudante de Office le ofrece varias opciones entre las cuales puede escoger. Elija la opción Guardar un documento, para abrir la ventana Ayuda al lado derecho de la pantalla, como se muestra en la parte superior de la página siguiente. (La preparación del archivo puede demorar unos segundos.)

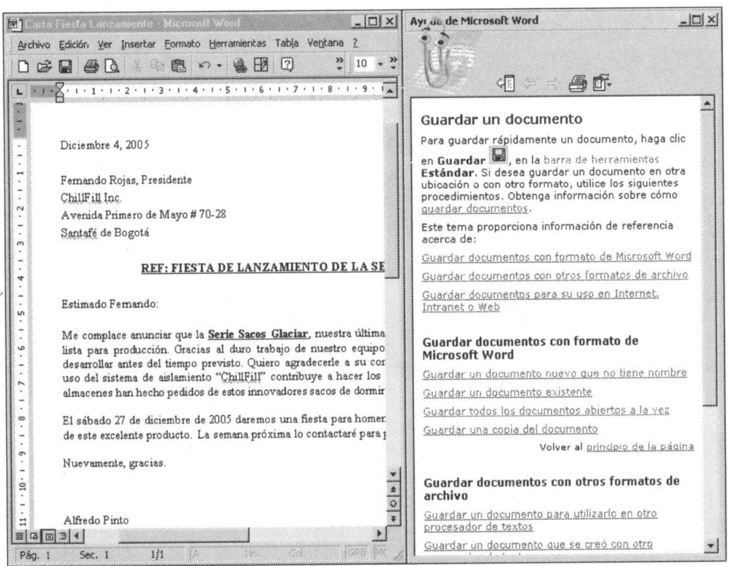

4. Desplácese hacia abajo por la ventana Ayuda y lea la información completa; luego haga clic en el tema Guardar un documento nuevo que no tiene nombre, para ver las instrucciones correspondientes.

5. Haga clic en el botón Atrás para regresar al tema Guardar un documento y explorar otras opciones.

6. Haga clic en el botón Cerrar, de la ventana Ayuda, para cerrar la ventana.

También puede buscar información específica mediante la ventana Ayuda. Siga estos pasos:

1. Escoja Ayuda de Microsoft Word, del menú Ayuda, y luego elija uno de los temas del Ayudante de Office, para ver nuevamente la ventana Ayuda.

2. Haga clic en el botón Mostrar, para expandir la ventana Ayuda y ver las pestañas Contenido, Asistente para ayuda e Índice. (Si es necesario, arrastre el Ayudante de Office fuera de la ventana.)

3. Haga clic en la pestaña Índice, para desplegar las opciones que aparecen en la página siguiente:

La pestaña Contenido

La pestaña Contenido de la ventana Ayuda muestra varios temas representados por iconos de libros y subtemas representados por signos de interrogación. Para desplegar los subtemas de un tema particular, haga clic sobre el signo más (+) a la izquierda del icono del libro. Cuando encuentre el subtema que necesita, haga clic sobre él. Obtendrá información relacionada en el panel derecho.

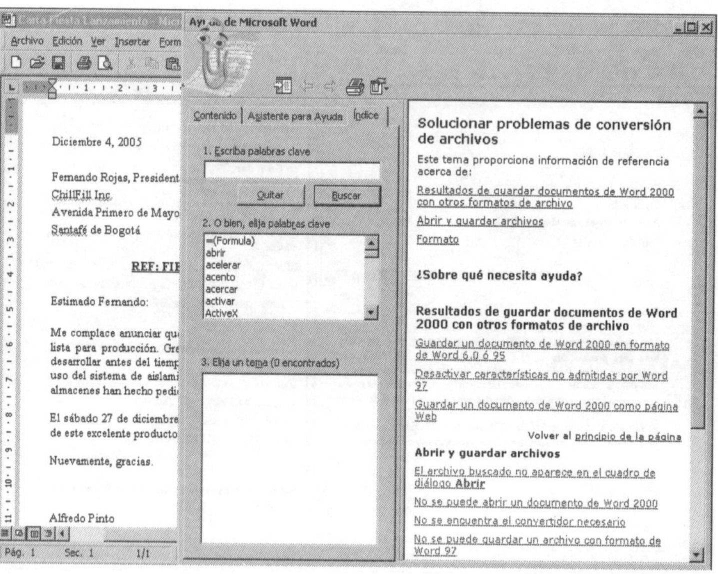

4. En el cuadro de texto Escriba palabras clave, escriba las palabras que describen el tema que desea consultar. La lista de la parte inferior se desplaza para mostrar palabras clave comunes que comienzan con las letras que escribió.

5. Haga clic en el botón Buscar, para mostrar una lista de temas que contienen esas palabras.

6. En la lista Elija un tema, haga clic en una opción. Ayuda despliega la información que usted solicita.

7. Cierre la ventana Ayuda.

Lo dejamos para que explore por su cuenta otros temas de interés de Ayuda.

Salir de Word

Éste es todo el recorrido básico de Word. Terminaremos mostrándole primero varias formas de cerrar un documento, y luego cómo salir de Word.

1. En la barra de tareas de Windows, haga clic con el botón derecho del ratón sobre el botón del documento Carta ChillFill, y luego escoja Cerrar, del menú contextual.

El Asistente para ayuda

El Asistente para ayuda ofrece la posibilidad de escribir preguntas sin la intervención del Ayudante de Office. Para tener acceso al Asistente para ayuda, despliegue la ventana Ayuda, haga clic en la pestaña Asistente para ayuda, escriba una pregunta en el cuadro de texto y luego oprima Buscar. Word le muestra una lista de los temas que corresponden a su pregunta. Haga doble clic sobre uno de ellos para desplegar la información en el panel derecho de la ventana Ayuda.

2. Para cerrar el documento Carta Fiesta Lanzamiento escoja Cerrar, del menú Archivo.

3. Para cerrar Fiesta Sacos Glaciar, oprima Alt, luego A (la letra subrayada en *Archivo,* en la barra de menú) y luego presione C (la letra subrayada en *Cerrar,* en el menú Archivo). Puesto que efectuó cambios en el documento después de la última vez que lo guardó, el Ayudante de Office le pregunta si desea guardar los cambios efectuados antes de cerrarlo, como se muestra a continuación:

Si el Ayudante de Office no está visible, el mensaje aparece en un cuadro de diálogo.

4. Haga clic en Sí.

5. Para salir de Word, haga clic en el botón Cerrar, al extremo derecho de la barra de título.

Cerrar Word

A continuación le indicamos otras formas de salir de Word:

- Elija Salir, del menú Archivo.

- Oprima Alt, luego A, y finalmente S (la letra subrayada en *Salir*, en el menú Archivo).

- Haga doble clic en el icono del menú Control — la letra W —, al extremo izquierdo de la barra de título de Word.

Bueno, ya recorrió una buena parte del camino y está familiarizado con algunos de los elementos básicos de Word. A medida que avance en el libro, desarrollará sus habilidades para trabajar con Word y aprenderá técnicas más complejas para procesar sus documentos de texto.

Usar el Web para obtener ayuda

Si tiene un módem y una conexión con Internet, puede visitar el sitio Microsoft Office Update, así como otros sitios de Microsoft, para obtener información o soporte técnico. Del menú Ayuda escoja Office en el web para iniciar su explorador del Web y conectarse con el sitio Microsoft Office Update.

Documentos perfectos

Creará otro documento a medida que aprende cómo usar las opciones de Autotexto y Autocorrección. Luego, explorará otras técnicas de edición y organizará el documento en vista Diseño de página. Finalmente, buscará texto, lo reemplazará y corregirá la ortografía y la gramática.

Aquí creará una página de preguntas frecuentes. Puede usar esta página para responder todo tipo de preguntas acerca de una organización o para presentar una empresa a sus clientes o miembros potenciales.

Documento creado y conceptos tenidos en cuenta:

Sacos de dormir Glaciar – Preguntas frecuentes

¿Qué es la Serie Glaciar de sacos de dormir?

La Serie Glaciar fue creada para uso en condiciones extremas de temperatura. Los sacos de dormir Glaciar son ideales para temperaturas desde -5 °C hasta -30 °C. Fabricados con materiales de excelente calidad, los sacos de dormir Glaciar satisfacen las necesidades del más exigente caminante o escalador.

¿Quién fabrica los sacos de dormir Glaciar?

La Serie Glaciar fue diseñada y fabricada por En El Saco. Fundada en 1986 por el renombrado alpinista Alberto Pinto, En El Saco ha producido sacos de dormir de excelente calidad, durante veinte años. Alberto Pinto, el presidente de En El Saco, decidió iniciar la compañía después de sufrir una leve hipotermia durante un ascenso a la cima del Parque Nacional de los Nevados. Entre otros reconocimientos, En El Saco recibió en 1992 el Premio de Diseño Moderno, al mejor producto, por su innovador saco Kodiak, que carece de cremalleras. El objetivo número uno de En El Saco es ofrecer sacos de dormir que garanticen una atmósfera segura y confortable a los exploradores en los más recónditos lugares del mundo.

¿Cómo se fabrican?

Todos los modelos de sacos de dormir Glaciar se fabrican con un revestimiento externo de poliéster de gran duración, capaz de soportar las más duras condiciones de la naturaleza. El saco Glaciar 1000 y el saco Glaciar 2000 están aislados térmicamente con ChillFill, un innovador relleno elaborado 100% de fibras naturales. El saco Glaciar 3000, diseñado para el frío más intenso, utiliza CalorTec, una nueva forma de aislamiento creada por En El Saco, a partir de fibras de caucho de llantas recicladas. La construcción acolchada de estos tres modelos asegura que el relleno se mantenga distribuido uniformemente dentro del saco, para mayor comodidad y temperatura.

¿Dónde se fabrican los sacos?

Todos los materiales usados en los sacos de dormir Glaciar son hechos en Estados Unidos. Los sacos son ensamblados en nuestra planta de producción de Anchorage, Alaska.

¿Se han probado los sacos en condiciones extremas?

En El Saco prueba sus sacos de dormir en sus laboratorios y en expediciones reales. En el laboratorio se usan maniquíes en simulaciones de condiciones extremas de temperatura, precipitación y viento.

¿Cuánto cuestan?

Los precios de los sacos de dormir Glaciar varían desde $150.000 hasta $400.000. Los sacos personalizados tienen un precio ligeramente superior. Hay descuentos especiales por volumen.

Con Word puede aplicar formatos elaborados y agregar gráficos y efectos especiales para lograr mayor impacto visual, aunque estos refinamientos no compensan los problemas de redacción, la mala organización o los errores. Por eso, este capítulo se centra en las herramientas de Word que le ayudan a desarrollar y refinar el contenido de sus documentos. El ejemplo de este capítulo es una página con *preguntas frecuentes* (PF) sobre la nueva línea de sacos de dormir de la compañía En El Saco. Las preguntas frecuentes se distribuyen a menudo en paquetes de información comercial y generalmente se incluyen en los sitios web.

Primero escriba algunos títulos que determinarán la estructura básica del documento:

1. Haga clic en el botón Inicio y escoja Microsoft Word, del submenú Programas, para iniciar Word. Si es necesario oculte la regla, escogiendo Regla, del menú Ver. De esta manera tendrá un poco más de espacio para trabajar.

2. Si lo desea, elija Ocultar el ayudante de Office, del menú Ayuda. (Si le parece útil el Ayudante de Office, puede dejarlo visible.)

3. Haga clic en el botón Más botones, de la barra de herramientas Estándar, y luego oprima el botón Mostrar u ocultar ¶, para mostrar caracteres no imprimibles, como las marcas de párrafos y los espacios.

Botón Mostrar y ocultar ¶

4. Escriba *¿Qué es la Serie Glaciar de sacos de dormir?* y a continuación oprima Retorno. Word introduce el título, inserta una marca de párrafo y mueve el punto de inserción a la línea siguiente.

5. Escriba *¿Cómo se fabrican?* y luego oprima Retorno. Continúe escribiendo los títulos mostrados aquí (aumentamos el tamaño del documento para facilitar la lectura y cambiamos el tamaño de la fuente a 12 puntos para hacerlo más legible):

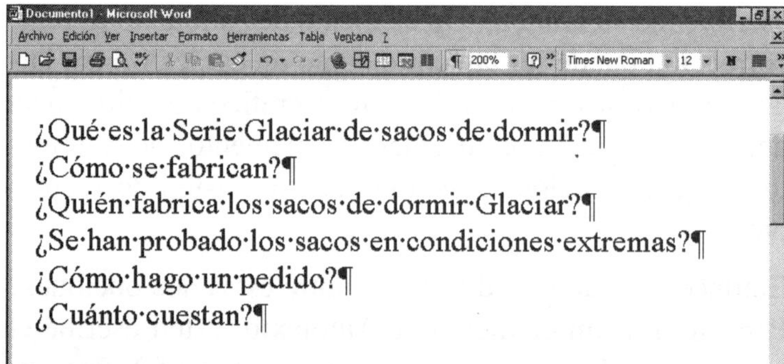

6. Ahora, guarde el documento; haga clic en el botón Guardar, escriba *Preguntas Frecuentes* como nombre del archivo y haga clic en Guardar.

Ahora agregue algo de texto bajo un título:

1. Haga clic entre el signo de interrogación y la marca de párrafo al final del título *¿Qué es la Serie Glaciar de sacos de dormir?* Oprima Retorno y escriba el siguiente texto:

La Serie Glaciar fue creada para uso en condiciones extremas de temperatura. Los sacos de dormir Glaciar son ideales para temperaturas desde -5 °C hasta -30 °C. Fabricados con materiales de excelente calidad, los sacos Glaciar satisfacen las necesidades del más exigente caminante o escalador.

Escribió *Glaciar* tres veces. Veamos un par de formas de economizar trabajo y asegurar que las palabras y frases usadas con frecuencia estén siempre escritas correctamente.

Almacenar y recuperar texto de uso frecuente

Para ayudarle a escribir texto de uso frecuente de forma eficiente, precisa y uniforme, Word posee dos opciones especiales: Autotexto y Autocorrección. A primera vista estas dos funciones parecen casi iguales; ambas le permiten almacenar texto o gráficos con un nombre y luego insertar, en cualquier documento, el texto o el gráfico, simplemente escribiendo su nombre. Un elemento de Autotexto o Autocorrección puede ser tan corto como un carácter o tan largo como varias páginas de texto o gráficos. A diferencia del contenido del Portapapeles, los elementos de Autotexto y Autocorrección se guardan de una sesión de Word a otra.

¿Autotexto o Autocorrección?

Entonces, ¿cuál es la diferencia entre estas dos opciones? Para insertar un elemento de Autotexto, usted escribe el nombre del elemento y luego oprime la tecla F3. Para insertar un elemento de Autocorrección, simplemente escribe su nombre; en el momento en que introduce un signo de puntuación u oprime la barra espaciadora, Word reemplaza automáticamente el nombre con el elemento.

¿Cómo decide cuál de ellos usar? Veamos un ejemplo. Suponga que tiene un negocio de venta de árboles. Sabe que puede ahorrar mucho tiempo y esfuerzo si escribe *roble* en lugar de escribir *Quercus humboldtii* (nombre científico del roble) cada vez que incluye este árbol en la lista del material que solicita a su proveedor. Sin embargo, cuando se comunica con sus clientes, quiere referirse al roble por su nombre común en lugar del nombre científico. Este elemento es un buen candidato para Autotexto, puesto que usted puede controlar cuándo Word reemplaza el nombre *roble* con el elemento *Quercus humboldtii* y cuándo lo deja como *roble*. Si en su lugar usa Autocorrección, Word reemplazará siempre el nombre *roble* con *Quercus humboldtii*. Ensaye ambas opciones.

Usar Autotexto

Usted usa Autotexto para almacenar un texto o un gráfico, de manera que más tarde pueda recuperarlo; para hacerlo, basta con escribir el nombre del elemento y presionar la tecla F3. Para este ejemplo convertirá en un elemento de Autotexto una palabra que ya escribió. Siga estos pasos para simplificar la escritura de la palabra *Glaciar*:

1. Haga clic con el botón derecho del ratón sobre una de las barras de herramientas y escoja Autotexto para desplegar la barra de herramientas Autotexto.

2. Seleccione *Glaciar* en la frase que acaba de escribir y haga clic en Nuevo, en la barra de herramientas Autotexto, para desplegar este cuadro de diálogo:

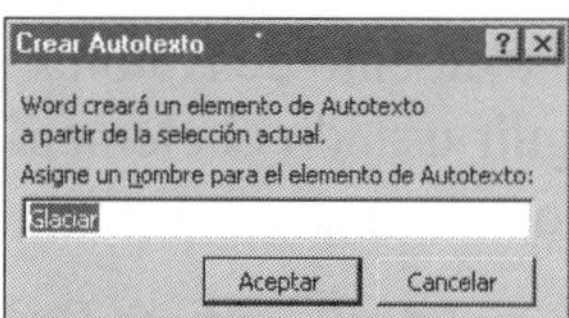

3. Escriba *g* en el cuadro Asigne un nombre para el elemento de autotexto, y haga clic en Aceptar. Word cierra el cuadro de diálogo.

Ahora use el elemento que acaba de crear para escribir otros párrafos en el archivo Preguntas Frecuentes:

1. Haga clic después del signo de interrogación final en el párrafo *¿Cómo se fabrican?*, presione Retorno y luego escriba *Todos los modelos de sacos g* (no oprima la barra espaciadora después de *g*).

2. Presione F3; Word reemplaza la letra *g* con el elemento *Glaciar*.

3. Continúe escribiendo el siguiente párrafo, usando la secuencia *g-F3* para insertar *Glaciar* donde se indique. Escriba el error marcado con negrita exactamente como está, de manera que pueda corregirlo más adelante, en este capítulo. (Word señala éste y todos los errores ortográficos, subrayándolos con una línea roja ondulada.) Incluya también los caracteres ****, que son sustitutos que representan información que agregará luego.

se fabrican con un revestimiento **extermo** *de poliéster de gran duración, capaz de soportar las más duras condiciones de la naturaleza. El saco* g-F3 *1000 y el saco* g-F3 *2000 están aislados térmicamente con ChillFill, un innovador*

Elementos con formato

Si desea que un elemento de Autotexto o Autocorrección retenga su formato de párrafo (alineación, sangría, etc.), incluya la marca de párrafo cuando seleccione el elemento. Los elementos de Autotexto conservan su formato de carácter, pero no así los de Autocorrección; para conseguirlo, asegúrese de seleccionar la opción Texto con formato, en la pestaña Autocorrección del cuadro de diálogo Autocorrección, cuando cree el elemento.

*relleno elaborado 100% de fibras naturales. el saco g-F3 3000, diseñado para el frío más intenso, utiliza ****, una nueva forma de aislamiento creada por En El Saco, a partir de fibras de caucho de ****. La construcción acolchada de estos tres modelos asegura que el relleno se mantenga distribuido uniformemente dentro del saco, para mayor comodidad y temperatura.*

Suponga que olvidó el código de un elemento de Autotexto. ¿Significa esto que no puede seguir usando el elemento? Desde luego que no. Ensaye esto:

1. Haga clic al final del título *¿Cuánto cuestan?*, oprima Retorno y luego escriba *Los precios de los sacos* seguido por un espacio en blanco.

Botón Autotexto

2. Haga clic en el botón Autotexto, en la barra de herramientas Autotexto, para desplegar la pestaña Autotexto del cuadro de diálogo Autocorrección, que se muestra a continuación:

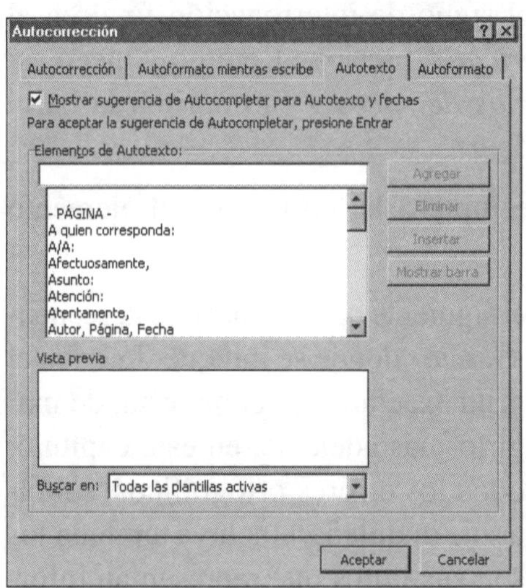

Borrar elementos

Para borrar un elemento de Autotexto haga clic en el botón Autotexto, luego escoja el elemento que desea borrar de la lista, a continuación haga clic en Eliminar y, por último, en Aceptar. Para borrar un elemento de Autocorrección escoja Autocorrección, del menú Herramientas; primero seleccione el elemento de la lista, luego haga clic en Eliminar y, finalmente, en Aceptar.

3. Seleccione *g* de la lista Elementos de autotexto y luego revise el cuadro Vista previa para ver qué representa el elemento. (La lista contiene varios elementos ya listos, entre éstos los elementos de Autocompletar; vea el recuadro de

la página 45.) Para insertar el elemento seleccionado puede simplemente hacer clic en el botón Insertar; sin embargo, haga clic en Aceptar para cerrar el cuadro de diálogo, y le mostraremos otra forma de insertar un elemento.

4. Haga clic en el botón Todos los elementos, en la barra de herramientas Autotexto, para desplegar una lista de categorías de elementos. La mayoría de las categorías corresponden a la escritura de cartas; en la categoría Normal se almacenarán los elementos que usted cree.

5. Seleccione cada una de las categorías para ver su contenido.

6. Elija Normal y luego *g*. Word inserta el elemento *Glaciar* en el lugar del punto de inserción.

7. Continúe escribiendo el párrafo:

varían desde $150.000 hasta $400.000. Hay descuentos especiales por volumen. Los sacos personalizados tienen un precio ligeramente superior.

8. Para ocultar la barra de herramientas Autotexto, haga clic derecho sobre ella, y elija Autotexto en el menú contextual.

Ahora que simplificó la escritura de la palabra *Glaciar*, debió de notar que hay otras palabras o frases a las cuales se les puede dar el mismo tratamiento. ¿Qué tal *En El Saco*? Para simplificar la escritura de este elemento usará Autocorrección.

Usar Autocorrección

Se emplea Autocorrección cuando se quiere que Word reemplace automáticamente un nombre con un elemento. Los nombres de Autocorrección deben ser secuencias únicas de caracteres que normalmente no se usan en un documento. Siga estos pasos para darse una idea de cómo funciona Autocorrección:

1. En el párrafo que comienza con *Todos los modelos de*, seleccione *En El Saco,* y luego escoja Autocorrección del

Autocompletar

Algunos de los elementos en la lista de la pestaña Autotexto, en el cuadro de diálogo Autocorrección, son elementos de Autocompletar. Todos estos "autos" pueden parecer un poco confusos; en términos sencillos, después de escribir los primeros caracteres de Autocompletar, el elemento completo aparece. Si el elemento es correcto, simplemente oprima Retorno o F3 para insertar la palabra. Si no es la palabra correcta, simplemente continúe escribiendo. Autocompletar completa automáticamente la fecha, los días de la semana, los meses y su nombre, así como los elementos de la lista de Autotexto.

menú expandido Herramientas, para desplegar la pestaña Autocorrección del cuadro de diálogo Autocorrección, como se muestra a continuación:

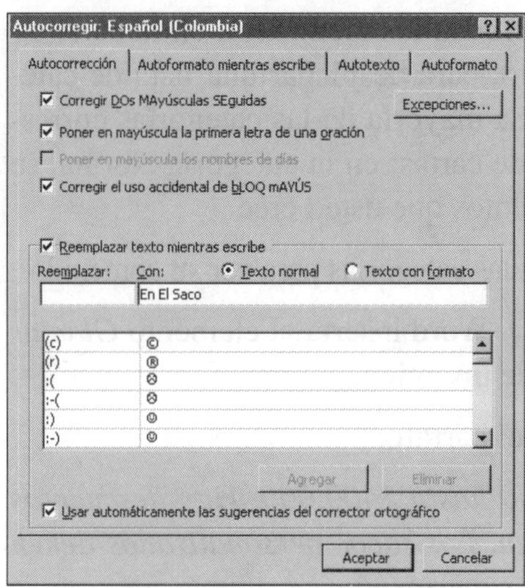

Word espera que usted escriba el nombre que desea que reemplace el texto seleccionado, el cual aparece en el cuadro de texto Con. El cuadro en la parte inferior contiene una lista preelaborada de elementos, símbolos y errores comunes como *¿que* (¿qué), que Word reemplaza cada vez que usted los escribe.

2. En el cuadro de texto Reemplazar, escriba *ees* como el nombre del elemento y haga clic en Agregar. Word agrega el nombre y su reemplazo a la lista. Luego, haga clic en Aceptar para cerrar el cuadro de diálogo.

Ahora use este elemento de Autocorrección de manera que se dé cuenta de la cantidad de tiempo que Autocorrección puede ahorrarle:

1. Haga clic al final del título *¿Se han probado los sacos en condiciones extremas?*; oprima Retorno y luego escriba el siguiente texto:

Lista de entradas de Autocorrección

Pasar por alto Autocorrección

Para desactivar Autocorrección, quite la marca de la casilla Reemplazar texto mientras escribe, en la pestaña Autocorrección del cuadro de diálogo Autocorrección. Si no desea desactivar esta opción, ni que reemplace un nombre con el elemento correspondiente, escriba el nombre, y después de que Autocorrección lo reemplace, haga clic en el botón Deshacer.

ees prueba sus sacos de dormir en sus laboratorios y en expediciones reales. En el laboratorio se usan maniquíes en simulaciones de condiciones extremas de temperatura, precipitación y viento.

2. Haga clic al final del título *¿Cómo hago un pedido?*, luego oprima Retorno y escriba lo siguiente (tenga en cuenta que debe escribir equivocadamente Hay — escriba Ahy —, que está bien escrito en la lista preelaborada de Autocorrección de Word):

Ahy tres formas de obtener los sacos g-F3: 1. Comprándolos en la mayoría de almacenes de cadena para deportes al aire libre. 2. Ordenándolos directamente a ees al teléfono (94) 313 0536. 3. Enviando un correo electrónico con su pedido a serv@saco.com.co.

3. Guarde el documento. (Recuerde guardar el documento con frecuencia para proteger su trabajo.)

Más técnicas de edición

En el capítulo 1 le mostramos algunas técnicas básicas de edición que ya usó en este capítulo, si escribió incorrectamente alguna palabra. En esta sección le enseñaremos brevemente otros métodos de revisión de documentos. Hará algunos cambios al archivo Preguntas Frecuentes (PF) para darse una idea del alcance de las técnicas.

Otras formas de borrar y reemplazar texto

Word ofrece varias técnicas para borrar y reemplazar texto, aparte de aquéllas vistas en el capítulo 1. Aprenderá estas técnicas a medida que agregue un párrafo nuevo al archivo Preguntas Frecuentes:

1. Haga clic al final del título *¿Quién fabrica los sacos de dormir Glaciar?*, oprima Retorno y escriba lo siguiente (incluyendo los errores en negrita y los nombres de Autocorrección y Autotexto, los cuales no están en cursiva):

Opciones de Autocorrección

En el cuadro de diálogo Autocorrección hay varias opciones que se ocupan de "errores" comunes al escribir. Word puede corregir dos mayúsculas seguidas en una palabra, poner en mayúscula la primera letra de una oración y corregir el uso accidental de la tecla Bloq Mayús. Active o desactive cualquiera de estas opciones haciendo clic en la casilla de verificación correspondiente. Si hace clic en el botón Excepciones, puede indicarle a Word no poner mayúsculas después de una abreviatura (como *cód.* por *código*). También puede indicarle a Word que no desea corregir dos mayúsculas seguidas en determinadas circunstancias o que no desea hacer otras correcciones. En la parte inferior del cuadro de diálogo puede retirar la marca de la opción que le indica a Word que use automáticamente las sugerencias del corrector ortográfico.

La Serie g-F3 fue diseñada y fabricada por ees. Fundada en 1985 por el renombrado alpinista Alberto Pinto, ees ha producido sacos de dormir de excelente calidad, durante casi veinte años. Alberto Pinto, el presidente actual de ees, decidió iniciar la **conpañía** *después de sufrir una leve* **hipotemia** *durante un ascenso a la* **sima** *del Parque Nacional de los Nevados. Entre otros reconocimientos, ees recibió en 1992 el Premio de Diseño Moderno, al mejor producto, por su* **inovador** *saco Kodiak, que carece de cremalleras. El objetivo número uno de ees es ofrecer sacos de dormir que garanticen una atmósfera segura y confortable a los exploradores en los más recónditos lugares del mundo.*

2. Haga clic a la derecha de la letra *i* en *casi* (en la segunda frase) y oprima Ctrl+Retroceso para borrar la palabra a la izquierda del punto de inserción.

3. Ahora, haga clic a la izquierda de la primera letra *a* en *actual* (en la tercera frase) y oprima Ctrl+Supr para borrar la palabra a la derecha del punto de inserción.

Modo Insertar ⟶ Como vio, Word trabaja de forma predeterminada en el modo Insertar. Cuando hace clic y empieza a escribir, los caracteres que teclea se introducen a la izquierda del punto de inserción empujando el texto existente hacia la derecha. Word también puede operar en el modo Sobrescribir, de manera que cuando usted hace clic y empieza a escribir, cada carácter que teclea reemplaza un carácter existente.

Modo Sobrescribir ⟶

Controlar los cambios

Para controlar los cambios puede usar las herramientas disponibles en la barra Revisión. (Haga clic derecho sobre cualquier barra de herramientas y escoja Revisión, del menú contextual, para mostrar esta barra.) Haga clic en el botón Control de cambios para mostrar las revisiones subrayadas en rojo. Las letras MCA en la barra de estado indican que está en modo Control de cambios. (Para ajustar la forma como se ven las revisiones escoja Opciones, del menú Herramientas, y cambie los valores en la pestaña Control de cambios.) Puede insertar comentarios usando el botón Insertar comentario y, además, puede guardar documentos con esos comentarios utilizando el botón Guardar versión. Para detener el control de cambios puede hacer clic en el botón Control de cambios, en la barra de herramientas Revisión, o hacer doble clic en las letras MCA, en la barra de estado.

Ensaye un poco la sobrescritura. Suponga que En El Saco fue fundada en 1986, no en 1985. Así se hace esta sencilla corrección:

1. Haga clic entre el *8* y el *5* de *1985*, bajo el título *¿Quién fabrica los sacos de dormir Glaciar?*

2. En la barra de estado haga doble clic en el cuadro Sobrescribir (el cuarto cuadro de izquierda a derecha). Las letras *SOB* se resaltan para indicar que el modo Sobrescribir se encuentra activo.

3. Escriba *6*, lo cual sobrescribe el *5*, de manera que ahora se lee *1986*.

4. Haga doble clic en el cuadro Sobrescribir para desactivar el modo Sobrescribir. Este paso es importante pues si lo olvida podría escribir sobre información valiosa.

Más formas de mover y copiar texto

Como vio en el capítulo 1, puede mover cualquier cantidad de texto dentro del mismo documento o a un documento diferente. Las operaciones de movilización de texto se pueden llevar a cabo usando los botones Cortar y Pegar, como

No reemplazar automáticamente

Usted puede hacer que Word inserte lo que escribe a la izquierda de una selección en lugar de reemplazarla. Escoja Opciones, del menú Herramientas, y haga clic en la pestaña Edición para mostrar las opciones. Luego, simplemente haga clic en la casilla de verificación Reemplazar la selección al escribir; finalmente, haga clic en Aceptar.

Edición inteligente

Cuando usted corta o copia y pega texto, Word intuye dónde se necesitan espacios dentro del texto. Por ejemplo, Word generalmente elimina espacios antes o los agrega después de los signos de puntuación. Para indicarle a Word que no desea que haga estos ajustes, escoja Opciones, del menú Herramientas, haga clic en la pestaña Edición y luego haga clic en la casilla de verificación Usar copiar y pegar inteligentemente; finalmente, haga clic en Aceptar.

Problemas al arrastrar y colocar

Si cuando apunta a una selección de texto manteniendo oprimido el botón izquierdo del ratón no mueve el texto sino que lo deselecciona y crea un punto de inserción, la opción Edición de texto con arrastrar y colocar está desactivada. Para activarla, escoja Opciones, del menú Herramientas, haga clic en la pestaña Edición, seleccione la casilla de verificación y haga clic en Aceptar.

Editar texto al arrastrar y colocar

aprendió en el capítulo 1, o usando una técnica con el ratón llamada *edición de texto con arrastrar y colocar*. Generalmente, usted utiliza la edición de texto con arrastrar y colocar cuando mueve texto distancias cortas — esto es, cuando el texto que va a mover y su destino pueden verse simultáneamente en la pantalla. Ensaye esto:

Mover texto al arrastrar y colocar

1. Seleccione la frase que comienza con *Hay descuentos*, debajo del título *¿Cuánto cuestan?*

2. Apunte al texto resaltado, mantenga oprimido el botón izquierdo del ratón mientras arrastra el punto de inserción sombreado hasta después del último punto del párrafo y suelte el botón del ratón. El texto resaltado se mueve a la ubicación escogida. Con esta acción intercambó la posición de las últimas dos frases en este párrafo.

3. Oprima Fin y luego, si es necesario, oprima también Retorno para agregar un párrafo nuevo al final del documento.

4. Seleccione el título *¿Cómo hago un pedido?* junto con el párrafo que le sigue y luego arrástrelos y colóquelos debajo del título *¿Cuánto cuestan?* y su párrafo.

El procedimiento para copiar texto es similar al procedimiento para moverlo. Copie algún texto usando la técnica de arrastrar y colocar:

1. Oprima Ctrl+Inicio para ver el comienzo del documento.

Copiar texto al arrastrar y colocar

2. Haga clic al comienzo de la frase *La Serie Glaciar*, debajo del título *¿Quién fabrica los sacos de dormir Glaciar?*

Seleccionar una frase

3. Seleccione la frase presionando simultáneamente Ctrl y Mayús y oprimiendo la tecla flecha Derecha, hasta que la frase completa esté seleccionada.

4. Apunte al texto resaltado, mantenga oprimido el botón izquierdo del ratón y arrastre el punto de inserción sombreado hacia la derecha del último punto en el primer párrafo del documento (después de *escalador*). Mientras mantiene oprimido el botón del ratón, presione la tecla Ctrl (un pequeño signo + aparece al lado del puntero del ratón); lue-

go, suelte primero el botón del ratón y después la tecla. Inmediatamente una copia de la frase seleccionada aparece en la ubicación indicada por el punto de inserción sombreado, como se muestra a continuación:

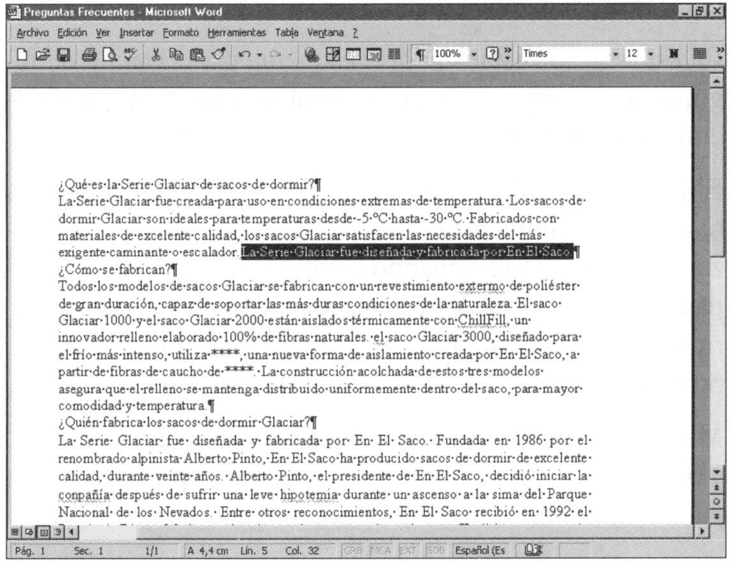

5. Con la frase que acaba de copiar aún seleccionada, oprima la tecla Supr.

Organizar documentos

Ya aprendió cómo mover texto dentro de un documento utilizando las técnicas de edición cortar y pegar y arrastrar y colocar; sin embargo, cuando un documento contiene títulos y texto, con frecuencia es más fácil usar la opción Esquema de Word para mover texto. La mayoría de la gente piensa que esquematizar es el proceso que precede a la escritura de documentos largos. Con Word, sin embargo, esquematizar no es un proceso independiente sino simplemente otra forma de ver un documento. Si todo lo que usted hace es escribir cartas, memorandos y otros documentos cortos, probablemente nunca utilice la opción para esquematizar. Pero si escribe documentos largos con títulos, como planes de negocios, reportes de compañías o tesis de grado, cuenta con un método poderoso para organizar y reorganizar rápidamente la información. Una vez que utiliza la opción Esquema de Word con un documento específico, puede cambiar a vista Esquema en cualquier momento para tener una perspectiva general de su trabajo.

En esta sección establecerá el esquema para el archivo Preguntas Frecuentes, y luego lo usará para reorganizar el documento. Empecemos:

Activar Esquema

1. Elija Esquema, del menú expandido Ver. Word muestra la barra de herramientas Esquema, la cual le permite organizar su documento asignando niveles a la información en la pantalla. Puesto que Word considera todos los títulos y párrafos de Preguntas Frecuentes como texto independiente, pone un cuadrito vacío a la izquierda de cada elemento.

2. Mueva el puntero sobre la barra de herramientas Esquema, y observe la función de cada botón. Luego oprima Ctrl+Fin para desplazarse al final del documento.

Botón Aumentar nivel

3. En una línea nueva escriba *Sacos de Dormir Glaciar -- Preguntas frecuentes* y oprima el botón Aumentar nivel, en la barra de herramientas Esquema. Word mueve el título hacia la izquierda y aumenta su tamaño para reflejar el nuevo nivel. Fíjese también en el símbolo de esquema menos (-) al lado del título; éste indica que el título no tiene subtítulos ni texto. (Autocorrección reemplazó los dos guiones con un guión largo.)

Estilos de títulos

4. Haga clic en el botón Más botones, de la barra de herramientas Formato, y fíjese que Título 1 aparece en el cuadro Estilo. (Vea la página 86 para mayor información acerca de los estilos.) Con Word puede crear hasta nueve niveles de títulos llamados Título 1 hasta Título 9.

5. Haga clic en el título *¿Cómo hago un pedido?* y luego haga clic en el botón Aumentar nivel. Repita este paso para cada uno de los otros cinco títulos con el fin de cambiarlos al estilo Título 1.

6. Haga clic en el botón Mostrar título 1. Word contrae el esquema de manera que únicamente los títulos de nivel 1 son visibles, tal como se muestra aquí:

Botón Mostrar título 1

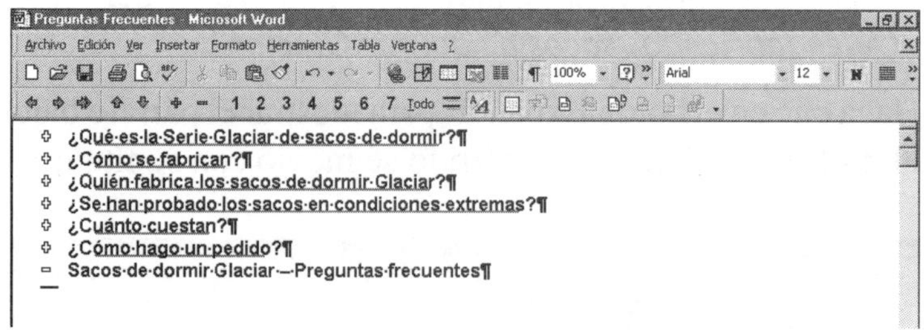

Recuerde que el símbolo de esquema menos (-) indica que el título no tiene títulos ni texto subordinados; el símbolo de esquema más (+) indica que sí los tiene. Adicionalmente, Word subraya en gris los títulos cuya información subordinada está oculta.

Símbolos de esquema

Organice ahora un poco el documento:

1. Haga clic en cualquier parte del título *Sacos de Dormir Glaciar — Preguntas frecuentes*, y oprima el botón Mover

Botón Mover hacia arriba

Mapa del documento

Con esta opción puede ver los documentos de otra forma. Haga clic en el botón Mapa del documento, en la barra de herramientas Estándar, para desplegarlo; éste contiene los títulos del documento en un panel independiente ubicado al lado izquierdo de la pantalla. Para desplazarse a un título diferente, haga clic en el título, en el panel izquierdo, para que aparezca en la parte superior del panel derecho. Para modificar los niveles mostrados, haga clic en el símbolo de esquema menos (-) para contraer los subtítulos bajo un título. Para volver a mostrarlos, haga clic en el símbolo de esquema más (+). Para mostrar un nivel específico, haga clic con el botón derecho del ratón sobre un título y escoja el nivel deseado del menú contextual. Para modificar el tamaño del panel, mueva el puntero sobre la línea divisoria de los paneles izquierdo y derecho y, cuando el puntero se convierta en una flecha de doble cabeza, arrástrelo en la dirección apropiada. Para cerrar el Mapa del documento, haga clic en el botón Mapa del documento o doble clic en la línea divisoria de los dos paneles.

Borrar títulos

Para borrar un título de un esquema, seleccione el título y oprima la tecla Supr. Si también desea borrar los títulos y textos subordinados de ese título, contraiga el esquema antes de hacer la selección. De lo contrario, expanda el esquema antes de seleccionar el título, de manera que pueda ver exactamente los párrafos que se van a afectar cuando oprima la tecla Supr.

hacia arriba, repetidamente, hasta que el título se ubique al comienzo del documento.

Botón Mover hacia abajo

2. Haga clic en el título *¿Cómo se fabrican?* y luego en el botón Mover hacia abajo, para colocarlo debajo del título *¿Quién fabrica los sacos de dormir Glaciar?*

Botón Expandir

3. Haga clic en el botón Expandir para mostrar el párrafo bajo el título seleccionado. El párrafo se movió con su título:

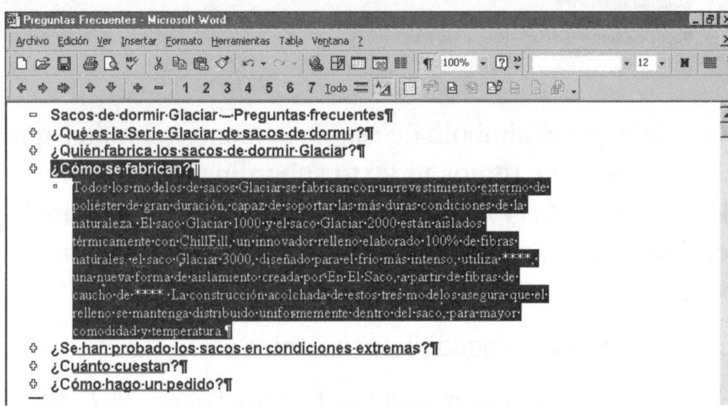

Botón Contraer

4. Haga clic en el botón Contraer para ocultar el texto.

¿Qué pasa si quiere agregar información al documento mientras está en vista Esquema? Es muy simple; siga estos pasos:

Crear documentos maestros y subdocumentos

En vista Esquema puede crear un documento maestro que contenga subdocumentos separados pero relacionados. Por ejemplo, si desea que cada pregunta con su respuesta del documento Preguntas Frecuentes estén contenidas en un subdocumento separado, escoja vista Esquema, seleccione un título junto con su texto, y haga clic en el botón Crear subdocumento, en la barra de herramientas Esquema. Repita este procedimiento para los otros títulos y su texto, con el fin de convertirlos en subdocumentos. Cuando usted guarde el archivo Preguntas Frecuentes, Word guardará cada subdocumento como un archivo separado, con el título como su nombre. En el documento maestro Preguntas Frecuentes, haga clic en el botón Contraer subdocumentos, para ver únicamente los títulos, los cuales fueron convertidos en hipervínculos. Haga clic en el hipervínculo de un título para ver el subdocumento correspondiente. Esta opción es especialmente útil si usted quiere publicar sus documentos para que sean vistos en Internet o en una intranet (vea la página 96). Para mayor información acerca de los documentos maestros y subdocumentos, consulte la ayuda de Word.

1. Haga clic al final del título *¿Cómo se fabrican?* y oprima Retorno. Word supone que usted desea escribir otro título de nivel 1.

2. Escriba *¿Dónde se fabrican los sacos?* y oprima Retorno.

3. Haga clic en el botón Disminuir a texto, en la barra de herramientas Esquema, y escriba lo siguiente, incluyendo los errores en negrita:

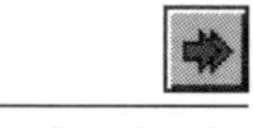
Botón Disminuir a texto

Todos los **materieles** *usados en los sacos* g-F3 *son hechos en Estados Unidos. Los sacos son ensamblados en nuestra planta de* **produción** *de Anchorage, Alaska.*

Fíjese que todos los títulos, excepto el primero, deberían ser de nivel 2. Siga estos pasos para bajar el nivel de los títulos:

1. Haga clic en el botón Mostrar título 1, para mostrar solamente los títulos.

2. Seleccione todos los títulos, excepto el primero, y haga clic en el botón Disminuir nivel, en la barra de herramientas Esquema. Word cambia el formato y mueve los títulos hacia la derecha, de manera que su relación con el título de nivel 1 es evidente. El símbolo de esquema menos (-), a la izquierda del primer título, se convierte en un símbolo de esquema más (+), puesto que ahora tiene títulos y texto subordinados.

Botón Disminuir nivel

3. Haga clic en el botón Mostrar todos los títulos; y observe:

Botón Mostrar todos los títulos

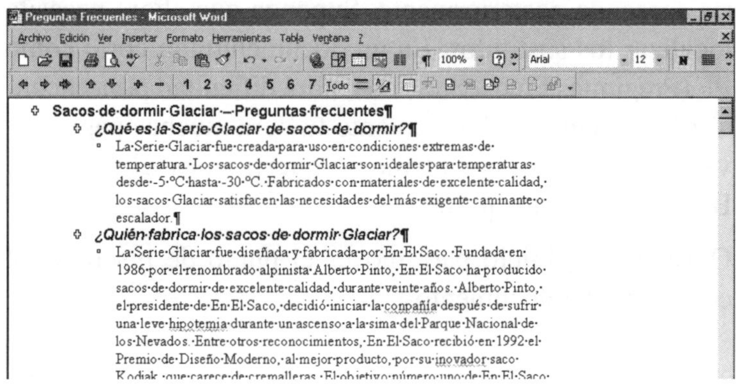

Cambiar vistas

**Botones Vista normal
y Vista esquema**

Después de esta breve introducción a la opción Esquema de Word, regrese a vista Normal para continuar con el resto del capítulo. De forma predeterminada, Word muestra el documento en vista Diseño de impresión, es decir que se ve como aparecerá en la página impresa, incluyendo encabezados, pies de página y otros elementos. La vista Normal muestra todo el texto, al mismo tiempo que simplifica el diseño de la página para facilitar la escritura y la edición del texto. Siga estos pasos para hacer el cambio:

1. Haga clic en el botón Vista normal, al extremo izquierdo de la barra de desplazamiento horizontal. Después de determinar el esquema del documento, puede regresar a vista Esquema en cualquier momento haciendo clic en el botón Vista esquema, también en la barra de desplazamiento horizontal.

2. Haga clic en el botón Guardar, para guardar su trabajo.

Buscar y reemplazar

Con Word puede buscar caracteres específicos en un documento; también puede indicar caracteres de reemplazo. Como verá en el siguiente ejemplo, buscar una serie de caracteres es muy fácil.

Buscar texto

Recuerde que cuando escribió las preguntas frecuentes puso caracteres **** como sustitutos para información que sería agregada posteriormente. Suponga que ahora necesita localizar los sustitutos. En un documento tan corto como PF (Preguntas Frecuentes) no tendrá dificultad para encontrar ****, pero si el documento tuviera muchas páginas y varios sustitutos, posiblemente querría usar el comando Buscar. Siga estos pasos:

1. Oprima Ctrl+Inicio para mover el punto de inserción al comienzo del documento.

**Edición durante una
búsqueda o reemplazo**

Para editar un documento sin cerrar el cuadro de diálogo Buscar y reemplazar, haga clic en la ventana del documento para activarlo; efectúe los cambios y luego haga clic en el cuadro de diálogo Buscar y reemplazar, para continuar la búsqueda o el reemplazo. Puede continuar la búsqueda con el cuadro de diálogo Buscar y reemplazar cerrado; haga clic en el botón Cancelar, para cerrarlo, y use los botones Búsqueda anterior/Ir a y Búsqueda siguiente/Ir a, en el extremo inferior de la barra de desplazamiento vertical, para completar su búsqueda.

2. Elija Buscar, del menú Edición. Word despliega el siguiente cuadro de diálogo:

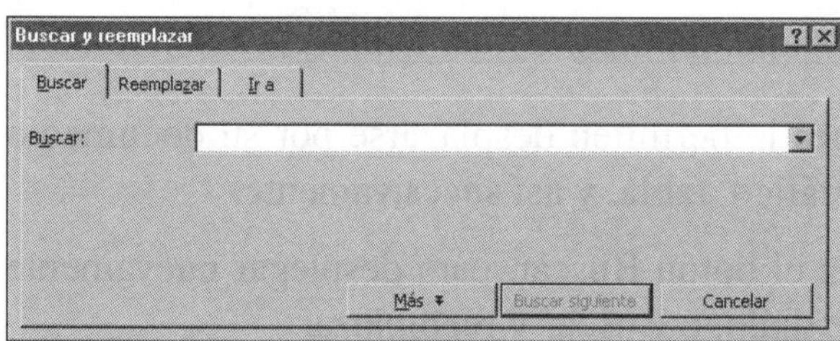

3. Escriba **** en el cuadro de texto Buscar y haga clic en el botón Buscar siguiente. Word busca en el documento y se detiene cuando encuentra la primera vez que aparece ****.

4. Haga clic en Cancelar, para cerrar el cuadro de diálogo, y escriba *CalorTec* para reemplazar el sustituto resaltado.

5. Haga clic en el botón Búsqueda siguiente/Ir a, en la parte inferior de la barra de desplazamiento vertical, para repetir el comando usando el mismo texto de la búsqueda anterior. Word encuentra el segundo ****. (Puede hacer clic en el botón Búsqueda anterior/Ir a para regresar al sitio anterior donde aparece el texto que se encuentra en el cuadro Buscar.)

**Botones
Búsqueda siguiente/Ir a
y Búsqueda anterior/Ir a**

6. Reemplace la selección con *llantas recicladas*.

La mayoría de las búsquedas serán tan sencillas como la anterior. Sin embargo, puede refinarlas; si oprime el botón Más, en el cuadro de diálogo Buscar y reemplazar, verá opciones adicionales. Puede usar estas opciones o escribir caracteres especiales (vea el recuadro en la página 58). Por ejemplo, suponga que confunde con frecuencia el uso de las palabras *cima* (parte alta) y *sima* (cavidad). Puede revisar estas palabras en el archivo Preguntas Frecuentes, de la siguiente forma:

1. Oprima Ctrl+Inicio para desplazarse al comienzo del documento. Luego, haga clic en el botón Seleccionar objeto de búsqueda, en el extremo inferior de la barra de desplazamiento vertical, para desplegar esta paleta de opciones:

**Botón Seleccionar objeto
de búsqueda**

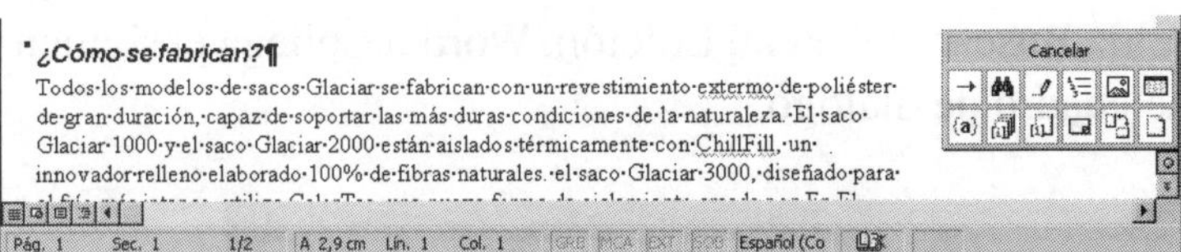

Estos botones le permiten desplazarse por su documento por título, gráfico, tabla, y así sucesivamente.

Botón Buscar

2. Haga clic en el botón Buscar, para desplegar nuevamente el cuadro de diálogo Buscar y reemplazar.

3. Luego, haga clic en el botón Más, para expandir el cuadro de diálogo Buscar y reemplazar, como se muestra a continuación:

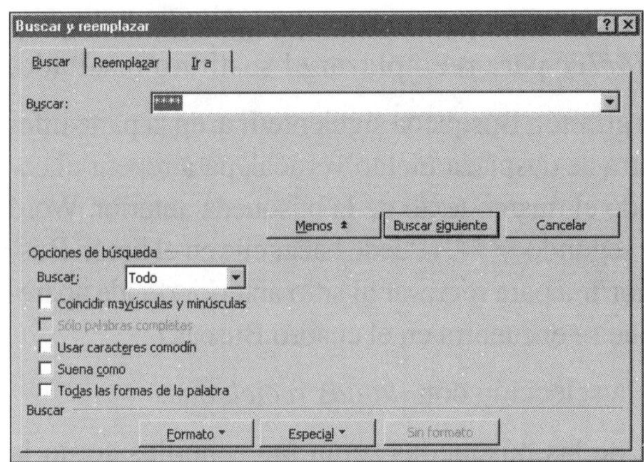

Buscar y reemplazar formatos

Para buscar texto con formato escoja Buscar, del menú Edición, y haga clic en el botón Más para expandir el cuadro de diálogo Buscar y reemplazar; luego, haga clic en el botón Formato, y finalmente elija Fuente (para formato de caracteres) o Párrafo. En el cuadro de diálogo Buscar fuente o Buscar párrafo, especifique el formato que desea; haga clic en Aceptar para regresar al cuadro de diálogo Buscar y reemplazar y oprima Buscar siguiente. Word resalta el siguiente elemento de texto con el formato indicado. Puede usar el comando Reemplazar para cambiar un formato particular. Por ejemplo, para cambiar todo el texto en negrita por cursiva, seleccione Reemplazar, del menú Edición, haga clic en Formato y luego en Fuente, elija Negrita en la lista Estilo de fuente, y haga clic en Aceptar. Luego, haga clic en el cuadro de texto Reemplazar con, oprima el botón Formato, elija Fuente, haga clic en Cursiva en la lista Estilo de fuente, y por último presione Aceptar. En el cuadro de diálogo Buscar y reemplazar, haga clic en Buscar siguiente y Reemplazar, si usted quiere confirmar cada cambio, o haga clic en Reemplazar todos.

4. Escriba *?ima* en el cuadro de texto Buscar. El signo ? es un *comodín* que representa cualquier carácter.

Comodines

5. Asegúrese de que está seleccionado Todo, en la sección Opciones de búsqueda. Luego, haga clic en la casilla Usar caracteres comodín, para indicarle a Word que busque una cadena de caracteres que concuerde con el texto en Buscar; haga clic en Buscar siguiente, para comenzar la búsqueda. Word se detiene en la palabra **sima**, en el segundo párrafo. (Es posible que tenga que mover el cuadro de diálogo para ver el texto; arrástrelo de su barra de título.)

6. El uso de *sima* es incorrecto; haga clic en Cancelar para cerrar el cuadro de diálogo, y cambie la *s* por la *c*.

7. Haga clic nuevamente en el botón Búsqueda siguiente/Ir a, para asegurarse de que el documento ya no contiene el texto que está en Buscar; oprima No cuando Word pregunte si desea continuar la búsqueda.

Reemplazar texto

Es frecuente que usted busque una serie de caracteres para reemplazarlos. Cuando necesita hacer el mismo reemplazo varias veces, el uso del comando Reemplazar automatiza el proceso. Por ejemplo, busque todas las veces en que aparece *sacos Glaciar*, y cámbielas por *sacos de dormir Glaciar*:

1. Oprima Ctrl+Inicio para desplazarse al comienzo del documento; haga clic en el botón Seleccionar objeto de búsqueda, oprima Buscar y escoja la pestaña Reemplazar. (También puede usar el comando Reemplazar, en el menú Edición.) Word muestra el siguiente cuadro de diálogo:

Comando Reemplazar

La pestaña Ir a

Puede usar la pestaña Ir a, del cuadro de diálogo Buscar y reemplazar, para saltar a un elemento específico en su documento. Por ejemplo, puede desplazarse a una página determinada, a un gráfico o un título.

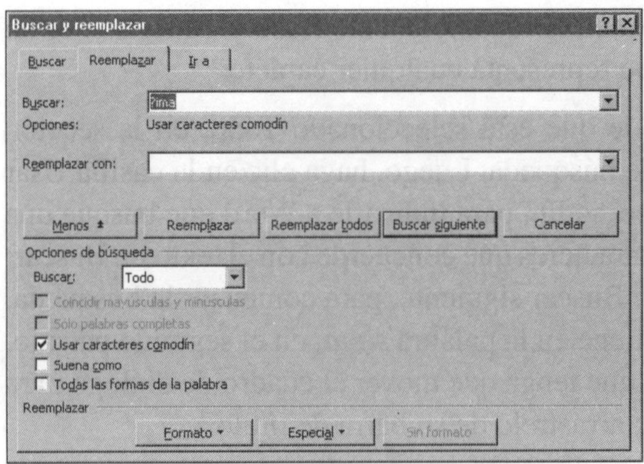

Fíjese que el texto y los valores de la pestaña Buscar aparecen en los cuadros de texto de la pestaña Reemplazar.

2. Reemplace el texto en Buscar con *sacos Glaciar*.

3. En el cuadro de texto Reemplazar con, escriba *sacos de dormir Glaciar*. Haga clic en el botón Menos, para contraer el cuadro de diálogo, y oprima Buscar siguiente. Word resalta la primera vez que aparece el texto que está en Buscar.

4. Oprima Reemplazar. Word continúa la búsqueda y señala la segunda vez en que aparece ese texto.

Refinar sus búsquedas

Usted puede efectuar búsquedas más complicadas en sus documentos de Word usando las opciones disponibles en el cuadro de diálogo Buscar y reemplazar. Utilice la lista desplegable Buscar para ir hacia adelante o hacia atrás del punto de inserción o para buscar en todo el documento. Haga clic en la casilla Coincidir mayúsculas y minúsculas para encontrar sólo el texto que coincida exactamente con el que aparece en el cuadro Buscar. Por ejemplo, busque el nombre propio *Rosa* y no los caracteres *rosa* en *rosado*. Active la casilla de verificación Sólo palabras completas para buscar únicamente palabras completas y no partes de una palabra más larga. Por ejemplo, busque la palabra *barra* y no los caracteres *barra* en *barranco*. Para buscar caracteres especiales, como marcas de tabulación y de párrafo, selecciónelos de la lista desplegable Especial. Por ejemplo, para buscar los párrafos que comienzan con la palabra *Recuerde*, escoja Marca de párrafo y, luego, escriba *Recuerde* justo después de *^p* como texto en Buscar.

5. Presione Reemplazar todos, para reemplazar todas las repeticiones pendientes; cuando Word indique que se hicieron cuatro reemplazos, haga clic en Aceptar.

6. Oprima Cerrar, para cerrar el cuadro de diálogo Buscar y reemplazar.

De igual forma que con el comando Buscar, puede usar las opciones Coincidir mayúsculas y minúsculas, Sólo palabras completas, Usar caracteres comodín, Suena como y Todas las formas de la palabra, para refinar el procedimiento de reemplazo. (Vea el recuadro de la página anterior para mayor información.)

Revisar la ortografía

Nada resta tanto valor a un documento como un error tipográfico. En el pasado, los lectores podían pasar por alto los eventuales errores de este tipo, pero en esta época la revisión ortográfica que hacen los procesadores de texto es tan fácil, que los lectores tienden a ser menos comprensivos. Por ejemplo, hojas de vida y solicitudes de empleo con errores ortográficos terminan con frecuencia en la papelera. Por esa razón conviene adquirir la costumbre de hacer una revisión ortográfica de todos sus documentos, especialmente de aquéllos que serán distribuidos en forma impresa.

A medida que creó el archivo Preguntas Frecuentes en este capítulo, deliberadamente le pedimos que incluyera algunos errores. De forma predeterminada, Word compara la ortografía de cada palabra que usted escribe contra su diccionario integrado y señala todas las palabras que no encuentra subrayándolas con una línea roja ondulada. También revisa los posibles errores gramaticales y los señala subrayándolos con una línea verde ondulada. Estas opciones, llamadas *revisión ortográfica automática* y *revisión gramatical automática*, pueden ser desactivadas o activadas en la pestaña Ortografía y gramática, del cuadro de diálogo Opciones. (Es posible que desee revisar el resto de las opciones de ortografía y gramática en esa pestaña.)

Generalmente, a medida que escribe usted quiere corregir los errores que Word identifica. Corrija una de las palabras incorrectas. Siga estos pasos:

1. Apunte a la palabra *hipotemia*, en el segundo párrafo del archivo Preguntas Frecuentes, y oprima el botón derecho del ratón para desplegar el siguiente menú contextual:

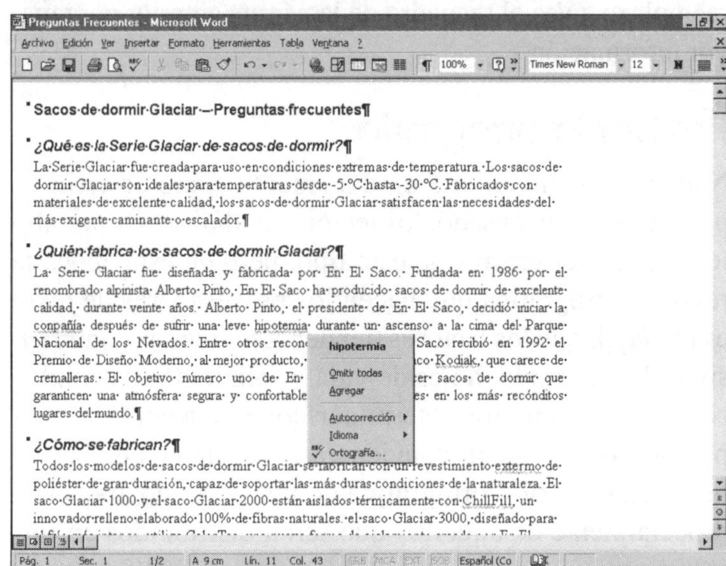

Word muestra las palabras en su diccionario que se parecen al texto incorrecto. También ofrece las opciones: omitir los errores, agregar la palabra a un diccionario suplementario, crear un elemento de Autocorrección para la palabra, cambiar el idioma, o mostrar el cuadro de diálogo Ortografía y gramática que tiene más opciones.

2. Elija *hipotermia* para corregir la ortografía de la palabra.

Si prefiere revisar toda la ortografía del documento Word de una sola vez, puede usar las opciones de revisión ortográfica de Word de forma distinta. Siga estos pasos:

Revisión inteligente

Si su documento contiene palabras duplicadas como *el el*, Word las muestra durante la revisión ortográfica en el cuadro de diálogo Ortografía y gramática. Al oprimir el botón Eliminar, borra la palabra duplicada. Para acelerar el proceso de revisión, las sugerencias de Word generalmente tienen las mismas mayúsculas y minúsculas que la palabra mal escrita. Por ejemplo, si el error ocurre al comienzo de una frase y por lo tanto inicia con mayúscula, las sugerencias de Word también iniciarán con mayúsculas.

1. Oprima Ctrl+Inicio para desplazarse al comienzo del archivo Preguntas Frecuentes, y haga clic en el botón Ortografía y gramática, en la barra de herramientas Estándar. Automáticamente Word comienza a comparar con su diccionario incorporado cada palabra del documento, empezando con aquélla donde está ubicado el punto de inserción. Cuando encuentra una palabra que no existe en su diccionario, la señala y muestra el siguiente cuadro de diálogo:

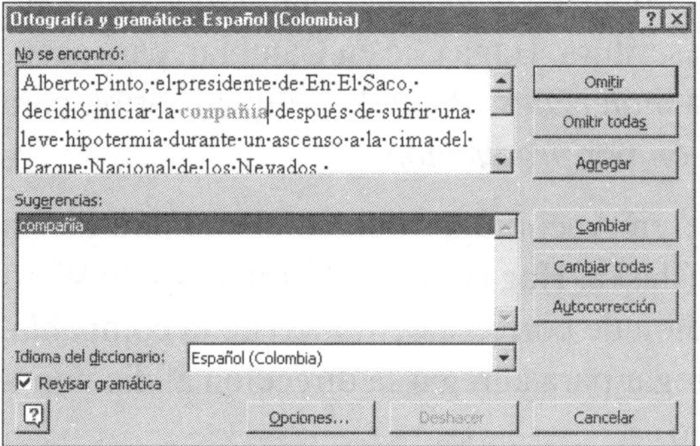

2. Como puede ver, Word se detuvo en la palabra *conpañía* puesto que se trata de un auténtico error de ortografía. Haga clic en Cambiar, para aceptar la sugerencia *compañía*. (La línea ondulada roja que subrayaba la palabra desaparece.) Proceda de la misma forma para cambiar *inovador* por *innovador*.

3. Word se detiene en la palabra Kodiak, que es el nombre de un tipo de saco de dormir (así como el nombre de una región geográfica y de un oso). Por lo tanto, haga clic en Omitir.

4. Word se detiene en la palabra *extermo*, y sugiere *extremo*. Haga clic en *externo,* en la lista Sugerencias, y luego haga clic en Cambiar.

5. Luego Word se detiene en *ChillFill*. Usted escribió este nombre correctamente y lo usa con frecuencia. Para evitar que Word lo señale cada vez como un error, puede agregar-

Botón Ortografía y gramática

Revisión gramatical

Cuando la revisión gramatical automática se encuentra activada, Word trabaja detrás de bambalinas revisando la gramática a medida que usted escribe y subrayando frases "sospechosas" con líneas verdes onduladas. Al hacer clic derecho sobre una de estas frases, se despliega un cuadro de diálogo con sugerencias de cambios. Usted puede elegir Omitir oración, para dejar la frase como está, o Gramática, para desplegar el cuadro de diálogo Gramática, con más opciones. La utilidad de la revisión gramatical depende de la complejidad de su redacción. Solamente usted puede decidir si las sugerencias son válidas y suficientemente útiles para que justifique tener la revisión gramatical activada. Puede revisar la ortografía de sus documentos sin usar la revisión gramatical del programa; para hacerlo, escoja Opciones, del menú Herramientas, elija la pestaña Ortografía y gramática, y luego retire la marca de verificación de las casillas Revisar gramática mientras escribe y Revisar gramática con ortografía.

lo al diccionario suplementario de Word, Custom.dic; para hacerlo, haga clic en Agregar. (No es posible agregar palabras al diccionario principal.) Repita este procedimiento para agregar *CalorTec* al diccionario suplementario.

6. Word se detiene en la palabra *el*, al comienzo de la frase *el saco de dormir Glaciar 3000*, y sugiere que coloque una mayúscula, pues está comenzando una frase. Haga clic en Cambiar. (La línea ondulada verde que estaba subrayando la palabra desaparece.)

7. Luego, Word se detiene en *materieles* puesto que es un auténtico error de escritura. Haga clic en Cambiar, para aceptar la sugerencia *materiales*. Proceda de igual forma para cambiar *produción* por *producción*.

8. Word se detiene en Anchorage, que es el nombre de un puerto al sur de Alaska. Haga clic en Omitir. Cuando Word señale la direccción de correo electrónico de la compañía, haga clic en Agregar para agregar la dirección al diccionario suplementario.

9. Cuando Word llega al final del documento, cierra el cuadro de diálogo Ortografía y gramática y muestra un mensaje que le indica que la revisión ortográfica y gramatical está completa. Entonces, haga clic en Aceptar para regresar al documento.

10. Guarde y luego cierre el documento. (Lo usará nuevamente en el capítulo 3.) Luego cierre Word.

A medida que cree documentos y revise su ortografía verá que las palabras que utiliza pueden clasificarse en una de varias categorías:

- Palabras comunes incluidas en el diccionario principal de Word.

- Palabras poco comunes que usa rara vez. Usted querrá indicarle a Word que ignore estas palabras cuando haga la corrección ortográfica de un documento. Word agregará estas palabras al documento en el que se usaron, como una forma

Sinónimos

El diccionario de sinónimos de Word sirve para buscar sinónimos de una palabra seleccionada: primero escoja Idioma, y luego Sinónimos, del menú Herramientas. Word muestra el cuadro de diálogo Sinónimos y sugiere palabras alternativas para el término seleccionado. Para reemplazar la palabra en su documento con una de estas alternativas, escoja la palabra nueva de la lista Reemplazar con el sinónimo, y haga clic en el botón Reemplazar. También puede escoger una palabra alternativa y hacer clic en Buscar para mostrar una lista de alternativas para la alternativa. Haga clic en Cancelar para cerrar el cuadro de diálogo Sinónimos sin hacer cambios.

de diccionario específico, y no las señalará como errores si hace la revisión ortográfica del documento en el futuro.

- Palabras poco comunes que usa con frecuencia en diferentes tipos de documentos. Usted querrá agregar estas palabras a Custom.dic, de manera que no sean señaladas como errores ortográficos.

- Palabras poco comunes que usa en un tipo específico de documentos. En lugar de agregar estas palabras a Custom.dic, usted preferirá crear un diccionario personalizado para usarlo únicamente con este tipo de documentos. Para crear un diccionario personalizado, escoja Opciones del menú Herramientas; a continuación, haga clic en la pestaña Ortografía y gramática; luego, haga clic en el botón Diccionarios y, por último, haga clic en el botón Nuevo, en el cuadro de diálogo Diccionarios personalizados. Escriba un nombre para el diccionario; haga clic en Guardar y luego en Aceptar. Antes de usar el diccionario personalizado es preciso abrirlo, para lo cual debe seleccionarlo de la lista desplegable, en el cuadro de diálogo Opciones, y luego hacer clic en Aceptar. (También puede crear y abrir diccionarios personalizados en la pestaña Ortografía y gramática que aparece cuando hace clic en Opciones, en el cuadro de diálogo Ortografía y gramática.) Luego, cuando revise la ortografía de un documento, puede hacer clic en el botón Agregar, en el cuadro de diálogo Ortografía y gramática, para agregar palabras al diccionario personalizado. (Antes de empezar una revisión ortográfica es buena idea hacer clic en el botón Opciones y revisar cuál diccionario personalizado está activo.)

Crear diccionarios personalizados

No puede confiar únicamente en la revisión ortográfica y gramatical de Word para identificar la totalidad de los errores en su documento. Como los errores de sintaxis o uso inadecuado de palabras pueden fácilmente pasarse por alto en una revisión ortográfica y gramatical, siempre debe leer completamente su documento para detectar cualquier error que Word omita.

Documentos llamativos

Creará un memorando y un fax con ayuda de las plantillas y de los asistentes de Word. Luego, combinará dos documentos para probar tipos de formato más complejos, como columnas múltiples, listas y estilos. Finalmente, aprenderá a imprimir documentos en papel y a publicarlos en el Web.

Independientemente de que su documento sea un folleto, como en nuestro ejemplo, publicidad o un boletín informativo, agregarle un formato elaborado es un método efectivo para que se destaque.

Documentos creados y conceptos tenidos en cuenta:

MEMORANDO DE OFICINA

PARA: MÓNICA BETANCUR
DE: HILDA CARRASCO
ASUNTO:
FECHA:
CC:

Nuevos sacos de dormir glaciar para condiciones extremas

En El Saco se complace anunciar que la **Serie Sacos Glaciar**, nuestra última línea de sacos de dormir, está completa y lista para producción. Gracias al duro trabajo de nuestro equipo de desarrollo, el producto se terminó de desarrollar antes del tiempo previsto. El uso del sistema de aislamiento "ChillFill" contribuye a hacer los sacos Glaciar únicos y atractivos. Muchos almacenes han hecho pedidos de estos innovadores sacos de dormir aptos para temperaturas bajo cero.

El sábado 27 de diciembre de 2005 daremos una fiesta para homenajear a los que contribuyeron al desarrollo de este excelente producto. El presidente de En El Saco, Alberto Pinto, estará atento a responder las preguntas sobre la serie Glaciar.

SACOS DE DORMIR GLACIAR – PREGUNTAS FRECUENTES

¿Qué es la Serie Glaciar de sacos de dormir?

La Serie Glaciar fue creada para uso en condiciones extremas de temperatura. Los sacos de dormir Glaciar son ideales para temperaturas desde -5 °C hasta -30 °C. Fabricados con materiales de excelente calidad, los sacos de dormir Glaciar satisfacen las necesidades del más exigente caminante o escalador.

¿Quién fabrica los sacos de dormir Glaciar?

La Serie Glaciar fue diseñada y fabricada por En El Saco. Fundada en 1986 por el renombrado alpinista Alberto Pinto, En El Saco ha producido sacos de dormir de excelente calidad, durante veinte años. Alberto Pinto, el presidente de En El Saco, decidió iniciar la compañía después de sufrir una leve hipotermia durante un ascenso a la cima del Parque Nacional de los Nevados. Entre otros reconocimientos, En El Saco recibió en 1992 el Premio de Diseño Moderno, al mejor producto, por su innovador saco Kodiak, que carece de cremalleras.

El objetivo número uno de En El Saco es ofrecer sacos de dormir que garanticen una atmósfera segura y confortable a los exploradores en los más recónditos lugares del mundo.

¿Cómo se fabrican?

Todos los modelos de sacos de dormir Glaciar se fabrican con un revestimiento externo de poliéster de gran duración, capaz de soportar las más duras condiciones de la naturaleza. El saco Glaciar 1000 y el saco Glaciar 2000 están aislados térmicamente con ChillFill, un innovador relleno elaborado 100% de fibras naturales. El saco Glaciar 3000, diseñado para el frío más intenso, utiliza CalorTec, una nueva forma de aislamiento creada por En El Saco, a partir de fibras de caucho de llantas recicladas. La construcción acolchada de estos tres modelos asegura que el relleno se mantenga distribuido uniformemente dentro del saco, para mayor comodidad y temperatura.

¿Dónde se fabrican los sacos?

Todos los materiales usados en los sacos de dormir Glaciar son hechos en Estados Unidos. Los sacos son ensamblados en nuestra planta de producción de Anchorage, Alaska.

¿Se han probado los sacos en condiciones extremas?

En El Saco prueba sus sacos de dormir en sus laboratorios y en expediciones reales. En el laboratorio se usan maniquíes en simulaciones de condiciones extremas de temperatura, precipitación y viento.

¿Cuánto cuestan?

Los precios de los sacos de dormir Glaciar varían desde $150.000 hasta $400.000. Los sacos personalizados tienen un precio ligeramente superior. Hay descuentos especiales por volumen.

¿Cómo hago un pedido?

Hay tres formas de obtener los sacos de dormir Glaciar:

1. Comprándolos en la mayoría de almacenes de cadena para deportes al aire libre.

2. Ordenándolos directamente a En El Saco al teléfono (94) 313 0536.

3. Enviando un correo electrónico con su pedido a serv@saco.com.co.

Este capítulo se centra en los métodos para crear documentos llamativos. Primero, usará las plantillas y los asistentes de Word con los que puede crear rápidamente documentos de apariencia profesional sin tener que preocuparse por el formato. Luego, examinará las opciones de Word que le permiten dar a todos sus documentos un toque profesional. Finalmente, le mostraremos cómo publicar sus documentos en papel o en el World Wide Web.

Usar las plantillas de Word

Una *plantilla* es un modelo o patrón que incluye la información, el formato y otros elementos usados en un tipo particular de documento. A menos que usted indique lo contrario, todos los documentos nuevos de Word se basarán en la plantilla Documento en blanco. Word trae incorporadas varias plantillas que puede utilizar tal como vienen, o modificarlas de acuerdo con sus necesidades; también puede crear sus propias plantillas (para mayor información vea el recuadro de la página 69).

Plantilla predeterminada

Como parte del procedimiento de instalación de Microsoft Word, las plantillas de Word se copiaron en la subcarpeta Plantillas, dentro de la carpeta Archivos de programa\Microsoft Office, en su disco duro. Para dar una mirada rápida a estas plantillas, siga los pasos que se indican a continuación:

Botón Vista diseño de impresión

1. Abra Word. Si es necesario, haga clic en el botón Vista diseño de impresión, en la parte inferior de la ventana, para cambiar a vista Diseño de impresión.

2. Revise que la regla y los caracteres no imprimibles estén visibles. (Escoja Regla, del menú Ver, y oprima el botón Mostrar u ocultar ¶.)

3. Elija Nuevo, del menú Archivo, para desplegar el cuadro de diálogo que aparece en la pantalla al comienzo de la página siguiente:

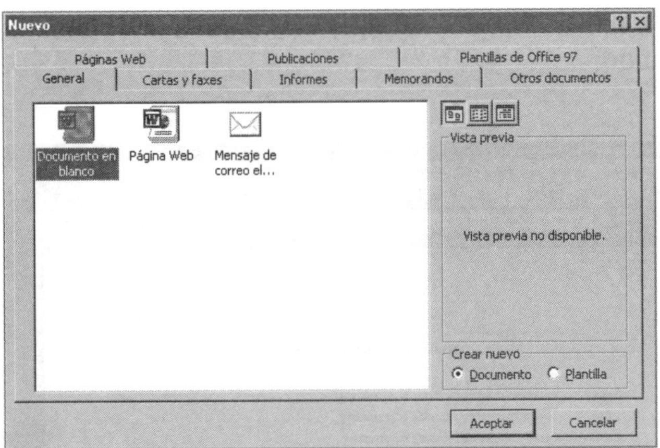

Word organiza sus plantillas en categorías, en diferentes pestañas. De forma predeterminada, la selección es Documento en blanco (disponible aun cuando las otras plantillas no hayan sido instaladas).

4. En la pestaña Cartas y faxes, haga clic una vez sobre Carta moderna, para resaltarla. Si la plantilla está instalada, el cuadro Vista previa, al lado derecho, muestra una vista preliminar de la plantilla señalada. Si no lo está, puede instalarla haciendo clic en Aceptar.

Vista previa de plantillas

5. Señale otras plantillas en la pestaña Cartas y faxes, y luego abra otras pestañas. Como puede darse cuenta a partir de sus nombres y vistas previas, las plantillas ofrecen las bases para crear muchos documentos comunes de negocios.

6. Cuando esté listo, seleccione Memorando elegante, en la pestaña Memorandos, y oprima Retorno o haga clic en

Instalar bajo demanda

Si una vista previa no está disponible para una plantilla o un asistente, en el cuadro de diálogo Nuevo usted puede instalarla fácilmente. Seleccione la plantilla o el asistent,e y luego haga clic en Aceptar (es posible que Word le indique que necesita el CD-ROM de instalación), y luego inicie el proceso de instalación. Cuando termine, Word abre un documento basado en la plantilla o inicia el asistente. Esta instalación manual le permite instalar elementos a medida que los necesita, en lugar de almacenar en su disco duro archivos que puede no necesitar jamás.

Aceptar. Word muestra en su pantalla este formato de memorando:

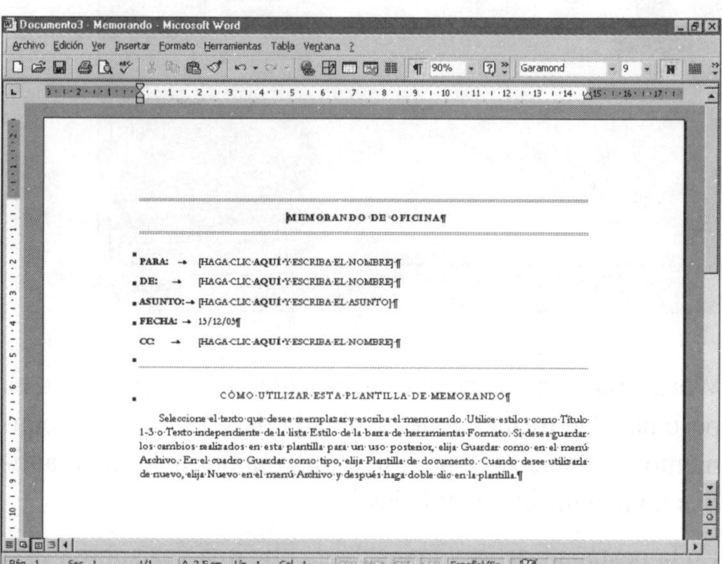

Campos de fecha

Word introduce automáticamente la fecha almacenada por el reloj/calendario de su sistema cuando usted abre un documento basado en la plantilla memorando. ¿Por qué? Porque el documento contiene un código especial llamado *campo*. Los campos pueden contener información variada; este campo particular le ordena a Word obtener la fecha actual y mostrarla en el sitio del campo. Word insertará la fecha actual cada vez que abra el documento. Si desea "congelar" la fecha actual, haga clic en el campo para seleccionarlo y oprima Ctrl+Mayús+F9. El campo se convierte en texto normal que no será actualizado automáticamente y podrá ser modificado. Para insertar un campo de fecha en un documento, escoja Fecha y hora, del menú Insertar, y en el cuadro de diálogo Fecha y hora, elija un formato, haga clic en la casilla Actualizar automáticamente, para seleccionarla, y luego haga clic en Aceptar.

Note que todos los elementos comunes de un memorando tienen campos entre paréntesis cuadrados y que Word colocó la fecha almacenada en su computador (vea el recuadro de esta página). Llene los campos del memorando:

1. En la sección Para, haga clic en el texto del campo para seleccionarlo, y escriba *Mónica Betancur*. Debido al formato aplicado al campo del texto, el nombre aparece en mayúsculas a pesar de que usted lo escribió únicamente con mayúscula inicial.

2. En la sección De, escriba *Hilda Carrasco*, y en la sección Asunto, escriba *Fiesta Lanzamiento Sacos Glaciar*.

3. Finalmente, en la sección CC, escriba *Alberto Ruiz*.

4. Ahora seleccione el título *Cómo utilizar esta plantilla de memorando*, y reemplácelo por *Nuevos sacos de dormir Glaciar para condiciones extremas*.

Deténgase un momento para observar su trabajo. Sin necesidad de aplicarle formato por su cuenta, creó un encabezado llamativo para un memorando:

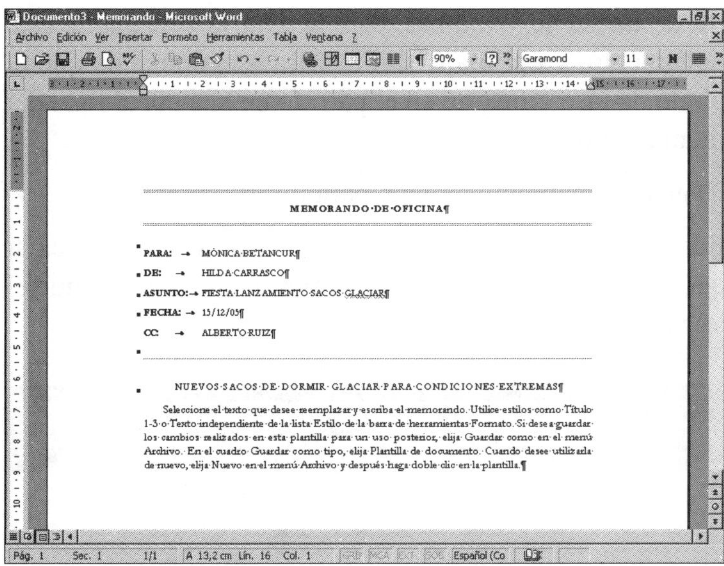

5. Seleccione Guardar como, del menú Archivo, y guarde el documento con el nombre *Memorando Glaciar*.

Bajo el título del memorando necesita introducir el texto. Esta información es la misma de la carta que escribió en el capítulo 1, de modo que no tiene que escribir la información nuevamente, sino que puede tomarla prestada de la carta y editarla, para adaptarla al propósito del memorando. A continuación le mostramos cómo:

1. Seleccione el texto del párrafo principal (pero no la marca de párrafo) y oprima la tecla Supr.

2. Para abrir la carta del capítulo 1 en su ventana, haga clic en el botón Abrir, en la barra de herramientas, y en el cuadro de diálogo Abrir, haga doble clic en el archivo Carta Fiesta Lanzamiento.

3. Seleccione los dos párrafos principales de la carta, incluyendo la marca de párrafo entre ellos, y haga clic en el botón Copiar.

4. Luego haga clic en el botón Memorando Glaciar, en la barra de tareas de Windows, para activar la ventana de este documento, y oprima Ctrl+Fin para asegurarse de que el punto de inserción esté en el párrafo en blanco, al final del memorando.

5. Haga clic en el botón Pegar, para insertar el texto.

6. Edite el texto del memorando de forma que se parezca al que se muestra abajo. (Aumentamos el tamaño para que el texto sea más legible.)

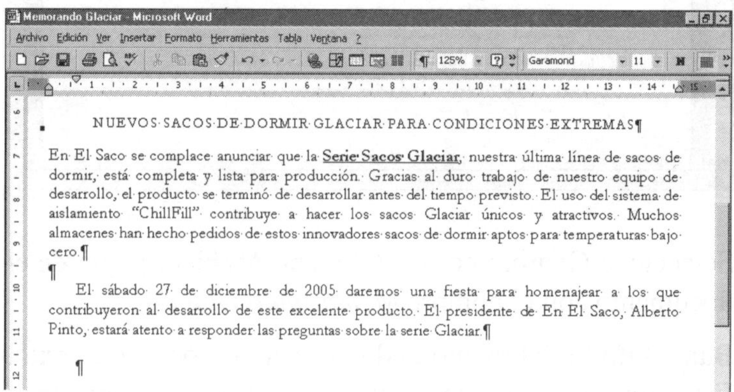

No se preocupe por ahora de que el formato del segundo párrafo sea diferente del formato del primero. Arreglará esto en la página 88.

7. Guarde el documento, y luego ciérrelo.

8. Cierre Carta Fiesta Lanzamiento, y oprima No, si Word pregunta si desea guardar los cambios.

Usar los asistentes de Word

Cuando crea un documento nuevo con la ayuda de un asistente, éste toma múltiples decisiones, usando como referencia sus respuestas a las preguntas que le hace. Utilice el

---

¿Cuál es la importancia de las marcas de párrafo?

Usted debe de haberse dado cuenta en los ejemplos de este capítulo de que con frecuencia le indicamos que seleccione o elimine marcas de párrafo. Cuando utiliza plantillas, está manipulando texto previamente formateado, y con frecuencia, el formato se guarda con la marca de párrafo. Si se borra la marca de párrafo, corre el riesgo de eliminar todo el formato, en cuyo caso deberá aplicarlo nuevamente desde el inicio.

Asistente para faxes con el fin de crear un fax que anuncie la línea nueva de sacos de dormir Glaciar:

1. Elija Nuevo, del menú Archivo, haga clic en la pestaña Cartas y faxes, y haga doble clic en Asistente para faxes, para desplegar el primer cuadro de diálogo del asistente. (Si el Asistente para faxes no está instalado, es posible que se le solicite insertar el CD-ROM de instalación; vea el recuadro de la página 67.)

Crear un fax

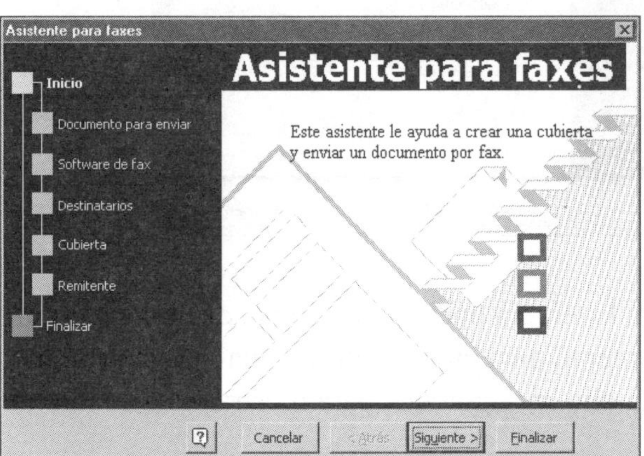

2. Haga clic en Siguiente, para mostrar el segundo cuadro de diálogo:

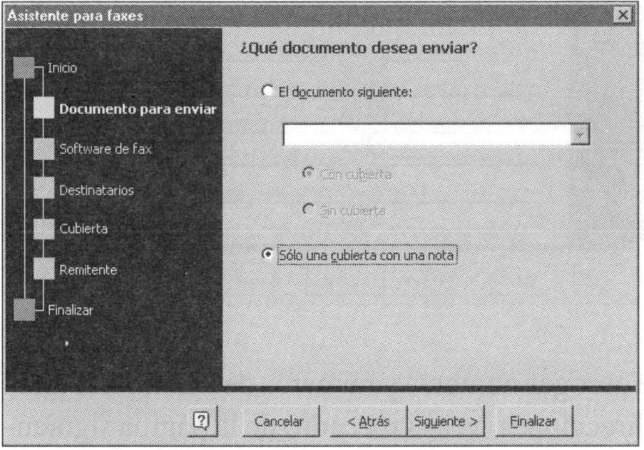

Asistentes

Los asistentes son herramientas incorporadas a Word para ayudarle a realizar tareas específicas; sin importar cuál tarea, todos trabajan básicamente de la misma manera. Cada uno consiste en una serie de cuadros de diálogo que le piden que suministre o escoja información de un grupo de opciones. Usted se mueve de cuadro en cuadro haciendo clic en el botón Siguiente, y se puede mover a un cuadro anterior si hace clic en el botón Atrás. Si hace clic en Cancelar, aborta el procedimiento completo. Al hacer clic en Finalizar, le indica al asistente que complete la tarea con los valores actuales. Algunos asistentes, como el Asistente para faxes, incluyen cuadros coloreados que representan los pasos del asistente. Puede ver exactamente dónde se encuentra en el proceso gracias a los cuadros, y puede saltar a un paso particular del proceso si hace clic en el cuadro correspondiente.

3. Verifique que esté seleccionada la opción Sólo una cubierta con una nota, y luego haga clic en Siguiente para desplegar el tercer cuadro de diálogo del asistente:

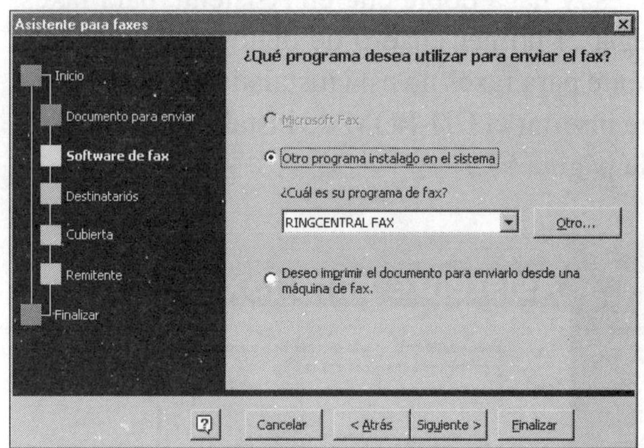

4. Haga clic en la tercera opción, de manera que pueda imprimir el documento para enviarlo desde una máquina de fax. Luego, haga clic en Siguiente, para mostrar este cuadro de diálogo:

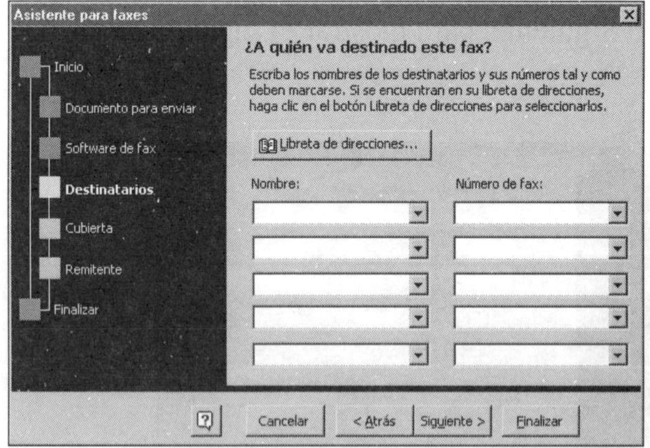

Aquí puede escoger nombres y números de una libreta electrónica de direcciones (vea el recuadro de la página siguiente), o puede escribirlos manualmente. (Si el Asistente para faxes se usó previamente, es posible que los nombres de

---

Más opciones del Asistente para faxes

Puede enviar un fax a varias personas simultáneamente con el Asistente para faxes. Llene los nombres y los números en el cuarto cuadro de diálogo (o use una libreta electrónica). Después de completar todos los cuadros de diálogo, Word muestra el fax junto con la barra de herramientas Combinar correspondencia. Los nombres y números que incluyó son ahora campos de combinación. Para verlos, haga clic en el botón Ver datos combinados, en la barra de herramientas Combinar correspondencia, y luego recorra los faxes haciendo clic en el botón Registro siguiente, o en el botón Registro anterior. Para imprimirlos, haga clic en el botón Combinar al imprimir, en la barra de herramientas Combinar correspondencia. Para enviar faxes directamente desde su computador, debe tener acceso a un módem en su computador o en la red. Seleccione su programa de fax en el tercer cuadro de diálogo del Asistente para faxes. Cuando Word le muestre el fax, complete el documento y haga clic en el botón Enviar fax ahora.

los destinatarios recientes aparezcan en las listas desplega-
bles.)

5. Con el punto de inserción ubicado en el cuadro superior Nombre, escriba *Fernando Rojas*, oprima Tab, escriba *248-6429*,
   y haga clic en Siguiente para ver este cuadro de diálogo:

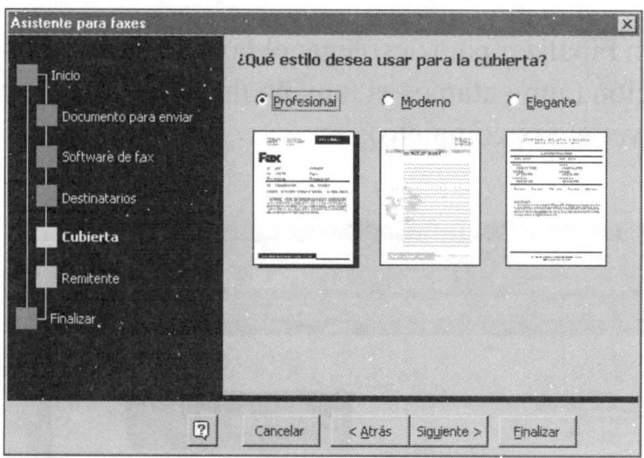

6. Con la opción Profesional seleccionada, haga clic en Siguiente para desplegar este cuadro de diálogo:

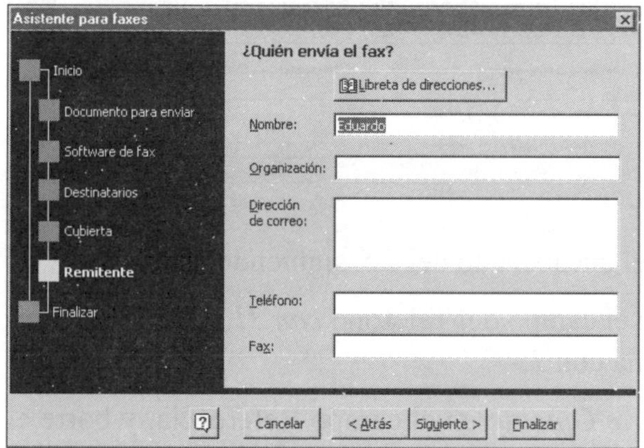

7. En el cuadro Nombre, escriba *Alberto Pinto*. Luego, continúe introduciendo la información que se muestra a continuación, oprimiendo Tab para moverse de un cuadro al siguiente:

Usar una libreta electrónica de direcciones

Cuando usted crea un fax usando el Asistente para faxes, puede querer tener acceso a direcciones almacenadas en una libreta electrónica de direcciones, como la que proporciona
Microsoft Outlook. Para ello,
haga clic en el botón Libreta de
direcciones, en el cuarto cuadro
de diálogo. Word abre la libreta de direcciones y le permite
seleccionar el nombre que desee.

Organización: *En El Saco*

Dirección de correo: *Bodega 5*
                           Zona Franca de Fontibón
                           Santafé de Bogotá

Teléfono: *248-6015*

Fax: *248-8320*

8. Haga clic en Finalizar para desplegar el fax que mostramos a continuación (aumentamos el tamaño de la pantalla para que pueda ver el fax completo):

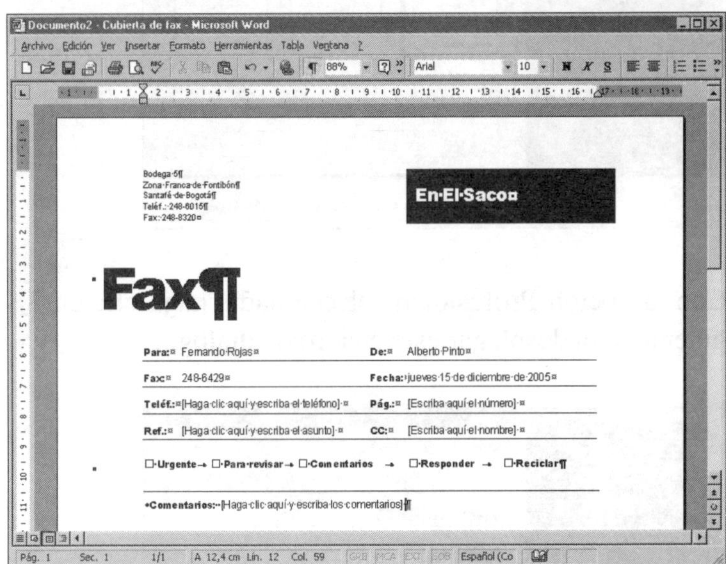

Complete el encabezado del fax siguiendo estos pasos:

1. Reemplace el campo del Teléfono *con 313-1588* y el campo de Página con *1*.

2. Escriba *Serie Glaciar,* en el campo Referencia, y borre el campo CC.

3. Haga doble clic en la casilla a la izquierda de Responder. Word coloca una marca de verificación, tal como se muestra a continuación:

¿Qué crea las marcas de verificación?

Las casillas de verificación debajo del encabezado de la cubierta del fax son en realidad campos con una macro, o pequeño programa, ligada a ellos. Al hacer doble clic en una casilla de verificación, se ejecuta la macro, la cual instruye a Word para insertar una marca de verificación en la casilla. El tema de las macros está más allá del alcance de este libro; puede obtener más información si lee las discusiones sobre macros en la ayuda de Word.

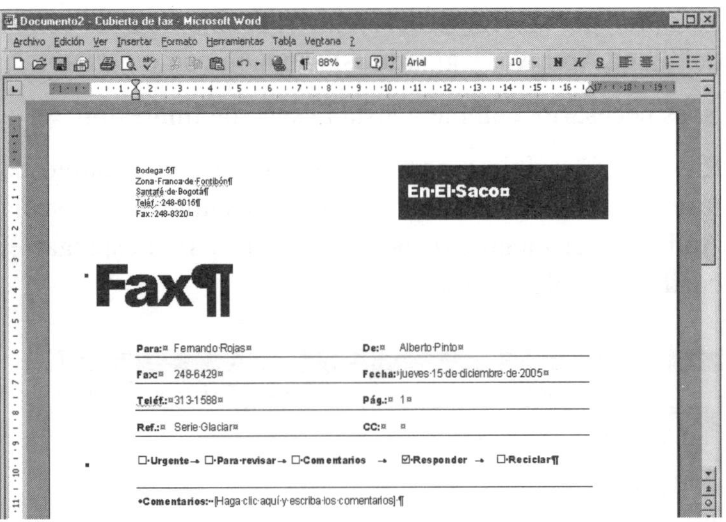

Inserte el texto del fax:

1. Borre la línea Comentarios, pero no la marca de párrafo.

2. Abra Memorando Glaciar (el documento que creó en la sección anterior), seleccione los dos párrafos principales, haga clic en el botón Copiar, y cierre el memorando.

3. Con el punto de inserción al final del fax, haga clic en el botón Pegar.

4. Guarde el fax con el nombre *Fax 1* y ciérrelo.

Más técnicas para dar formato

Un documento bien diseñado utiliza formatos para ofrecer claves visuales sobre su estructura. En esta sección explorará algunas técnicas nuevas para dar formato a medida que combina el archivo Preguntas Frecuentes del capítulo 2 con el memorando de este capítulo, en la elaboración de un folleto. Siga estos pasos:

1. Con una ventana en blanco en su pantalla, haga clic en el botón Abrir, en la barra de herramientas Estándar, y luego haga doble clic en el archivo Preguntas Frecuentes, en Mis documentos.

Copiar formatos

Si quiere dar formato a un bloque de texto con valores que ya aplicó a otro bloque de texto, puede copiar todos los formatos con un sencillo procedimiento de tres pasos: primero, seleccione el texto cuyos valores desea copiar; luego, haga clic en el botón Copiar formato, en la barra de herramientas Estándar; finalmente, seleccione el texto al cual desea aplicarle el formato. Word duplica el formato para la nueva selección. Para aplicar formato a más de un bloque de texto, haga doble clic sobre el botón Copiar formato, seleccione cada bloque de uno en uno, y luego haga clic sobre el botón para inactivarlo.

2. Para proteger el original del archivo PF, elija Guardar como, del menú Archivo, y guarde esta versión como *Folleto*.

3. Si es necesario, cambie a vista Diseño de impresión.

4. Presione Ctrl+Inicio para asegurarse de que el punto de inserción se encuentra al inicio del documento, y escoja Archivo, del menú expandido Insertar, para desplegar el cuadro de diálogo Insertar archivo:

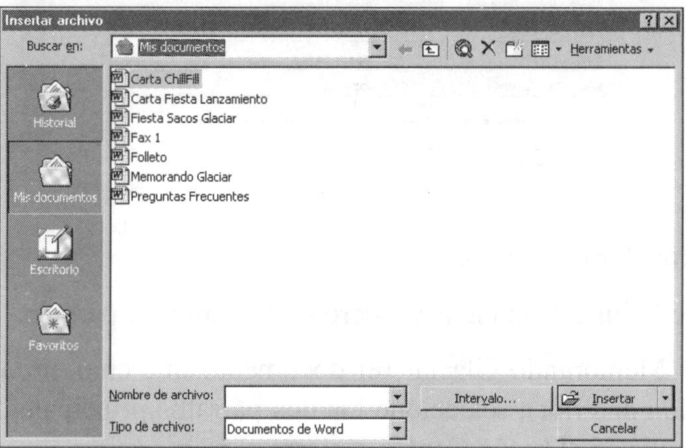

5. Seleccione Memorando Glaciar de la lista de documentos, y haga clic en Insertar, para combinar este archivo con Folleto.

6. Presione Ctrl+Inicio; luego, seleccione y borre todo el encabezado del memorando. Después, borre el párrafo en blanco al final del memorando, dejando únicamente los dos párrafos principales y la marca de párrafo entre ellos.

7. Haga clic en el botón Guardar, en la barra de herramientas, para guardar el documento combinado:

Partición de títulos y encabezados

A medida que crea títulos y encabezados para sus documentos de Word, puede parecerle que algunos de ellos se verían mejor si se partieran en varias líneas o en un punto diferente. Para partir un título o encabezado (o cualquier otra línea de texto), haga clic en el sitio donde quiere que ocurra la partición y oprima Mayús+Retorno. Word parte la línea y señala el sitio en la pantalla con una flecha partida.

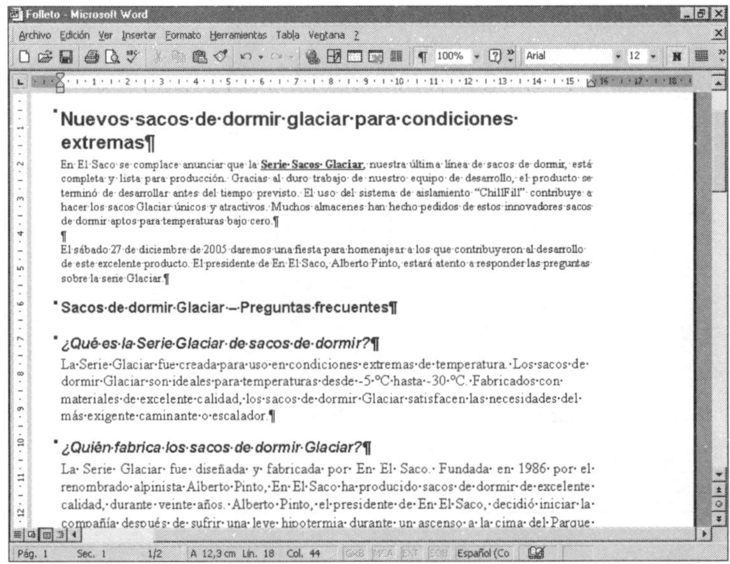

De ahora en adelante no le indicaremos cuándo guardar el folleto; sin embargo, tenga presente que debe hacerlo regularmente para proteger su trabajo y evitarse contrariedades innecesarias.

Hacer que los títulos se destaquen

Como usted sabe, aplica formato de caracteres cuando quiere cambiar la apariencia de caracteres individuales. Aquí va a centrarse en los títulos de los dos "artículos" del folleto nuevo. Empecemos:

1. Vaya al inicio del documento, seleccione el título del memorando, haga clic en el botón Centrar, en la barra de herramientas Formato, y después cambie la fuente a Times New Roman y su tamaño a 16 puntos.

2. Ahora seleccione el título del archivo Preguntas Frecuentes, incluyendo su marca de párrafo. Centre el título y cambie la fuente a Times New Roman.

3. Con el título aún seleccionado, escoja Fuente, del menú Formato, para mostrar el cuadro de diálogo que aparece en la página siguiente:

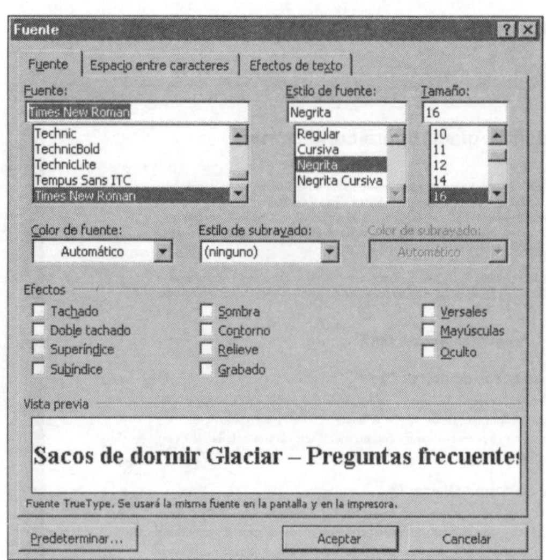

Autoformato

La opción Autoformato de Word analiza todo o parte de un documento y automáticamente asigna estilo a los párrafos basado en cómo están usados y relacionados los unos con los otros. Word no siempre llega a la conclusión correcta después de analizar un documento, pero, generalmente, le ofrece un buen punto de partida para iniciar la aplicación de formatos adicionales. Para ensayarlo, escoja Autoformato, del menú Formato. (Para aplicar formato sólo a una parte del documento, seleccione esta parte antes del siguiente paso.) Luego, puede escoger la opción Aplicar autoformato ahora, para aceptar el formato, o la opción Aplicar autoformato y revisar cada cambio, para revisar y aceptar o rechazar cada formato propuesto. Si lo desea, puede utilizar el botón Deshacer para deshacer el formato.

Como puede ver, el cuadro de diálogo refleja el formato de los caracteres del título seleccionado. También ofrece varias opciones que no están disponibles en la barra de herramientas Formato.

4. Haga clic en Versales, en la sección Efectos, para dar formato al título en mayúsculas pequeñas con mayúsculas iniciales más grandes; luego, haga clic en Aceptar.

Si lo desea, puede ensayar otras opciones en el cuadro de diálogo Fuente, antes de seguir adelante.

Agregar bordes y sombreado

Para destacar párrafos específicos, puede dibujar líneas arriba, abajo, a la izquierda y a la derecha de ellos, o enmarcarlos con diferentes tipos de bordes. Coloque un borde alrededor del título del archivo Preguntas Frecuentes. Siga estos pasos:

1. Con el título aún seleccionado, escoja Bordes y sombreado, del menú Formato, para desplegar el siguiente cuadro de diálogo:

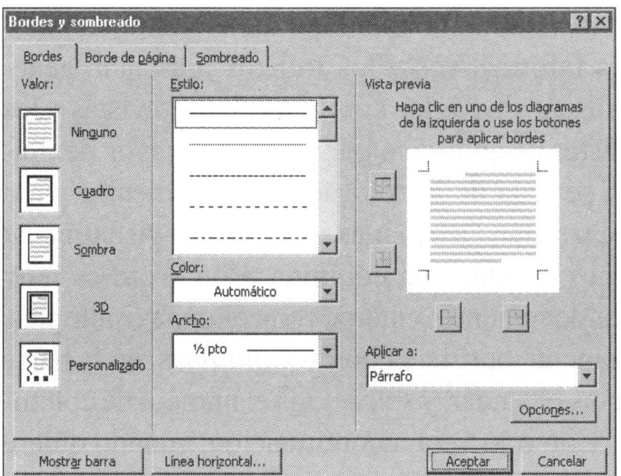

2. Haga clic en la flecha a la derecha del cuadro Ancho, y seleccione la línea sencilla de 1^1/$_2$ pto.

3. Haga clic en el valor Cuadro. Word muestra una vista previa, en la parte derecha del cuadro de diálogo.

4. Luego, haga clic en la pestaña Sombreado. En la sección Relleno, elija un color claro. (Nosotros dejamos el cuadro blanco para tener mejor legibilidad.)

5. Haga clic en cualquier parte del documento para quitar el resaltado del título.

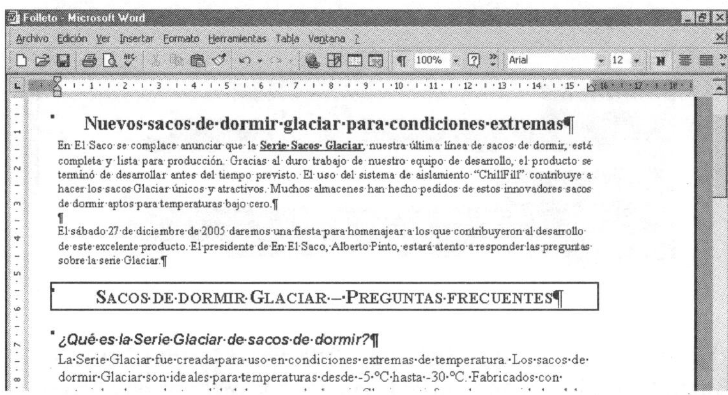

6. Si lo desea, puede ensayar otras opciones de bordes y sombreado.

Autoformato mientras escribe

De forma predeterminada, Word aplica automáticamente formato a ciertos elementos de su documento, como por ejemplo a las listas numeradas. Si quiere desactivar esta opción, escoja Autocorrección, del menú Herramientas, y haga clic en la pestaña Autoformato mientras escribe, para ver los valores diponibles en esta opción. En la sección Aplicar mientras escribe, retire las marcas de las opciones que quiera desactivar. En la sección Reemplazar mientras escribe, puede especificar si Word debe sustituir las comillas rectas (" ") por tipográficas (" "), utilizar ordinales (1o) en lugar de superíndices (1°), usar caracteres de fracción (1/2), reemplazar caracteres de símbolos y crear hipervínculos y rutas de red para Internet. En la sección Mientras escribe, puede controlar automáticamente el tratamiento de listas y estilos.

Armar columnas múltiples

Los boletines informativos y los folletos presentan generalmente un diseño de página similar al de las revistas y los periódicos. Estos diseños de página ofrecen mayor flexibilidad cuando se trata de la colocación de elementos en la página, y con frecuencia son más interesantes visualmente que los diseños de una sola columna. Con Word es muy sencillo armar documentos enteros con columnas múltiples. Usted simplemente oprime el botón Columnas, en la barra de herramientas Estándar, y selecciona el número de columnas deseado. Como lo verá a continuación, cuando quiere que solamente una parte del documento contenga columnas múltiples, selecciona esa parte antes de oprimir el botón Columnas:

1. Seleccione el texto que comienza con *¿Qué es la Serie Glaciar de sacos de dormir?*, hasta el punto en la última frase del párrafo *¿Cómo hago un pedido?* (No seleccione la marca de párrafo.)

2. Haga clic en el botón Columnas, en la barra de herramientas Estándar. (Probablemente deberá hace clic en el botón Más botones para ver la paleta de botones.) Word despliega esta cuadrícula de columnas:

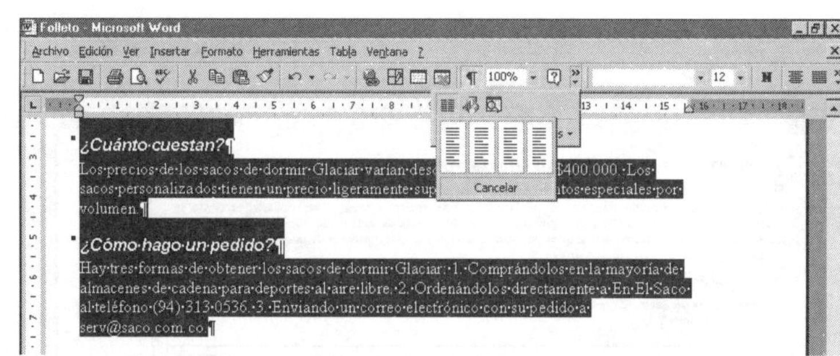

3. Apunte a la primera columna, mueva el puntero del ratón hasta la tercera columna, y haga clic. Word aplica el formato al texto para que ahora fluya en tres columnas a lo largo de la primera y la segunda página. También coloca un salto de sección al principio del texto seleccionado y otro al fi-

Cuando aplica diferentes formatos — como cambiar el número de columnas o los valores de los márgenes — sólo a una parte del documento, Word marca el inicio y el final de esta parte con saltos de sección que se ven en algunas vistas como dobles líneas punteadas. Puede insertar saltos de sección manualmente, para lo cual debe escoger Salto, del menú Insertar, elegir una de las opciones en la sección Tipos de saltos de sección, y luego hacer clic en Aceptar. Puede hacer que la sección nueva comience en la página siguiente, en la página siguiente par o en la página siguiente impar; o puede hacer que la sección nueva continúe inmediatamente después de la sección anterior.

nal. (Vea el recuadro de la página anterior para información acerca de las secciones de un documento.)

4. Oprima Inicio para ver el comienzo de la selección. Ahora el documento tiene esta apariencia:

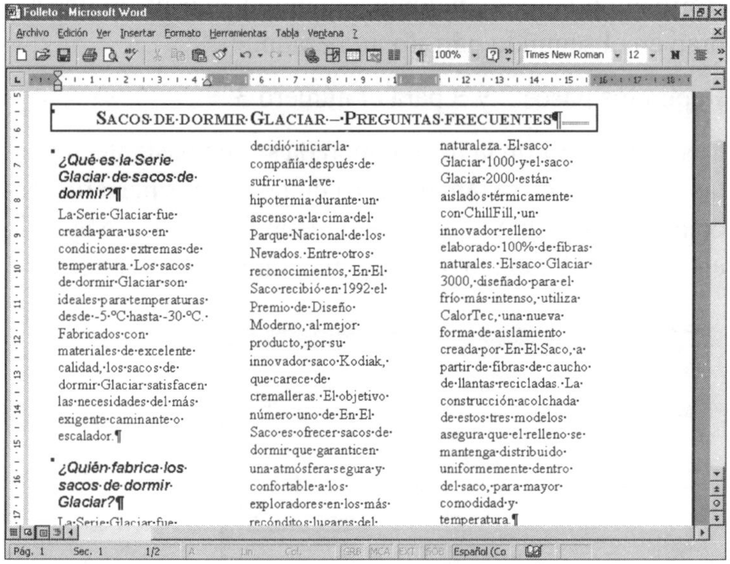

Crear listas

El último párrafo del archivo Preguntas Frecuentes contiene tres elementos numerados que se destacarían más si se mostraran como una lista. Word posee dos formatos de lista incorporados: uno para listas numeradas y otro para listas con viñetas. Aquí le mostramos cómo implementar el formato para una lista numerada (el formato para una lista con viñetas funciona de la misma manera; vea el recuadro de la página siguiente para mayor información):

1. Use la barra de desplazamiento para moverse hasta el último párrafo de la segunda página, haga clic a la izquierda del número 1, y oprima Retorno.

2. Haga clic a la izquierda del número 2 y oprima Retorno. Word reconoce como componentes de una lista numerada

Más opciones de columnas

Cuando hace clic en el botón Columnas, en la barra de herramientas Estándar, y mueve el puntero a lo ancho de la cuadrícula para resaltar el número de columnas que desea, sólo puede escoger hasta cuatro columnas. Sin embargo, si mantiene presionado el botón izquierdo del ratón y lo arrastra para hacer su selección, puede escoger hasta seis columnas. Para dar un formato preciso a las columnas, escoja Columnas, del menú Formato, y en el cuadro de diálogo Columnas, defina: el número de columnas, el ancho y el espacio, la introducción de una línea divisoria entre ellas. A medida que elige las opciones, Word muestra una vista previa de las columnas formateadas, en el cuadro Vista previa.

los párrafos consecutivos que empiezan con un número, y responde colocando otro número 2 y un punto al frente del párrafo nuevo y sangrando y alineando el texto de los dos párrafos. Esta característica se llama *autoformato mientras escribe* (vea el recuadro en la página 79).

3. Borre el número 2 adicional, el punto y el espacio que sobran en el segundo párrafo numerado.

4. Repita los pasos 2 y 3 para el número 3.

5. Las columnas con la lista numerada se ven bastante angostas. Para ajustar su tamaño seleccione los tres párrafos, escoja Numeración y viñetas, del menú Formato, y haga clic en el botón Personalizar, para mostrar estas opciones:

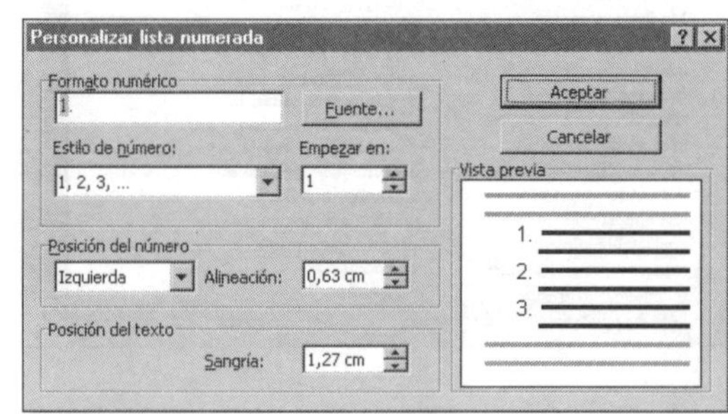

6. Cambie a 0 el valor en el cuadro Alineación, en la sección Posición del número, y cambie a 0,6 el valor en el cuadro Sangría, en la sección Posición del texto; luego haga clic en Aceptar. Finalmente, presione Fin para ver el resultado:

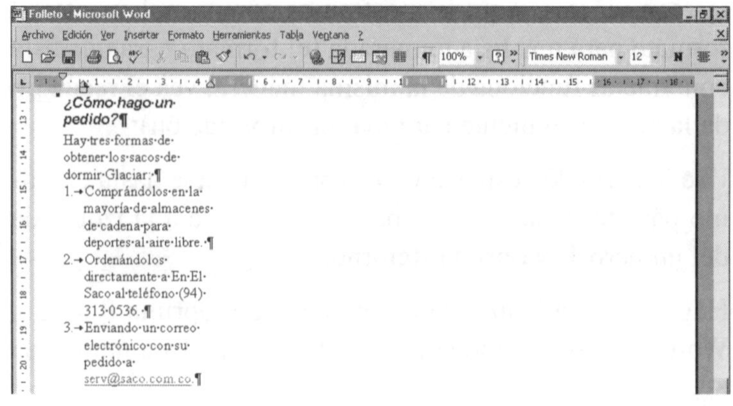

Listas con viñetas

Para crear una lista con viñetas, seleccione los párrafos que desea incluir en la lista y haga clic en el botón Viñetas, en la barra de herramientas Formato. También puede escribir un asterisco (*) y un espacio al comienzo de un párrafo nuevo y Word convertirá el párrafo en una lista con viñetas tan pronto como presione Retorno. (Vea el recuadro en la página 79, para mayor información acerca de la opción Autoformato mientras escribe.) De forma predeterminada, Word precede cada párrafo con un punto redondo y grande. Para cambiar este símbolo, seleccione el párrafo con viñeta, escoja Numeración y viñetas, del menú Formato, y luego elija el símbolo que desee. Para modificar el formato de las listas numeradas y con viñetas, haga clic en el botón Personalizar, en la pestaña correspondiente; elija las opciones que desee y haga clic en Aceptar. También puede hacer clic en el botón Imagen, para insertar viñetas gráficas apropiadas para uso en el Web.

Para crear una lista numerada empezando desde el inicio, escriba primero *1*, después un punto, luego un espacio en blanco, y por último el elemento numerado; luego presione Retorno. Word aplica al párrafo siguiente el formato de la lista numerada. Para volver al formato normal, haga clic en el botón Numeración, en la barra de herramientas Formato. Para convertir párrafos de texto en una lista numerada, seleccione los párrafos y luego haga clic en el botón Numeración.

Agregar encabezados y pies de página

El folleto tiene dos páginas de largo. Es frecuente escribir encabezados o pies de página en aquellos documentos que tienen más de una página; a continuación le mostramos cómo hacerlo:

Los encabezados se imprimen en el margen superior de la página, y los pies de página en el margen inferior. Word ofrece muchas opciones para los encabezados y los pies de página; por ejemplo, puede crear encabezados y pies de página idénticos para todas las páginas, un encabezado y un pie de página diferentes para la primera página, diferentes encabezados y pies de página para las páginas izquierdas (pares) y las páginas derechas (impares), o diferentes encabezados y pies de página para cada sección de un documento.

Siga estos pasos para agregar un encabezado a todas las páginas del folleto, excepto a la primera:

1. Oprima Ctrl+Fin para desplazarse al final del documento, y luego presione Ctrl+Retorno para insertar un salto de página, lo que equivale a crear una página nueva. (También puede escoger Salto, del menú Insertar, y aceptar la opción predeterminada Salto de página si hace clic en Aceptar.) Su documento tiene ahora tres páginas.

2. Presione Ctrl+Inicio para desplazarse al comienzo del folleto.

3. Escoja Encabezado y pie de página, del menú Ver. Word desvanece el texto del documento, traza una línea punteada en el espacio en el que aparecerá el encabezado, y muestra la barra de herramientas Encabezado y pie de página, como se ve aquí:

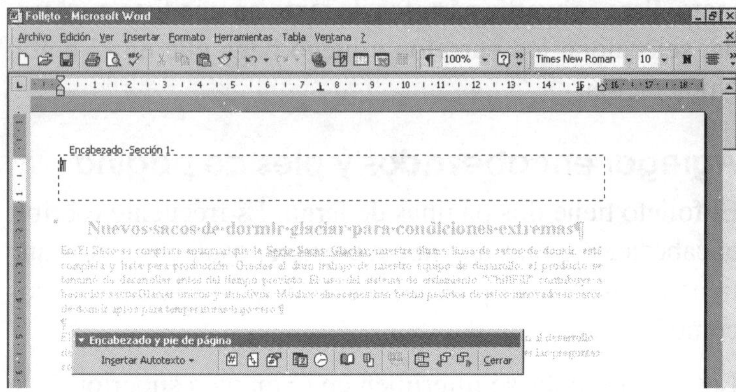

Botón Configurar página

4. Haga clic en el botón Configurar página, en la barra de herramientas Encabezado y pie de página, para desplegar la pestaña Diseño, del cuadro de diálogo Configurar página:

Agregar notas al pie de la página

Las notas al pie se usan para citar fuentes y suministrar piezas de información tangencial cuya inclusión en el texto principal distraería la atención de la discusión central. Para agregar una nota al pie, haga clic justo después de la palabra donde desea que aparezca la nota. Luego, escoja Nota al pie, del menú Insertar, para desplegar el cuadro de diálogo Notas al pie y notas al final. Por valor predeterminado, Word numera las notas al pie y las coloca en la parte inferior de la página. (Haga clic en Nota al final si desea que la referencia aparezca al final del documento.) Para modificar la colocación de las notas al pie y al final, el formato de los números o las opciones de numeración, haga clic en el botón Opciones, en el cuadro de diálogo Notas al pie y notas al final, y elija los ajustes que desee. Cuando hace clic en Aceptar, Word inserta un superíndice 1 (o cualquier otra letra o símbolo que usted haya elegido) en el sitio donde está ubicado el punto de inserción, se desplaza al final de la página o al final del documento — dependiendo de la opción que eligió — y espera para que usted escriba el texto de la nota al pie o al final. (En vista Normal, la nota al pie o al final aparece en una ventana separada junto con la barra de herramientas Notas al pie.) Cuando termine de escribir el texto, haga clic en cualquier parte, fuera de la nota al pie si está en vista Diseño de impresión, o haga clic en el botón Cerrar, en la barra de herramientas Notas al pie, si está en vista Normal. Para modificar sus notas al pie escoja Notas al pie, del menú Ver.

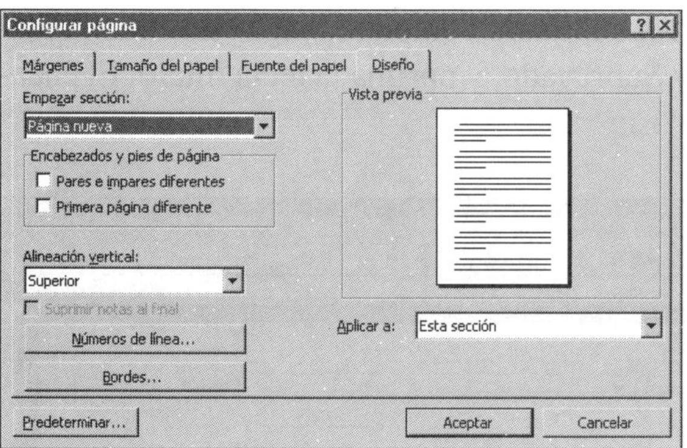

5. En la sección Encabezados y pies de página, seleccione la casilla de verificación Primera página diferente, y haga clic en Aceptar. Word cambia el nombre del encabezado por *Encabezado en primera página - Sección 1*.

6. Puesto que va a dejar en blanco el encabezado de la primera página, haga clic en el botón Mostrar el siguiente, en la barra de herramientas Encabezado y pie de página, para pasar a la página siguiente, que comienza como sección 2.

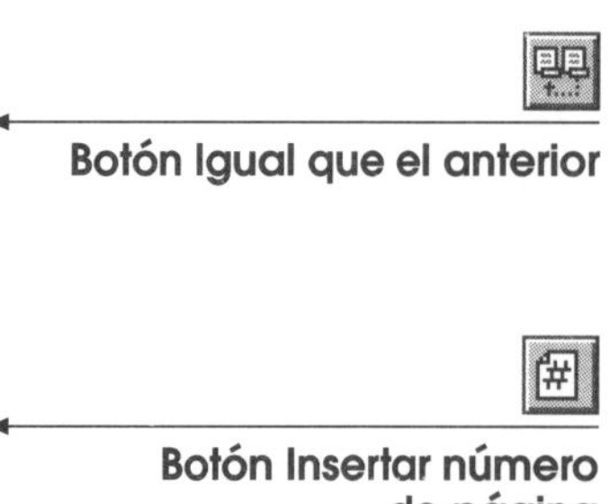

Botón Mostrar el siguiente

7. Haga clic en el botón Igual que el anterior, para desactivarlo, lo cual le indica a Word que usted desea que este encabezado sea diferente del primero.

Botón Igual que el anterior

8. Ahora escriba *En El Saco*, oprima dos veces la tecla Tab, escriba *Página* y un espacio en blanco, y haga clic en el botón Insertar número de página.

Botón Insertar número de página

Más acerca de los números de las páginas

Si desea que sus encabezados o pies de página contengan solamente números de página, no es necesario crear encabezados ni pies de página. Puede hacer que Word ejecute esta labor por usted. Escoja Números de página, del menú Insertar, y en el cuadro de diálogo Números de página, especifique la posición de los números, su alineación y si desea numerada la primera página. Cuando hace clic en Aceptar, Word inserta números de página en el encabezado o pie de página. Si agregó los números de esta manera, o hizo clic en el botón Insertar número de página, en la barra de herramientas Encabezado y pie de página, puede formatearlos: haga clic en el botón Formato, en el cuadro de diálogo Números de página, y escoja entre cinco esquemas de numeración: números arábigos (1, 2, 3), letras minúsculas/mayúsculas (a, b, c/A, B, C) y numerales romanos minúsculas/mayúsculas (i, ii, iii/I, II, III). También puede escoger si desea incluir los números de los capítulos y elegir un número inicial.

9. Seleccione el encabezado completo, haga clic en los botones Negrita y Subrayado, y oprima la tecla Inicio. El encabezado se ve así:

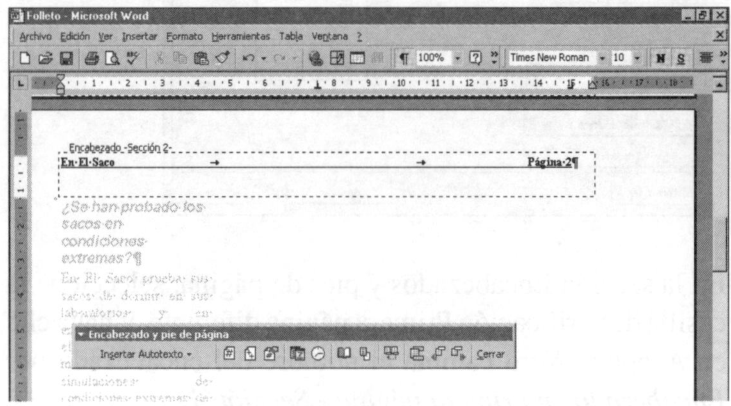

10. Haga clic en el botón Cerrar para regresar a vista Diseño de impresión.

Dar formato con estilos

Mientras trabaja con un documento puede aplicar formato a los títulos y a otros párrafos especiales, uno por uno; sin embargo, Word ofrece un método más sencillo: almacenar cada combinación personalizada de formatos, definiendo la combinación como un *estilo*. Luego, puede aplicar esta combinación a una selección de texto o a un párrafo, seleccionando el estilo en la lista desplegable de la barra de herramientas Formato.

Cada párrafo que escribe tiene un estilo. Cuando abre un documento nuevo en blanco, éste está basado en la plantilla Documento en blanco, y Word aplicará el estilo Normal a todos los párrafos, a menos que usted le indique lo contrario. Este estilo Normal aplica a los caracteres la fuente Times New Roman de 10 puntos con interlineado sencillo, y alinea los párrafos a la izquierda. Cuando basa un documento en una plantilla distinta de la plantilla Documento en blanco, los estilos incluidos como parte de la plantilla

Estilo Normal predeterminado ⟶

se encuentran disponibles y, como lo vio anteriormente en este capítulo, puede crear documentos como el memorando simplemente rellenando los párrafos de la plantilla.

Puesto que combinó el archivo Memorando Glaciar con el documento Folleto, los estilos del memorando se incorporaron al folleto. Verifique esto:

1. Haga clic en el botón Más botones, en la barra de herramientas Formato. Luego haga clic en la flecha a la derecha del cuadro Estilo, para desplegar la lista Estilo.

2. Desplácese por la lista. Verá que Word agregó los estilos de la plantilla del memorando, y muestra cada uno de ellos con el formato asignado. Los estilos de párrafo están precedidos por una marca de párrafo y los de carácter por una letra *a*.

3. Haga clic en una área en blanco del documento para cerrar la lista.

Usar estilos predefinidos de Word

Como aprendió en el capítulo 2, Word tiene nueve estilos predefinidos de título, uno para cada uno de los niveles de título que puede definir cuando usa la opción Esquema. Word también tiene estilos predefinidos de párrafo para una variedad de elementos comunes en los documentos, como componentes del índice, encabezados, pies de página y notas al pie. Para un documento nuevo Word lista los estilos de párrafo únicamente para Título 1, Título 2, Título 3 y Normal, y el estilo de carácter Fuente de párrafo predeterminado. Word no enumera los otros estilos predefinidos, a menos que usted inserte uno de esos elementos en el documento; entonces, Word aplica el estilo correspondiente al elemento y agrega el nombre del estilo a la lista.

Cuando Word aplica a un elemento uno de sus estilos incorporados, usa el estilo que ha sido predeterminado para dicho elemento. Una vez que el estilo está disponible en la lista Estilo, puede aplicarlo a otros párrafos; también pue-

Opciones de interlineado

En ocasiones puede querer ajustar el espacio entre las líneas de su documento. Por ejemplo, el texto a doble espacio es más fácil de trabajar cuando está preparando y editando el borrador de un documento largo. Para cambiar el espacio entre líneas, escoja Párrafo, del menú Formato, y en la pestaña Sangría y espacio, elija la opción que desee, de la lista desplegable Interlineado. Si ajusta con frecuencia el espacio entre las líneas, puede crear versiones a doble espacio de sus estilos y cambiar rápidamente a las versiones de espacio sencillo, una vez que termine el borrador de su documento. Además de las opciones de los espacios tradicionales, sencillo, 1½ y doble, puede especificar que el espacio entre las líneas cambie en un porcentaje determinado, si selecciona la opción Múltiple. La opción Mínimo asegura que Word proveerá espacio suficiente para imágenes o fuentes de gran tamaño. La opción Exacto distribuye de manera uniforme el espacio entre todas las líneas.

---

de redefinirlo para adaptarlo al documento que está haciendo, así como crear estilos completamente nuevos.

Crear estilos personalizados

A pesar de que Word hace un buen trabajo anticipándose a la necesidad de aplicar estilo a los elementos de un documento, con frecuencia usted querrá utilizar estilos propios. Por ejemplo, cree un estilo para los primeros dos párrafos del folleto. Suponga que quiere borrar el espacio entre los párrafos y sangrar la primera línea de cada uno, de manera que identifique con facilidad dónde termina uno y comienza el otro. Siga estos pasos para crear un estilo combinando estos formatos:

1. Borre la marca de párrafo entre el primero y el segundo párrafo.

2. Haga clic en el texto del primer párrafo y escoja Párrafo, del menú Formato, para ver el siguiente cuadro de diálogo:

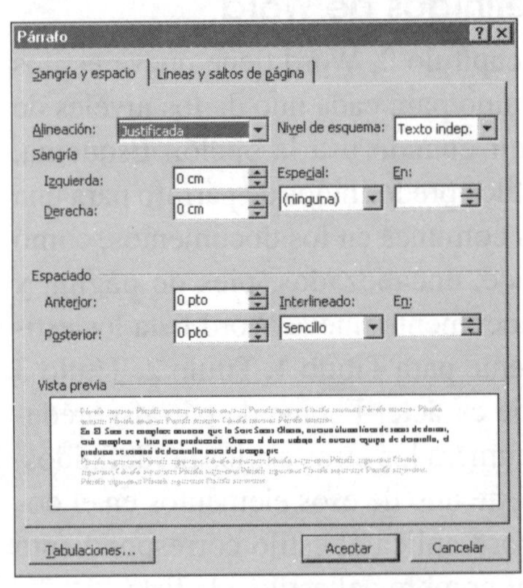

3. En la sección Sangría, elija Primera línea, de la lista desplegable Especial. Word coloca 1,25 cm en el cuadro de texto En, como la sangría predeterminada de la primera línea, y muestra el resultado en el cuadro Vista previa.

4. Cambie el valor en el cuadro de texto En, por *0,4 cm*, y luego cambie el valor Posterior en la sección Espaciado, por *6 pto*. Haga clic en Aceptar.

Puede asignar un nombre diferente al estilo nuevo. Siga estos pasos:

1. Con el punto de inserción localizado en el primer párrafo del folleto, haga clic en el botón Más botones, de la barra de herramientas Formato. Luego, haga clic en el cuadro Estilo, para resaltar el nombre del estilo.

2. Escriba *Párrafo sangrado* como nombre de este estilo, y oprima Retorno. Word crea el estilo, agrega el nombre a la lista Estilo y muestra en el cuadro Estilo Párrafo sangrado, para indicar que éste es el estilo aplicado al párrafo activo.

3. Haga clic en el segundo párrafo del folleto, despliegue la lista Estilo y seleccione el estilo Párrafo sangrado. Word cambia el estilo del segundo párrafo, de manera que su formato es igual al del primero, tal como se muestra en la siguiente página:

⟵ **Aplicar un estilo**

Modificar estilos

Para modificar uno de los estilos predeterminados de Word o uno de los suyos, seleccione primero el texto que usa el estilo y haga los cambios de formato que desee. Luego, seleccione el estilo, en la lista desplegable Estilo, para redefinir el estilo incluyendo los cambios que hizo. Cuando Word muestra el cuadro de diálogo Volver a aplicar estilo, escoja la opción Redefinir el estilo, para reflejar los últimos cambios realizados, o escoja la opción Volver a aplicar el estilo, para retornar al formato original del estilo. Haga clic en la casilla de verificación Actualizar automáticamente, si desea que el estilo se redefina cada vez que haga un cambio al texto que lo usa. (Para desactivar la opción Actualizar automáticamente, escoja Estilo, del menú Formato, haga clic en Modificar, retire la marca de la casilla de verificación Actualizar automáticamente y haga clic en Aceptar y luego en Cerrar.) Haga clic en Aceptar para ejecutar su elección o en Cancelar para cerrar el cuadro de diálogo sin redefinir el estilo. Una vez que redefine un estilo, todas las otras veces que aparece este estilo en el documento serán actualizadas.

El cuadro de diálogo Estilo

Puede manipular los estilos disponibles y crear otros si escoge Estilos, del menú Formato. Puede hacer clic en el botón Nuevo para definir un nuevo estilo, en el botón Eliminar para suprimir el estilo seleccionado y en el botón Modificar para desplegar un cuadro de diálogo en el que puede modificarlo. Puede especificar que un estilo siga automáticamente a otro, haciendo clic en el botón Modificar, y escogiendo un estilo de la lista desplegable Estilo del párrafo siguiente.

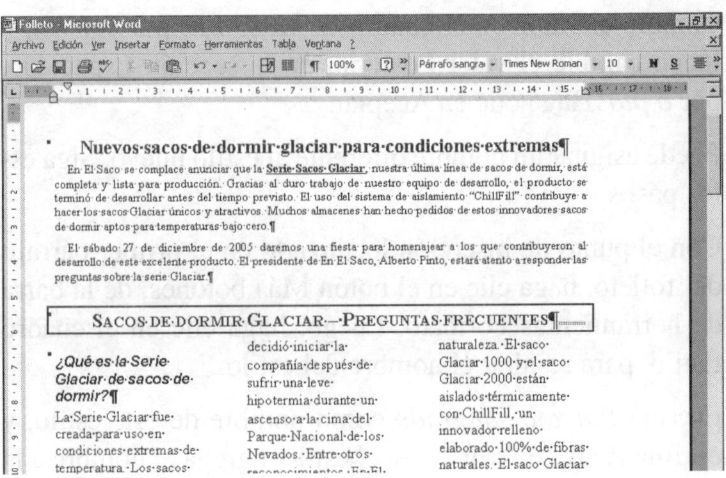

Ahora centre su atención en la sección Preguntas frecuentes del folleto. Suponga que quiere justificar estos párrafos y agregar un espacio pequeño antes de cada uno. (Los párrafos separados con espacio se llaman *párrafos abiertos*.) Siga estos pasos:

1. Haga clic en el texto del primer párrafo de la sección Preguntas frecuentes del folleto, oprima el botón derecho del ratón, y escoja Párrafo del menú contextual.

2. Seleccione Justificada, de la lista desplegable Alineación (lo cual equivale a hacer clic en el botón Justificar, de la barra de herramientas Formato). Luego, en la sección Espaciado, cambie el valor Anterior por *3 pto* y haga clic en Aceptar.

3. Seleccione el párrafo, incluyendo la marca de párrafo, y cambie el tamaño de la fuente a 11 puntos.

4. Luego, haga clic en el cuadro Estilo para resaltar el nombre que contiene, escriba *Párrafo abierto* como nombre de este estilo y luego oprima la tecla Retorno.

5. Por turnos, seleccione cada uno de los párrafos de la sección Preguntas frecuentes (incluyendo los párrafos numerados) y luego escoja Párrafo abierto, de la lista Estilo, para aplicar este estilo.

6. Seleccione el segundo, el tercero y el cuarto párrafo, debajo del título *¿Cómo hago un pedido?*, y haga clic en el botón Numeración, en la barra de herramientas Formato. El formato lista numerada se vuelve a aplicar "sobre" el estilo Párrafo abierto.

Botón Numeración

Dividir las palabras en un documento

Por valor predeterminado Word no parte las palabras de su texto, pero, partiendo algunas, usted puede mejorar significativamente el aspecto de las columnas angostas de la sección Preguntas frecuentes del folleto. Siga estos pasos:

1. Oprima Ctrl+Inicio para desplazarse al comienzo del documento. (Usted también podría dividir todas las palabras del texto.)

2. Primero escoja Idioma y luego Guiones, del menú Herramientas, para desplegar este cuadro de diálogo. (Si Word le indica que usted debe instalar esta opción, inserte el CD-ROM de instalación y siga adelante.)

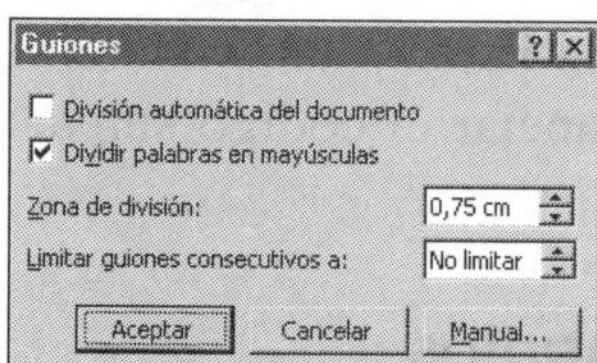

3. Seleccione la casilla de verificación División automática del documento, y haga clic en la casilla de verificación Dividir palabras en mayúsculas, para quitar la marca de verificación. Luego, haga clic en Aceptar. Word divide rápidamente las palabras del documento.

División automática de palabras

4. Desplácese por el folleto fijándose en que muchos de los espacios grandes entre palabras desaparecieron.

En la siguiente sección arreglará el diseño de las páginas de manera que todo el texto quepa en la primera página.

Publicar documentos

No importa si está escribiendo una carta, un boletín o un reporte anual, el resultado final de la mayoría de sus sesiones de trabajo en Word será un documento que otras personas leerán, ya sea en papel, vía Internet o en la intranet de la organización donde usted trabaja. Esta sección examina ambos tipos de publicación.

Si puede imprimir desde otras aplicaciones de Windows, hacerlo desde Word no debe ocasionarle problemas. Si desea publicar sus documentos como páginas web, que pueden ser distribuidas vía Internet o intranet, primero debe convertirlas en lenguaje HTML para que puedan verse en un programa de exploración del Web. Tal como observará en las siguientes secciones, no todos los exploradores del Web manejan formatos de Word, por lo tanto en la conversión parecen desaparecer elementos tales como columnas y encabezados y pies de página. Sin embargo, una opción de edición de texto del programa le permite abrir en Word un documento convertido en HTML con su formato original intacto. Como resultado de esto, actualizar páginas web es una labor fácil de hacer en Word y le evita a usted el dispendiosos trabajo de tener que manejar el código subyacente de HTML.

Vista preliminar de documentos

El folleto tiene tres páginas e incluye columnas múltiples y un encabezado. Con todos estos elementos usted deseará darse una idea de cómo se verá una vez que lo haya publicado. Siga estos pasos para obtener una vista preliminar del folleto:

Botón Vista preliminar

1. Haga clic en el botón Vista preliminar, en la barra de herramientas Estándar, para que aparezca la primera página del folleto, como se muestra en la página que aparece a continuación:

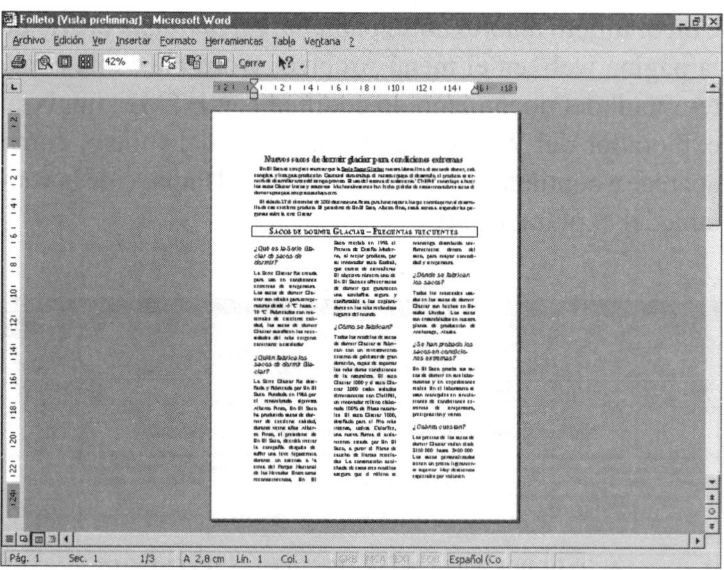

2. Mueva el puntero sobre el folleto. Cuando el puntero se convierta en una lupa, oprima el botón izquierdo del ratón para acercar el folleto (esto se conoce como *zoom in*); oprima nuevamente el botón izquierdo del ratón para alejarlo (esto se conoce como *zoom out*).

3. Para ver más de una página al mismo tiempo, haga clic en el botón Varias páginas, en la barra de herramientas Vista preliminar, para desplegar una cuadrícula de "páginas". Apunte a la página de la izquierda en la fila de arriba; mueva el puntero hacia la página del centro, y oprima el botón izquierdo del ratón. Word muestra las primeras dos páginas del folleto enfrentadas.

4. Oprima la tecla Av Pág para ver la tercera página, y luego haga clic en el botón Cerrar, en la barra de herramientas Vista preliminar.

Ahora observe cómo se vería el folleto si usted lo publicara como una página web. (Debe tener instalado un explorador del Web en su computador para ver un documento web.) Siga los pasos que se indican a continuación:

Zoom

Botón Varias páginas

Editar en Vista preliminar

Suponga que hace un acercamiento a una sección del documento y descubre algo que considera necesario cambiar. Para editar el documento, haga clic en el botón Aumentar, en la barra de herramientas Vista preliminar, para cambiar el puntero por un punto de inserción. Efectúe los cambios y haga clic nuevamente en el botón Aumentar. Luego, haga clic en cualquier parte del documento para alejarlo.

1. Con el folleto abierto en su pantalla, escoja Vista previa de la página web, en el menú Archivo. Word hace una copia temporal del documento, lo codifica con HTML, inicia su explorador del Web y muestra la copia del folleto, como aparece a continuación. (Maximizamos el tamaño de la ventana del explorador.)

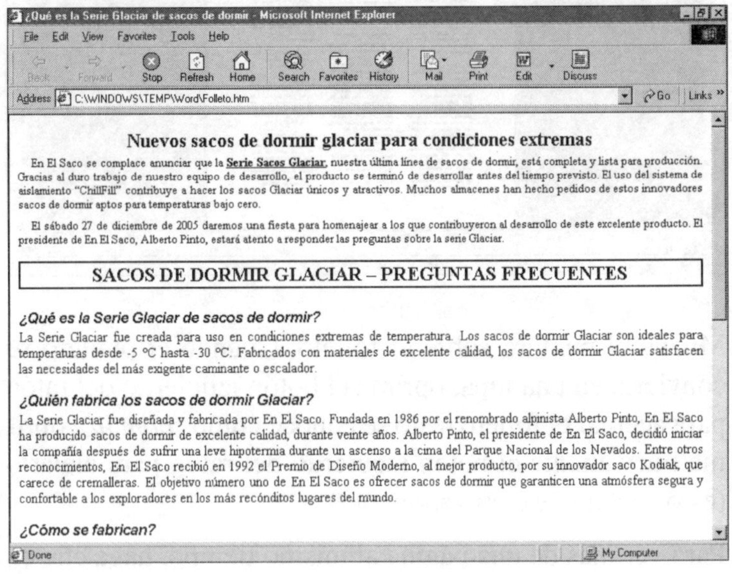

2. Desplácese por la página web, revisando la conversión de cada elemento.

3. Haga clic en botón Cerrar de su explorador para salir del programa y regresar a Word.

Cambiar el diseño de la página

Ahora va a modificar el diseño de la página ampliando el margen superior, de manera que cuando imprima el folleto en papel, el texto se acomode en una sola página. Siga estos pasos:

1. Escoja Configurar página, del menú Archivo, y si es necesario haga clic en la pestaña Márgenes para desplegar el siguiente cuadro de diálogo:

Configurar para imprimir

El programa de instalación de Windows instaló el controlador para la impresora que se encuentra conectada a su computador o que está disponible a través de la red. Para instalar controladores para otras impresoras, use el Asistente para agregar impresora, en la carpeta Impresoras. (Primero, escoja Configuración y luego Impresoras, del menú Inicio.) Word puede tener acceso a todas las impresoras instaladas, pero una sola a la vez. Para cambiar la impresora, elija Imprimir, del menú Archivo, haga clic en la flecha al lado derecho del cuadro Nombre, en la sección Impresora, seleccione la impresora deseada y haga clic en Aceptar.

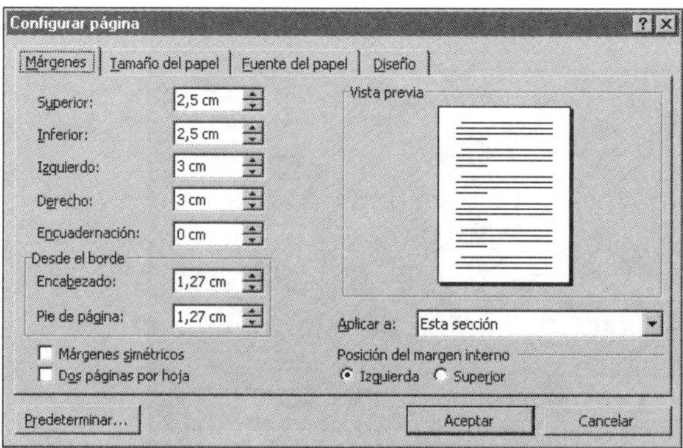

2. Cambie los valores en los cuadros de texto Superior e Inferior a *1,6 cm*, y el valor en Izquierdo y Derecho a *2 cm*. Luego seleccione Todo el documento, de la lista Aplicar a, y haga clic en Aceptar.

3. Revise el documento en vista preliminar para asegurarse de que ahora todo el texto cabe en la primera página.

4. Si no le gusta la partición de algún título, haga clic en él y presione Mayús+Retorno para insertar un salto de línea. Si no le gusta la partición de alguna columna, haga clic en ella y presione Ctrl+Mayús+Retorno.

Imprimir en papel

Siga estos pasos para imprimir su documento:

1. Haga clic en el botón Imprimir, en la barra de herramientas Estándar. (También puede imprimir directamente desde Vista preliminar, haciendo clic en el botón Imprimir, en la barra de herramientas Vista preliminar.) ¡Es así de simple!

Word imprime el documento con los valores predeterminados: una copia completa del documento. Para imprimir varias copias o páginas escogidas, debe usar el comando Imprimir, en el menú Archivo, en lugar del botón Imprimir, en la barra de herramientas. Siga estos pasos:

1. Escoja Imprimir, del menú Archivo, para desplegar el cuadro de diálogo de la página siguiente:

Más opciones para imprimir

Para imprimir algunas páginas, haga clic en la opción Páginas y luego escriba el número de las páginas (por ejemplo, *2-4* para imprimir las páginas 2, 3 y 4; *2,4* para imprimir solamente las páginas 2 y 4). En la lista desplegable Imprimir, especifique lo que desea imprimir. En la lista desplegable Imprimir sólo, especifique si desea imprimir el intervalo, las páginas impares o las pares. Si no quiere que Word intercale las copias cuando imprime varias, haga clic en la casilla de verificación Intercalar, para retirar la marca de verificación. Haga clic en la casilla de verificación Imprimir en archivo, para "imprimir" una imagen del documento a un archivo en disco. Al hacer clic en Propiedades se despliega un cuadro de diálogo con más opciones. Puede imprimir varias páginas del documento en la misma hoja de papel, de manera que pueda doblarlo para producir un folleto de dos o cuatro páginas. También puede cambiar la orientación de la página, de Vertical a Horizontal.

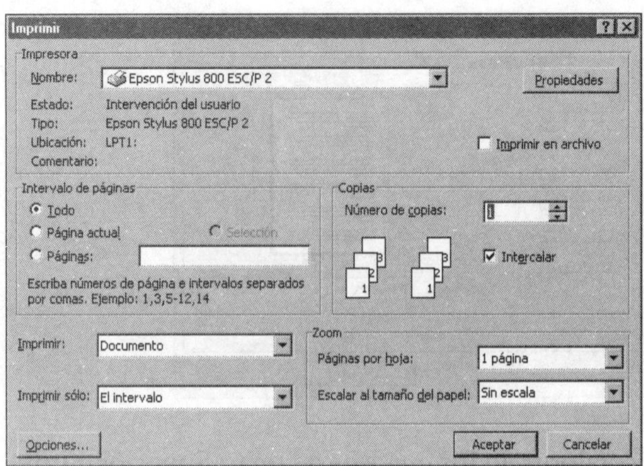

Fíjese que el cuadro Nombre le indica la impresora que Word utilizará.

2. En la sección Copias, escriba *2* para reemplazar el valor predeterminado 1, del cuadro de texto Número de copias.

3. Haga clic en la opción Página actual, en la sección Intervalo de páginas, para indicarle a Word que imprima únicamente la página donde se encuentra el punto de inserción.

4. Como no va a imprimir utilizando estos valores, haga clic en Cancelar, para cerrar el cuadro de diálogo Imprimir.

Crear un documento web

Con las herramientas de Word para la publicación de páginas en el Web, usted puede crear fácilmente desde el inicio una página de excelente aspecto (vea el recuadro de la página 97) o convertir un documento existente en una página web sin tener conocimiento previo de HTML. Aquí aprenderá cómo convertir un archivo existente al formato HTML para que pueda verse en Internet o en una intranet. Comencemos:

Guardar un documento existente en formato web

1. Escoja Guardar como página web, del menú Archivo, para desplegar un cuadro de diálogo similar al cuadro de diálogo Guardar como, que vio en la página 24. Escriba Folleto Web como nombre, y haga clic en el botón Guardar para

almacenar esta versión del documento en la carpeta Mis documentos, en su disco duro. (Vea el recuadro de la página siguiente, para información acerca de cómo almacenar archivos en un servidor web.)

2. Si Word le indica que no puede convertir algunas de las características a HTML, haga clic en Continuar. Luego Word muestra Folleto Web en vista Diseño web:

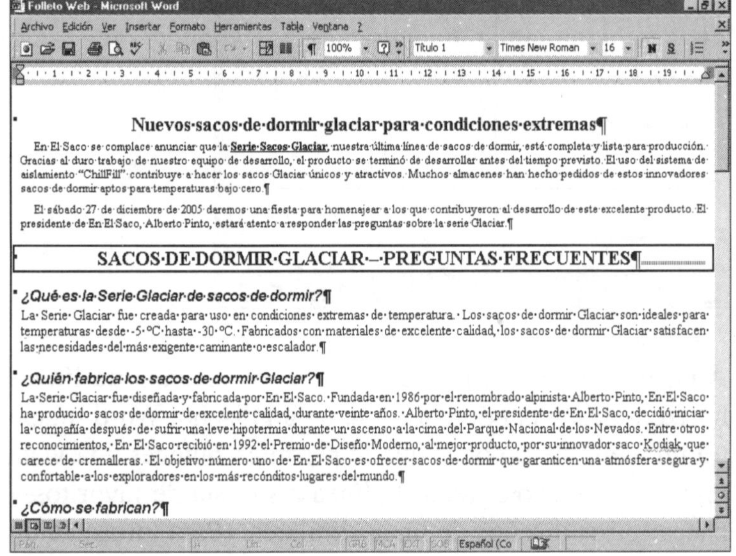

Como puede darse cuenta, el folleto es muy parecido a la vista previa de la página web.

Dar formato a documentos web

Una vez que usted convierte un documento en una página web, probablemente querrá darle vida, para lo cual deberá aplicarle opciones de formato que soporten los exploradores del Web. Agregue algunas líneas horizontales y cambie la textura del fondo y el color de la fuente.

1. Haga clic al comienzo del primer párrafo de texto del folleto (después del título), y luego escoja Bordes y sombreado, del menú Formato, para mostrar el cuadro de diálogo que vio en la página 79.

Utilizar el Asistente para páginas web

Si quiere crear un sitio web personal o de negocios en Internet o en una intranet, una forma sencilla de hacerlo es usar el Asistente para páginas web. Escoja Nuevo, del menú Archivo; luego, haga clic en la pestaña Páginas web y después haga doble clic en el icono Asistente para páginas web. Luego, en los cuadros de diálogo del asistente, escoja el tipo y estilo de página que desea crear. Después de que el asistente cree la página, usted puede insertar la información, editarla y darle formato sin tener que conocer el código HTML.

2. En la pestaña Bordes, haga clic en el botón Línea horizontal para desplegar este cuadro de diálogo:

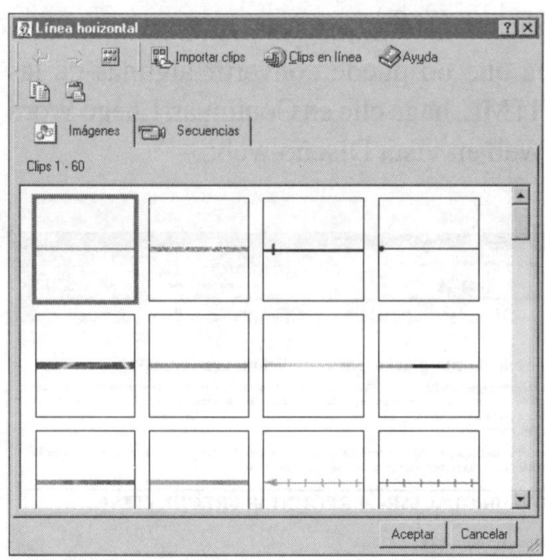

Aquí puede seleccionar entre muchos diseños de líneas horizontales. Cuando hace clic en un diseño, Word muestra un menú de botones que le permiten obtener una vista previa, insertar o agregar la línea a su lista de favoritos y buscar otros diseños de línea similares. (Para información acerca de las otras opciones en esta ventana, solicite al Ayudante de Office que busque el tema Galería de imágenes en la ayuda de Microsoft Word.)

3. Seleccione el primer estilo de la tercera fila y haga clic en el botón Insertar clip, para insertar una línea horizontal que

Guardar en un servidor web

Para guardar un archivo en un servidor web, haga clic sobre el icono Carpetas web, en el cuadro de diálogo Guardar como, para ver las ubicaciones disponibles. Seleccione la ubicación que desee utilizar y luego haga clic en Guardar. Para configurar las ubicaciones web de manera que pueda acceder a ellas desde el icono Carpetas web, abra el Explorador de Windows y haga clic sobre Carpetas web. Luego, haga doble clic sobre Agregar carpeta web, y siga las instrucciones que aparecen en los cuadros de diálogo, las cuales lo ayudarán a especificar el URL de la ubicación que quiere agregar.

separe el párrafo del título, tal como se muestra a continuación:

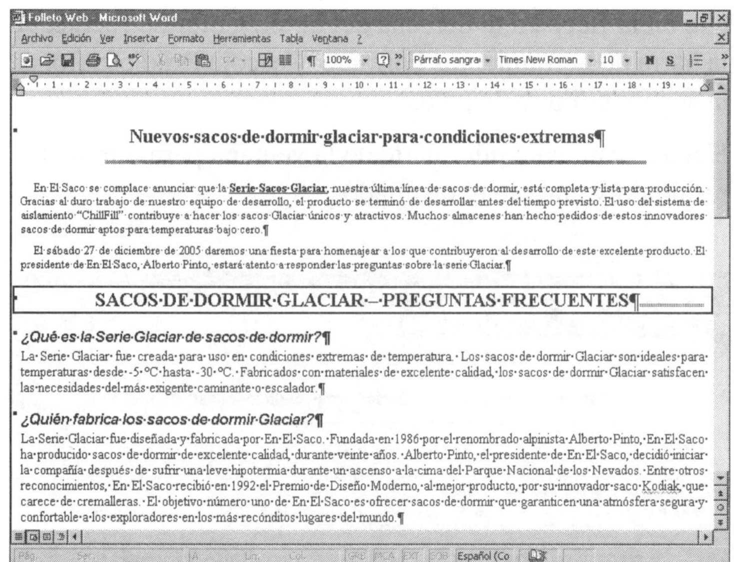

Ahora cambie el fondo y el color de la fuente del folleto:

1. Presione Ctrl+Inicio para ver el comienzo de la página; luego escoja Fondo y después Efectos de relleno, del menú Formato, para desplegar el cuadro de diálogo Efectos de relleno.

← Cambiar el fondo de la página

2. Haga clic en la pestaña Textura para ver estas opciones:

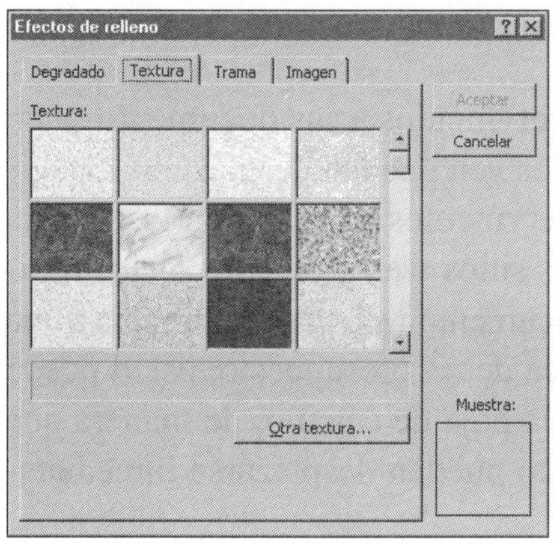

Temas para páginas web

Puede aplicar un diseño uniforme a la páginas web que cree. Escoja Tema, del menú Formato, selecione un tema de la lista a la izquierda para ver sus componentes principales en el panel de la derecha, y haga clic en Aceptar cuando encuentre el diseño apropiado.

Botón Color de fuente

3. Elija la tercera opción en la primera fila y haga clic en Aceptar para aplicar esta textura al fondo del folleto.

4. Oprima Ctrl+E para selecionar todo el texto del folleto, haga clic en la flecha a la derecha del botón Color de fuente, en la barra de herramientas Formato, y escoja Rojo oscuro, en la segunda fila de la paleta.

5. Haga clic en cualquier parte de la ventana para eliminar el resaltado y aprecie el resultado:

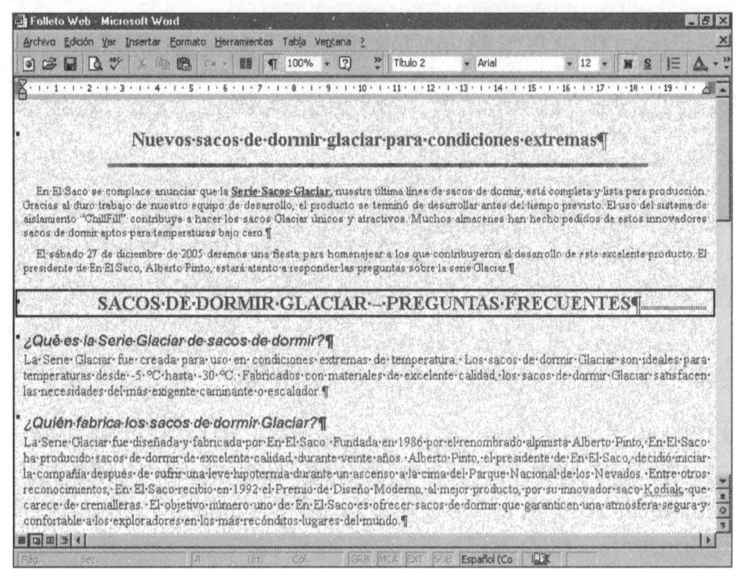

6. Guarde los cambios.

Insertar hipervínculos

Usted puede agregar hipervínculos a sus documentos web de manera que quienes los ven puedan desplazarse a páginas vinculadas. Los hipervínculos se usan con frecuencia para direcciones de otros sitios web y de correo electrónico. Por ejemplo, si un documento web hace referencia a una hoja de cálculo específica de un presupuesto, usted puede crear un hipervínculo a la hoja de cálculo, de manera que quienes ven el documento puedan desplazarse inmediata-

---

Crear hipervínculos a los archivos

Para convertir texto de su página web en un hipervínculo a un archivo determinado, seleccione el texto y haga clic en el botón Insertar hipervínculo, en la barra de herramientas Estándar. En la barra Vincular a, verifique que esté seleccionado Archivo o página web existente, escriba la ubicación del archivo o haga clic en el botón Archivo o en el botón Página web, en la sección Buscar, para navegar hasta la ubicación del archivo. Luego, haga clic en Aceptar. Cuando hace clic en el hipervínculo, el programa se inicia, abre el archivo y despliega la barra de herramientas Web. Haga clic en el botón Atrás, en la barra de herramientas Web, para regresar a la página web. (Para mayor información acerca de la barra de herramientas Web, vea el recuadro de la página 102.)

mente a ese archivo. (Vea el recuadro de la página anterior para más información.) Como demostración agregará un hipervínculo a la dirección de correo electrónico de la compañía ficticia En El Saco. Siga los pasos que enumeramos a continuación:

1. Seleccione la dirección de correo electrónico en el último párrafo del folleto y escoja Hipervínculo, del menú Insertar. En el cuadro de diálogo Insertar hipervínculo, haga clic en el icono Dirección de correo electrónico, en la barra Vincular a, para mostrar estas opciones:

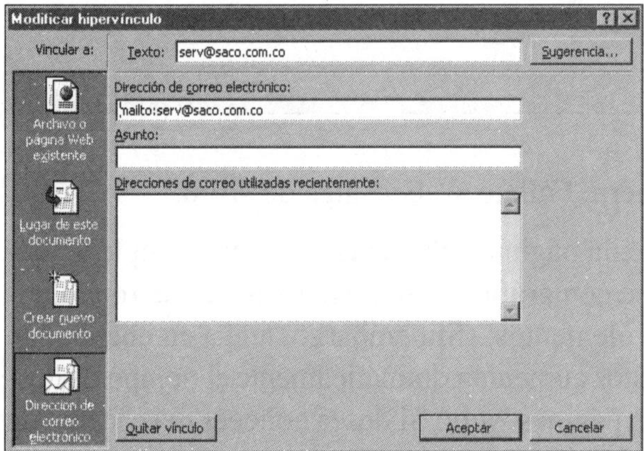

2. Si los cuadros de texto Texto y Dirección de correo electrónico no contienen los elementos de la pantalla anterior, ajústelos de manera que se vean de ese modo (primero edite el texto en el cuadro Dirección de correo electrónico y luego el cuadro Texto), y haga clic en Aceptar. Word da formato de hipervínculo al texto seleccionado: cambia su color a azul claro y lo subraya. (Cuando cree una página web desde el inicio, escriba una dirección de correo electrónico y Word automáticamente creará el hipervínculo.)

3. Antes de publicar su página web, obtenga una vista preliminar de ella en su explorador del Web para asegurarse de que todo aparece correctamente. Aquí le mostramos cómo se ve el hipervínculo:

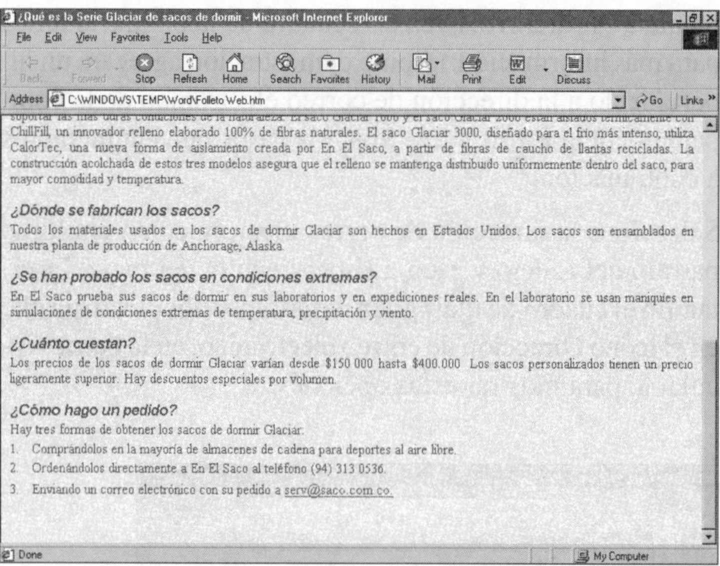

4. Guarde y cierre Folleto Web y salga de Word.

Obviamente, la página web que creó es muy simple y puede mejorarse con gráficas, colores, imágenes de fondo, vídeo y otros elementos. (Sin embargo, tenga en cuenta que esos elementos aumentan dramáticamente el tiempo de descarga de sus páginas web.) Si desea conocer más acerca de la creación de páginas web, explore un poco por su cuenta.

La barra de herramientas Web

Cuando hace clic sobre un hipervínculo en un documento de Word, el programa muestra la barra de herramientas Web, la cual puede utilizar para tener acceso fácilmente a Internet o a su intranet. (También puede desplegarla si hace clic derecho sobre cualquiera de las barras de herramientas y escoge Web, del menú contextual.) Puede usar los botones Atrás y Adelante para desplazarse entre los documentos y las páginas web abiertos recientemente. Si quiere marcar una página como favorita, de manera que pueda regresar fácilmente a ella, despliegue la página, haga clic en el botón Favoritos, en la barra de herramientas Web, escoja Agregar a favoritos, y luego haga clic en Agregar. Para abrir esta página, haga clic en la flecha al lado derecho del botón Favoritos y seleccione la página del final de la lista. Para buscar algo en el Web, haga clic en el botón Buscar en el web. Si quiere desplazarse directamente a un archivo o a una página web, simplemente escriba su ubicación en el cuadro Dirección y presione Retorno para ir al archivo o a la página.

DOS

DESARROLLO DE HABILIDADES

En la parte dos desarrollará las habilidades que aprendió en la parte uno a medida que crea documentos más complejos. En el capítulo 4 armará y dará formato a tablas, y luego aprenderá cómo usar formularios para economizar tiempo valioso. En el capítulo 5 diseñará plantillas e incorporará texto elaborado e imágenes que destacarán sus documentos. Luego, agregará un gráfico y una hoja de cálculo para mostrar datos. Finalmente, en el capítulo 6 utilizará la combinación de correspondencia para imprimir cartas modelo y etiquetas postales. Después de completar este libro, estará en condiciones de crear muchos tipos de documentos.

Tablas y formularios 4

Las tablas y los formularios sirven para organizar la información de los documentos de Word. En este capítulo usará tabulaciones para crear listas sencillas. Luego, empleará las opciones de tablas de Word para crear y dar formato a tablas más complejas. Finalmente, elaborará y llenará un formulario sencillo.

Usará las tablas para mostrar las ventas mensuales de En El Saco y para crear un membrete para la compañía. También podrá utilizarlas para hacer facturas y órdenes de compra relacionadas con su trabajo.

Documentos creados y conceptos tenidos en cuenta:

Estimado Leo:

Aquí está la información que solicitó:

Estilo	Color	Precio base
Glaciar 1000	Verde	$150.800
Glaciar 2000	Azul	$240.500
Glaciar 3000	Rojo	$350.000

VENTAS BRUTAS SACOS DE DORMIR GLACIAR Julio – Diciembre 2005 Valores en miles de $		
Mes	Glaciar 1000	Glaciar 2000	Glaciar 3000
Julio	35.100,50	45.505,45	57.800,50
Agosto	32.450,15	42.400,70	52.000,30
Septiembre	40.600,35	61.250,00	68.520,10
Octubre	52.700,40		
Noviembre	67.350,00		
Diciembre	102.010,60		
TOTAL	330.212,00		
PROMEDIO	55.035,33		

Comuníquese conmigo si tiene alguna

Hilda Cárdenas

EN EL SACO

Gastos de Viaje de Negocios

Motivo del viaje:

Pasajes:	Forma de pago:	Tarjeta empresarial
Alimentación:	Forma de pago:	Tarjeta empresarial
Hotel:	Forma de pago:	Tarjeta empresarial

Varios (Efectivo):

Gasolina:	
Estacionamiento:	
Peajes:	
Taxi:	
TOTAL	$0,00

En búsqueda de una mayor claridad, es posible que desee mostrar ciertos tipos de información en tablas. En una tabla los elementos individuales son más fáciles de destacar y su relación es más obvia. Con Word puede usar tabulaciones para crear tablas sencillas, o puede usar la opción de creación de tablas para diseñar tablas más complejas y flexibles. En este capítulo cubrirá ambos métodos. Además, le enseñaremos cómo preparar formularios. Así como las tablas, los formularios permiten estructurar la información, pero su función es diferente. Usted usa formularios cuando quiere facilitar la introducción de la información en lugar de mostrarla simplemente.

Crear listas tabuladas

Para tablas sencillas usted coloca tabulaciones de manera que pueda alinear claramente la información en columnas. Este tipo de tabla se conoce como *lista tabulada*. Siga estos pasos para crear una lista tabulada:

1. Con Word cargado y un documento en blanco en la pantalla, revise que vista Diseño de impresión, la regla y los caracteres no imprimibles estén visibles. (Cambiamos el tamaño de la fuente a 12 puntos.)

2. Escriba lo siguiente:

   Estimado Leo: (oprima Retorno dos veces)

   Aquí está la información que solicitó: (oprima Retorno dos veces)

3. Escriba *Estilo* y presione la tecla Tab. El punto de inserción salta en la pantalla a la posición correspondiente a la siguiente tabulación, la cual está indicada por una línea delgada en la barra gris debajo de la regla.

4. Escriba *Color*, oprima Tab, escriba *Precio base* y oprima Retorno para terminar la primera línea de la lista.

5. Escoja Guardar como, del menú Archivo, escriba *Memo Ventas* como nombre del archivo, y luego oprima Retorno o haga clic en Guardar.

6. Ahora escriba lo siguiente, oprimiendo Tab donde aparece ———→, y presione Retorno al final de cada línea:

Glaciar 1000 ———→	*Verde* ———→	*$150.800*
Glaciar 2000 ———→	*Azul* ———→	*$240.500*
Glaciar 3000 ———→	*Rojo* ———→	*$350.000*

Necesita ajustar las posiciones de las tabulaciones para alinear la información de los sacos de dormir con los títulos, pero antes indentará la lista completa. (Como regla general, debe aplicar primero todos los formatos a una lista, incluyendo el formato de los caracteres, antes de definir la posición de las tabulaciones, puesto que el más leve cambio puede desalinear el texto de las columnas.) Ensaye esto:

1. Seleccione las cuatro líneas de la lista tabulada y haga clic en el botón Aumentar sangría, en la barra de herramientas Formato. Word sangra el texto seleccionado hasta la primera posición de tabulación, como se muestra aquí:

Botón Aumentar sangría

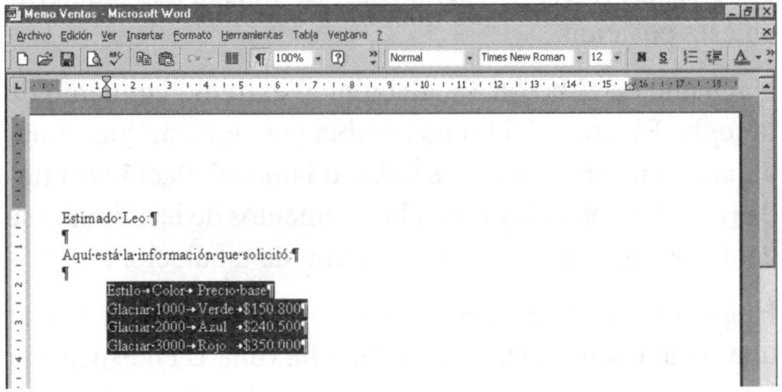

Observe que hay dos marcas triangulares en la regla, en la posición 1,25 cm, apoyadas sobre una pequeña marca rectangular. El triángulo superior controla la sangría de la primera línea del párrafo activo, mientras que el triángulo in-

Tabulaciones predeterminadas

De forma predeterminada, Word tiene establecido un espacio de 1,25 cm entre tabulaciones a lo ancho de la página. Para cambiar este valor, escoja Tabulaciones, del menú Formato, y modifique el valor en el cuadro Tabulaciones predeterminadas. Cuando define una posición nueva de tabulación, Word elimina todas las tabulaciones predeterminadas ubicadas a la izquierda de la tabulación nueva, pero, preserva las ubicadas a la derecha.

ferior controla la del resto del párrafo. Puede ajustar estas sangrías si arrastra manualmente el triángulo correspondiente, o puede ajustarlas al mismo tiempo arrastrando el rectángulo.

Ajustar la sangría con la regla

2. Con la lista tabulada aún seleccionada, apunte al rectángulo en la posición 1,25 cm de la regla, mantenga presionado el botón izquierdo del ratón y arrástrelo hacia la izquierda, hasta la segunda marca (la posición 0,5 cm). Los dos triángulos se mueven junto con el rectángulo. Word ajustará la sangría para toda la lista cuando suelte el botón del ratón.

Ahora alinee las columnas de manera que los elementos en la segunda, la tercera y la cuarta fila se alineen con respecto al título de su columna. Necesita colocar las tabulaciones de forma que las líneas en la segunda columna se alineen a 3,75 cm, y las de la tercera columna lo hagan a 8 cm. Siga estos pasos:

1. Sin mover la selección, apunte a la marca 3,75 cm de la regla y haga una vez clic con el botón izquierdo del ratón. Aparece una marca de tabulación de alineación izquierda (una L) en la regla, y los elementos de la segunda columna, de todas las líneas seleccionadas, se alinean a la izquierda en esta posición.

Botón Tabulación

2. Haga clic en el botón Tabulación, al extremo izquierdo de la regla. El icono del botón cambia para indicar que ahora, al hacer clic en la regla, se colocará una tabulación centrada (una T invertida) y todos los elementos de la columna se centrarán con respecto a la posición de tabulación.

3. Haga clic nuevamente en el botón Tabulación para activar una tabulación alineada a la derecha (una L en espejo), y luego haga clic en la regla en la posición 8 cm. Los elementos de la tercera columna en las líneas seleccionadas se alinean a la derecha en esta posición. (Si hiciera nuevamente clic en el botón Tabulación, activaría la alineación decimal, la cual se usa para alinear números con respecto al punto decimal; vea la página 116.)

4. Oprima Ctrl+Fin para eliminar el resaltado y desplazarse al final del memorando, el cual ahora se ve así:

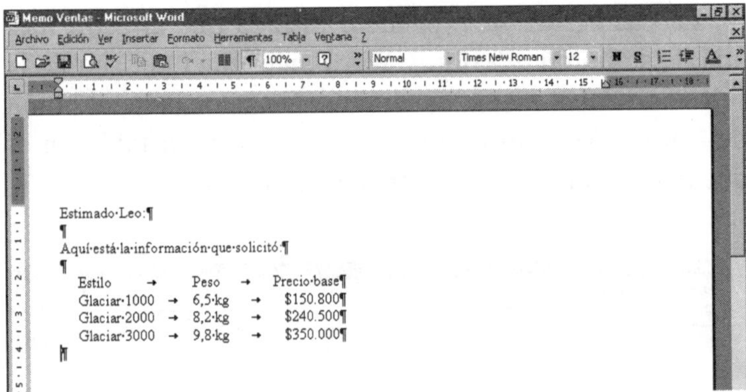

5. Oprima Retorno una vez para agregar una línea en blanco y escriba *Comuníquese conmigo si tiene alguna pregunta.* Luego, presione Retorno cuatro veces y escriba *Hilda Cárdenas.*

6. Guarde el memorando. (De aquí en adelante guárdelo con frecuencia.)

Crear tablas

Como lo mencionamos anteriormente, las tablas ofrecen resúmenes visuales de la información y permiten establecer rápidamente relaciones que se perderían en explicaciones narradas. La creación de tablas en Word es un proceso simple. Usted especifica el número de columnas y filas y luego deja que Word calcule los valores iniciales. Para que pueda comprobar lo fácil que es el proceso, agregue una tabla al memorando que acaba de hacer:

1. Haga clic a la izquierda de la letra C, en *Comuníquese,* y luego oprima Retorno.

2. Presione la tecla flecha Arriba para regresar al párrafo vacío que insertó y luego haga clic en el botón Insertar tabla, en la barra de herramientas Estándar, para desplegar una cuadrícula de filas y columnas.

3. Apunte al cuadrado superior izquierdo, oprima y mantenga presionado el botón izquierdo del ratón, y arrastre el puntero cuatro columnas a lo ancho y siete filas hacia abajo. La cuadrícula se expande a medida que arrastra más allá de su borde inferior, y Word muestra el tamaño de la selección debajo de la cuadrícula. Cuando suelte el botón del ratón, Word insertará la estructura de la tabla en el documento, como se muestra a continuación:

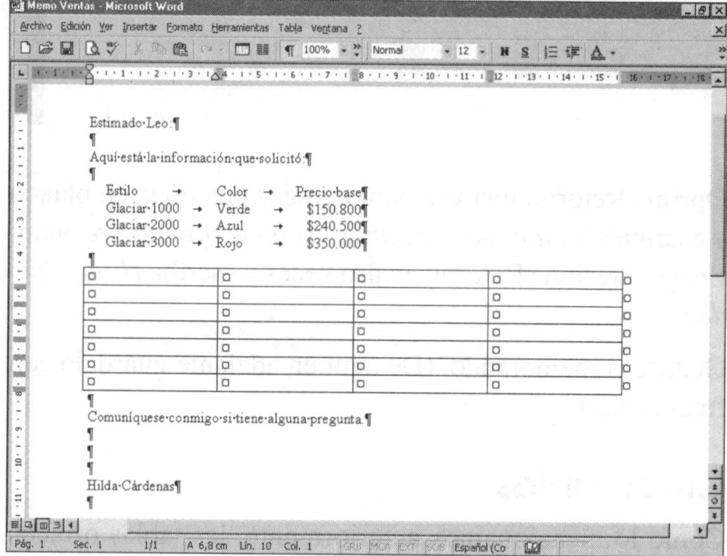

Eliminar/Insertar filas y columnas

Para eliminar una o más filas o columnas, selecciónelas y escoja Eliminar y luego Filas o Columnas, del menú Tabla. (Si usted escoge Eliminar y luego Celdas, Word muestra un cuadro de diálogo en el que podrá escoger lo que desea borrar.) Para eliminar la tabla entera, selecciónela y escoja el comando Eliminar y luego Tabla, del menú Tabla. Si oprime la tecla Supr para ejecutar alguna de estas tareas, borrará el contenido de las celdas, pero no las celdas mismas. Para insertar filas o columnas, selecione el número de filas o columnas que desea insertar. Luego, escoja Insertar y después Filas en la parte superior o Filas en la parte inferior, o Columnas a la izquierda o Columnas a la derecha, en el menú Tabla. También puede usar el botón Insertar filas o Insertar columnas, en la barra de herramientas Estándar (vea la página 114).

Como puede ver, Word creó una tabla con cuatro columnas iguales, que abarca el ancho total de la columna de texto del documento. El punto de inserción está ubicado en la primera *celda* de la tabla (la intersección de la primera columna con la primera fila). Para crear un elemento en esta celda todo lo que tiene que hacer es escribir:

1. Para introducir los títulos de las columnas, escriba *Mes* en la primera celda y oprima la tecla Tab. El punto de inserción se desplaza hacia la celda de la derecha.

2. Escriba *Glaciar 3000* y oprima Tab para desplazarse a la celda siguiente. Luego escriba *Glaciar 2000* y presione Tab.

Finalmente, escriba *Glaciar 1000* y oprima Tab. Fíjese que al presionar Tab al final de la primera fila el punto de inserción se movió hacia la primera celda de la segunda fila.

3. Para terminar la tabla, escriba los datos que se muestran abajo, y oprima Tab para desplazarse de una celda a otra. (Si oprime Mayús+Tab, mueve el punto de inserción a la celda anterior; también puede usar las teclas de flechas y el ratón para moverse dentro de la tabla.)

Desplazarse por una tabla

Julio	*57.800,50*	*45.505,45*	*35.100,50*
Agosto	*52.000,30*	*42.400,70*	*32.450,15*
Septiembre	*68.520,10*	*61.250,00*	*40.600,35*
Octubre	*89.630,00*	*70.320,20*	*52.700,40*
Noviembre	*102.960,85*	*89.850,30*	*67.350,00*
Diciembre	*119.320,35*	*106.950,95*	*102.010,60*

Éstos son los resultados:

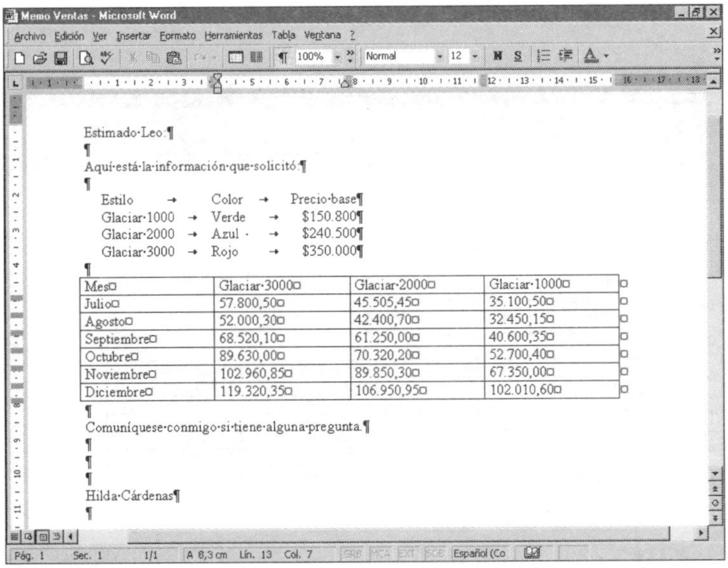

Memo Ventas - Microsoft Word

Archivo   Edición   Ver   Insertar   Formato   Herramientas   Tabla   Ventana   ?

Estimado·Leo:¶
¶
Aquí·está·la·información·que·solicitó:¶
¶

Estilo	→	Color	→	Precio·base¶
Glaciar·1000	→	Verde	→	$150.800¶
Glaciar·2000	→	Azul·	→	$240.500¶
Glaciar·3000	→	Rojo	→	$350.000¶

¶

Mes□	Glaciar·3000□	Glaciar·2000□	Glaciar·1000□
Julio□	57.800,50□	45.505,45□	35.100,50□
Agosto□	52.000,30□	42.400,70□	32.450,15□
Septiembre□	68.520,10□	61.250,00□	40.600,35□
Octubre□	89.630,00□	70.320,20□	52.700,40□
Noviembre□	102.960,85□	89.850,30□	67.350,00□
Diciembre□	119.320,35□	106.950,95□	102.010,60□

¶
Comuníquese·conmigo·si·tiene·alguna·pregunta.¶
¶
¶
¶
Hilda·Cárdenas¶
¶

Pág. 1   Sec. 1   1/1   A 8,3 cm   Lín. 13   Col. 7   Español (Co

Modificar el tamaño de las filas

En vista Diseño de impresión, puede ajustar manualmente el tamaño de las filas de la tabla. Mueva el puntero sobre el borde inferior de la fila y mantenga presionado el botón del ratón mientras lo arrastra hacia arriba o hacia abajo, hasta darle a la fila el alto deseado. Si mantiene oprimida la tecla Alt mientras lo arrastra, Word muestra la medida exacta del alto de la fila en la regla vertical. (También puede arrastrar las barras grises en la regla vertical para modificar el alto de las filas.)

A simple vista puede identificar uno o dos cambios que harían la tabla más efectiva. Discutiremos las formas de editar tablas en la próxima sección.

Reorganizar tablas

Puede reorganizar las filas y las columnas de una tabla de la misma manera como reorganiza el texto. Intercambie la columna Glaciar 3000 con la columna Glaciar 1000:

Seleccionar una columna

1. Haga clic en cualquier celda de la columna Glaciar 1000 y escoja el comando Seleccionar y luego Columna, del menú Tabla. (Puede escoger el comando Seleccionar y luego Fila para seleccionar la fila que contiene la celda activa, o también puede escoger el comando Seleccionar y luego Tabla para seleccionar toda la tabla.)

Mover una columna

2. Apunte hacia la columna seleccionada, mientras mantiene oprimido el botón izquierdo del ratón arrastre el punto de inserción sombreado hasta el comienzo del título Glaciar 3000 y luego suelte el botón. La columna Glaciar 1000 se mueve hacia la izquierda de la columna Glaciar 3000.

3. Ahora seleccione la columna Glaciar 2000 y muévala hacia la izquierda de la columna Glaciar 3000. Los resultados se ven a continuación:

Ajuste automático de líneas en tablas

De forma predeterminada, Word ajusta automáticamente los elementos largos de texto al número de líneas necesarias para mostrar la totalidad del texto, modificando el alto de la fila. Si desea que todos los elementos aparezcan únicamente en una línea, seleccione la fila, escoja Propiedades de tabla, del menú Tabla, elija la pestaña Fila, y haga clic en Alto específico. Luego, seleccione Exacto, de la lista desplegable Alto de fila, escriba el valor de la altura y haga clic en Aceptar.

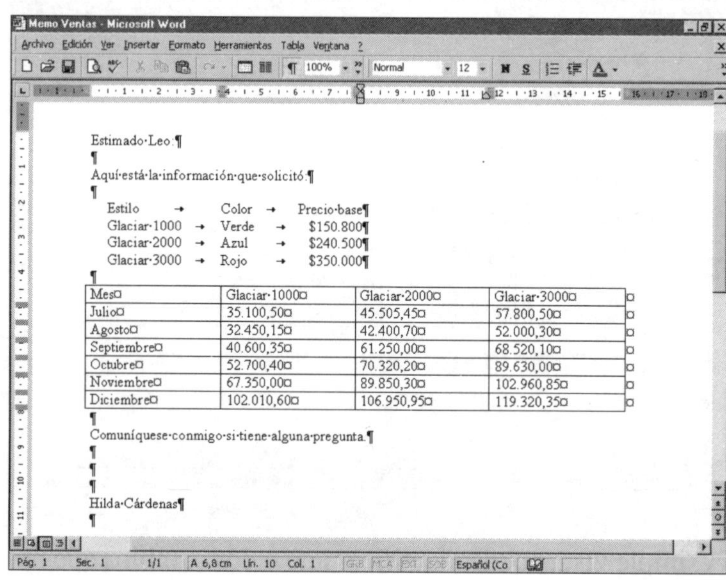

Estimado·Leo:

Aquí·está·la·información·que·solicitó:

Estilo		Color		Precio·base
Glaciar·1000	→	Verde	→	$150.800
Glaciar·2000	→	Azul	→	$240.500
Glaciar·3000	→	Rojo	→	$350.000

Mes	Glaciar·1000	Glaciar·2000	Glaciar·3000	
Julio	35.100,50	45.505,45	57.800,50	
Agosto	32.450,15	42.400,70	52.000,30	
Septiembre	40.600,35	61.250,00	68.520,10	
Octubre	52.700,40	70.320,20	89.630,00	
Noviembre	67.350,00	89.850,30	102.960,85	
Diciembre	102.010,60	106.950,95	119.320,35	

Comuníquese·conmigo·si·tiene·alguna·pregunta.

Hilda·Cárdenas

Cambiar el ancho de las columnas

Puede ajustar el ancho de las columnas de tres maneras: moviendo las marcas de columna indicadas por las cuadrículas en la regla, arrastrando los bordes de las columnas, o usando el comando Propiedades de tabla. Siga los pasos que enumeramos a continuación para cambiar el ancho de las columnas en la tabla del ejemplo:

1. Con el punto de inserción ubicado en cualquier parte de la tabla, mueva el puntero sobre la cuadrícula al extremo izquierdo de la parte activa de la regla horizontal. Cuando el puntero se convierta en una flecha de dos cabezas y aparezca un recuadro que dice Mover columna de tabla, oprima el botón izquierdo del ratón y arrástrelo hacia la derecha, hasta que la primera columna de la tabla se encuentre alineada con el texto de la primera columna de la lista tabulada de arriba. (Si el ancho de la columna aumenta demasiado, haga clic en el botón Deshacer y ensaye la instrucción de nuevo.)

2. A continuación, apunte a la marca de columna en la regla, entre la primera y la segunda columna, y arrástrela hacia la izquierda hasta reducir el ancho de la columna justo para que quepan sus elementos. De la misma manera, arrastre la marca de columna entre la segunda y la tercera columna para ajustar el ancho de la segunda columna de igual manera.

3. Ahora ajuste las columnas tercera y cuarta usando un método diferente. Primero, apunte al borde derecho de cualquiera de las celdas de la tercera columna, y arrastre el puntero, convertido ahora en una flecha de dos cabezas, hacia la izquierda, aproximadamente hasta la marca de 8 cm de la regla. Luego, repita este procedimiento para la cuarta columna, de tal manera que el borde derecho de la tabla termine en la marca de 10,75 cm. Aprecie los resultados en la pantalla que aparece en la parte superior de la página siguiente:

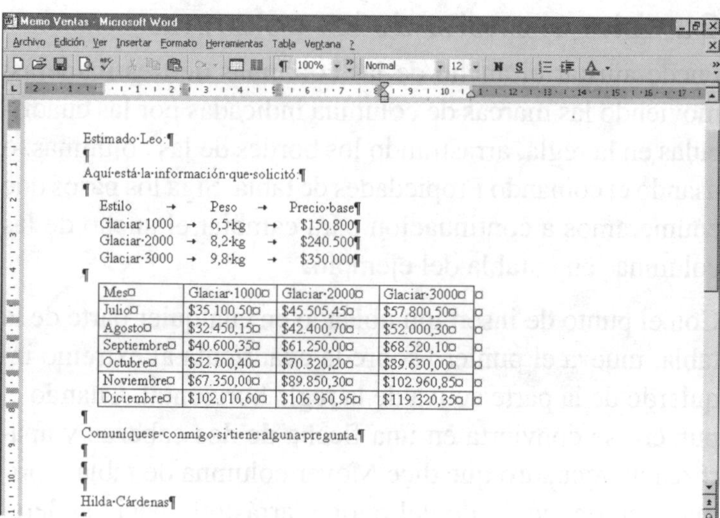

Mes	Glaciar 1000	Glaciar 2000	Glaciar 3000	
Julio	$35.100,50	$45.505,45	$57.800,50	
Agosto	$32.450,15	$42.400,70	$52.000,30	
Septiembre	$40.600,35	$61.250,00	$68.520,10	
Octubre	$52.700,40	$70.320,20	$89.630,00	
Noviembre	$67.350,00	$89.850,30	$102.960,85	
Diciembre	$102.010,60	$106.950,95	$119.320,35	

Ordenar tablas

Puede utilizar los botones Orden ascendente y Orden descendente, de la barra de herramientas Tablas y bordes, para ordenar la información en la tabla. Primero, seleccione la columna que contiene la información con respecto de la cual quiere hacer la ordenación; por ejemplo, podría ordenar una tabla con información sobre socios de un club, por nombre, fecha o tipo de afiliación. Luego, haga clic en el botón Orden ascendente, para ordenar empezando por la letra A (o el dígito menor), o haga clic en el botón Orden descendente, para ordenar empezando por la letra Z (o el dígito mayor). Para ordenaciones más complejas, haga clic en cualquier lugar de la tabla y escoja Ordenar, del menú Tabla. En el cuadro de diálogo puede definir hasta tres columnas de ordenaciones; por ejemplo, podría ordenar la información sobre los socios de un club primero por tipo, luego por fecha y finalmente por nombre.

Agregar un título

Suponga que quiere agregar una fila arriba de la tabla para colocar un título. El primer paso es insertar una fila nueva:

1. Mueva el puntero hacia la barra de selección invisible, adyacente a la primera fila de la tabla, y haga clic para seleccionar la fila completa. Otra forma es hacer clic en cualquiera de las celdas en la primera fila, luego escoger Seleccionar y después elegir Fila, del menú Tabla.

2. Oprima el botón Insertar filas, en la barra de herramientas Estándar. Word inserta el número de filas seleccionado — en este caso, una.

Ahora debe agrupar las celdas de la fila nueva para crear una celda grande que contenga el título de la tabla. Agrupar celdas es un procedimiento simple, como lo verá en los próximos pasos:

1. Haga clic en el botón Tablas y bordes, en la barra de herramientas Estándar, para desplegar la barra de herramientas Tablas y bordes, y luego fíjela debajo de las barras de herramientas Estándar y Formato. (Vea la página 14 para información sobre cómo fijar las barras de herramientas.)

2. Teniendo seleccionada la primera fila de la tabla, haga clic en el botón Combinar celdas, en la barra de herramientas Tablas y bordes. Word combina las celdas en una celda grande que abarca toda la tabla.

Botón Combinar celdas

3. Ahora escriba el título. Haga clic en la primera fila y escriba *VENTAS BRUTAS SACOS DE DORMIR GLACIAR* y oprima Retorno; escriba *Julio — Diciembre 2005* y presione Retorno; escriba *Valores en miles de $*. Aquí están los resultados:

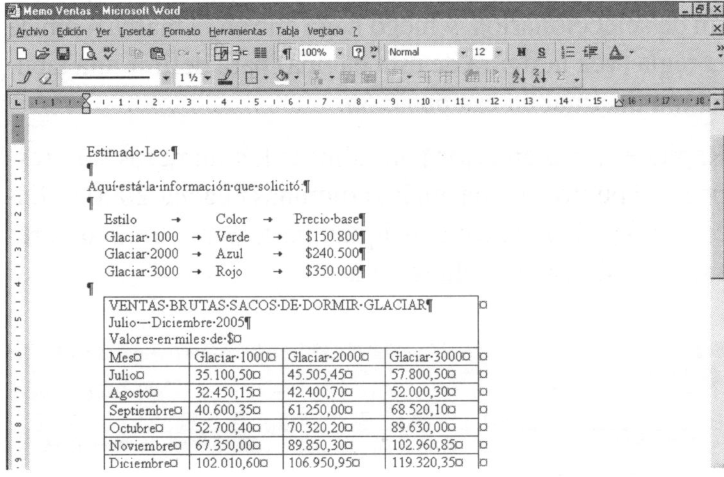

VENTAS·BRUTAS·SACOS·DE·DORMIR·GLACIAR¶ Julio·—·Diciembre·2005¶ Valores·en·miles·de·$◻			
Mes◻	Glaciar·1000◻	Glaciar·2000◻	Glaciar·3000◻
Julio◻	35.100,50◻	45.505,45◻	57.800,50◻
Agosto◻	32.450,15◻	42.400,70◻	52.000,30◻
Septiembre◻	40.600,35◻	61.250,00◻	68.520,10◻
Octubre◻	52.700,40◻	70.320,20◻	89.630,00◻
Noviembre◻	67.350,00◻	89.850,30◻	102.960,85◻
Diciembre◻	102.010,60◻	106.950,95◻	119.320,35◻

Dar formato a las tablas

Después de hacer todos los cambios estructurales a la tabla, agregue algunos detalles finales. Primero, dé formato a los títulos:

1. Seleccione las tres líneas del título de la tabla, haga clic en el botón Centrar, y presione Inicio para eliminar el resaltado y ver los resultados.

2. Para colocar en negrita los títulos de la tabla y de la columna *Mes*, apunte a la izquierda de la palabra *Ventas* en el título, mantenga presionado el botón izquierdo del ratón, y arrastre el puntero a lo largo de la primera columna. Luego, haga clic en el botón Negrita.

Fue sencillo. Ahora le indicaremos cómo se alinean los números de las columnas segunda, tercera y cuarta respecto al punto decimal. Esto requiere utilizar tabulaciones decimales en cada una de estas columnas. Siga estos pasos:

Definir una tabulación decimal

1. Haga clic en el botón Tabulación, al extremo izquierdo de la regla, hasta que su icono se convierta en el indicador de tabulación decimal (una T invertida con un punto).

2. Para alinear los números con respecto a su punto decimal en la columna Glaciar 1000, arrastre el puntero sobre las seis celdas que contienen números en esta columna, con el fin de seleccionarlos, y luego haga clic en la marca 4 cm de la regla (vea la figura de esta página) para definir una tabulación decimal en esa posición.

3. Repita el paso anterior para alinear los números con respecto al punto decimal en las columnas Glaciar 2000 y Glaciar 3000. Haga clic en cualquier parte para eliminar el resaltado. Ahora, la tabla se ve así:

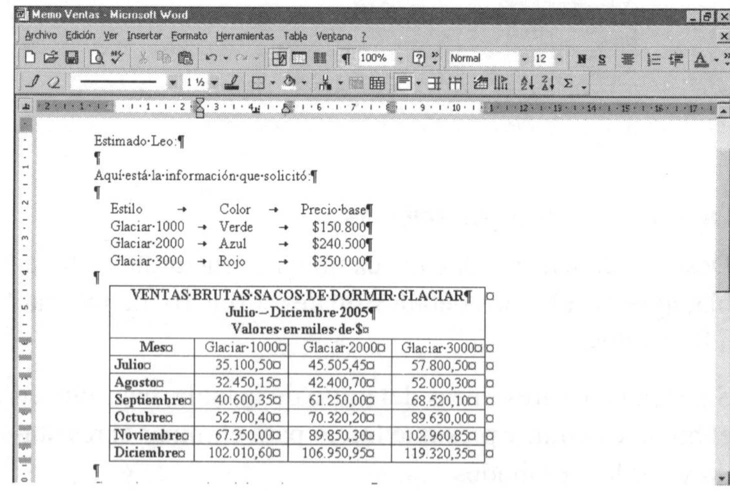

Estilo	Color	Precio base¶
Glaciar·1000	Verde	$150.800¶
Glaciar·2000	Azul	$240.500¶
Glaciar·3000	Rojo	$350.000¶

VENTAS·BRUTAS·SACOS·DE·DORMIR·GLACIAR¶ Julio·–·Diciembre·2005¶ Valores·en·miles·de·$		
Mes	Glaciar·1000	Glaciar·2000	Glaciar·3000
Julio	35.100,50	45.505,45	57.800,50
Agosto	32.450,15	42.400,70	52.000,30
Septiembre	40.600,35	61.250,00	68.520,10
Octubre	52.700,40	70.320,20	89.630,00
Noviembre	67.350,00	89.850,30	102.960,85
Diciembre	102.010,60	106.950,95	119.320,35

4. Antes de seguir adelante, guarde el documento.

De forma predeterminada, Word utiliza una línea sencilla de $^1/_2$ punto alrededor de cada celda y un borde sencillo de $^1/_2$ punto alrededor de toda la tabla.

Autoformatos de tablas

Una forma sencilla de aplicar formatos a una tabla es utilizar los autoformatos de Word. Primero, haga clic en cualquier parte de la tabla que desea formatear, y luego haga clic en el botón Autoformato de tablas, en la barra de herramientas Tablas y bordes, o elija el comando Autoformato de tablas, del menú Tabla. En el cuadro de diálogo Autoformato de tablas puede elegir entre una variedad de estilos. Elija un nombre de la lista Formatos, y Word presentará una muestra del formato elegido, en el cuadro Vista previa. Después, podrá modificar el estilo usando las opciones en la parte inferior del cuadro de diálogo. Haga clic en Aceptar para efectuar los cambios, y obtendrá, de inmediato, una tabla muy bien presentada. Para eliminar un autoformato, simplemente escoja Ninguno, de la lista Formatos.

Antes de pasar a la siguiente sección, modifique las líneas y los bordes de la tabla:

1. Con el punto de inserción en cualquier parte de la tabla, escoja Seleccionar y luego Tabla, del menú Tabla.

2. Haga clic en la flecha a la derecha del cuadro Grosor de la línea, en la barra de herramientas Tablas y bordes, y de la lista desplegable seleccione ³/₄ pto.

3. Cambie el grosor de las líneas interiores: haga clic en la flecha a la derecha del botón Borde, en la barra de herramientas Tablas y bordes, para desplegar una paleta de opciones.

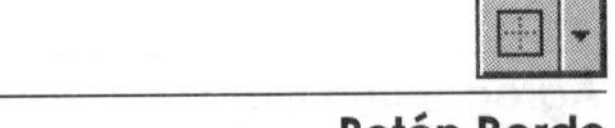

Botón Borde

4. Haga clic en el botón Borde interior (el primero en la fila de abajo) para cambiar las líneas a ³/₄ pto.

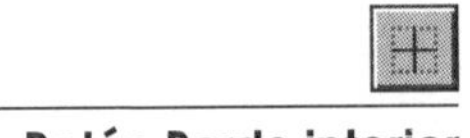

Botón Borde interior

5. Ahora, haga clic en la flecha a la derecha del cuadro Estilo de línea, y seleccione el estilo doble línea (la octava opción en la lista).

6. Cambie el grosor de la línea a 1¹/₂ pto, haga clic en la flecha al lado del botón Borde, y escoja Borde exterior, para crear un borde de doble línea de 1¹/₂ pto. Veamos:

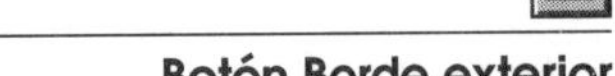

Botón Borde exterior

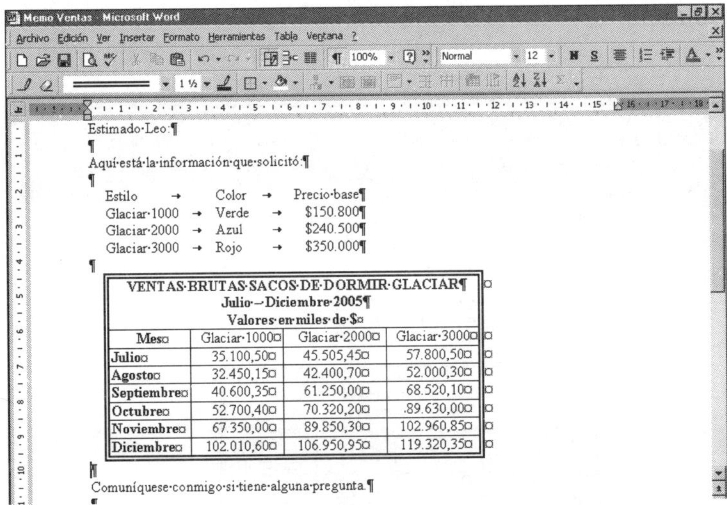

Estimado·Leo:¶
¶
Aquí·está·la·información·que·solicitó:¶
¶

Estilo		Color		Precio·base¶
Glaciar·1000	→	Verde	→	$150.800¶
Glaciar·2000	→	Azul	→	$240.500¶
Glaciar·3000	→	Rojo	→	$350.000¶

¶

VENTAS·BRUTAS·SACOS·DE·DORMIR·GLACIAR¶ Julio·–·Diciembre·2005¶ Valores·en·miles·de·$¤		
Mes¤	Glaciar·1000¤	Glaciar·2000¤	Glaciar·3000¤
Julio¤	35.100,50¤	45.505,45¤	57.800,50¤
Agosto¤	32.450,15¤	42.400,70¤	52.000,30¤
Septiembre¤	40.600,35¤	61.250,00¤	68.520,10¤
Octubre¤	52.700,40¤	70.320,20¤	.89.630,00¤
Noviembre¤	67.350,00¤	89.850,30¤	102.960,85¤
Diciembre¤	102.010,60¤	106.950,95¤	119.320,35¤

Comuníquese·conmigo·si·tiene·alguna·pregunta.¶

7. Guarde su trabajo.

Ocultar las líneas de división

Por valor predeterminado, Word asigna a las tablas bordes y líneas de división. Si desea que su tabla no tenga bordes o líneas de división, seleccione la tabla, haga clic en la flecha al lado del botón Borde, en la barra de herramientas Tablas y bordes, y elija la opción Sin borde. Para mostrar las líneas de división que no imprimen, pero que le ayudan a visualizar la estructura de la tabla, escoja Mostrar líneas de división, del menú Tabla. Elija Ocultar líneas de división para ocultarlas nuevamente.

Cálculos en tablas

En el capítulo 5 le mostraremos cómo importar una hoja de cálculo a Word (vea la página 164), aunque Word incluye varias funciones que usted puede utilizar para construir fórmulas directamente en sus tablas. Agregue filas de totales a la tabla de ventas brutas y vea lo fácil que es convertir una tabla de Word en una sencilla "hoja de cálculo". Aquí están los pasos:

Agregar una fila al final de la tabla

1. Para agregar una fila al final de la tabla, haga clic a la derecha del elemento en la última celda de la tabla (justo antes de la marca de final de celda), y oprima Tab.

2. En la primera columna de la fila nueva escriba *TOTAL,* y luego presione Tab para moverse a la siguiente columna.

Botón Autosuma

3. Haga clic en el botón Autosuma, en la barra de herramientas Tablas y bordes. Word calcula rápidamente la suma de los valores de las celdas de esa columna.

4. Oprima Tab, para moverse a la siguiente columna.

5. Haga clic nuevamente en el botón Autosuma para calcular la suma de los valores de las celdas de esta columna.

6. Repita el paso 5 para la última columna. Ahora la tabla se ve así:

VENTAS·BRUTAS·SACOS·DE·DORMIR·GLACIAR¶ Julio·–·Diciembre·2005¶ Valores·en·miles·de·$¤		
Mes¤	Glaciar·1000¤	Glaciar·2000¤	Glaciar·3000¤
Julio¤	35.100,50¤	45.505,45¤	57.800,50¤
Agosto¤	32.450,15¤	42.400,70¤	52.000,30¤
Septiembre¤	40.600,35¤	61.250,00¤	68.520,10¤
Octubre¤	52.700,40¤	70.320,20¤	89.630,00¤
Noviembre¤	67.350,00¤	89.850,30¤	102.960,85¤
Diciembre¤	102.010,60¤	106.950,95¤	119.320,35¤
TOTAL¤	330.212,00¤	416.277,60¤	490.232,10¤

7. ¿Incluyen sus resultados los valores de los títulos (1000, 2000 y 3000)? Si sus resultados son incorrectos, use el comando Fórmula, en el menú Tabla, y siga los pasos 2 a 5 de la próxima sección, utilizando la función SUMA y especificando las celdas que desea incluir en la adición.

¡ATENCIÓN!

Veamos cómo promediar las ventas brutas:

1. Agregue una fila al final de la tabla, escriba *PROMEDIO* en la primera columna de la fila nueva y oprima Tab. (Si la columna es demasiado angosta como para acomodar la palabra *PROMEDIO,* Word ajusta automáticamente el ancho de la columna.)

Usar la función PROMEDIO

2. Seleccione Fórmula, del menú Tabla, para desplegar el cuadro de diálogo que se muestra a continuación:

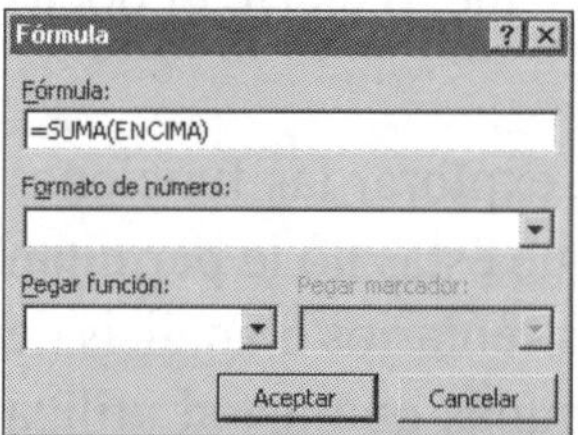

Totalizar celdas a la izquierda

Si su tabla está estructurada de manera que las celdas que desea totalizar están orientadas de izquierda a derecha en lugar de arriba hacia abajo, puede usar el botón Autosuma, de la barra de herramientas Tablas y bordes, para totalizar la primera fila. Para las restantes, escoja Fórmula, del menú Tabla, cambie la fórmula =SUMA(ENCIMA), en el cuadro de texto Fórmula, por =SUMA(IZQUIERDA), y haga clic en Aceptar.

Especificar el formato de número

Cuando use el cuadro de diálogo Fórmula para crear fórmulas en sus tablas de Word, puede especificar un formato para el número del resultado de la fórmula, como moneda o porcentaje. Para hacerlo, despliegue el cuadro de diálogo Fórmula, haga clic en la flecha al lado del cuadro Formato de número, escoja el formato que desee, y haga clic en Aceptar.

Actualizar cálculos

Si después de agregar una fórmula a una tabla de Word cambia un valor o elimina o añade una fila, posiblemente deseará actualizar el cálculo. Para hacerlo, seleccione el campo del cálculo y oprima la tecla F9. Si su tabla contiene una fórmula que hace referencia a celdas específicas, como la fórmula PROMEDIO en nuestro ejemplo, debe abrir el cuadro de diálogo Fórmula y ajustar las referencias manualmente.

Convertir una tabla en texto y viceversa

Para convertir una tabla en texto tabulado, seleccione toda la tabla y escoja Convertir y luego Tabla en texto, del menú Tabla. En el cuadro de diálogo indíquele a Word cómo desea separar la información que está en columnas, y haga clic en Aceptar. Word elimina las líneas de división de la tabla y separa el texto que estaba en columnas en la forma como usted se lo indicó. Para convertir un bloque de texto corriente separado por tabulaciones en una tabla, seleccione todo el texto tabulado y haga clic en el botón Insertar tabla, de la barra de herramientas Estándar. Si el texto está separado por caracteres diferentes de tabulaciones, seleccione el texto, escoja Convertir y luego Texto en tabla, del menú Tabla, indique el número de columnas y la forma como está separada la información, y por último haga clic en Aceptar. También puede escoger el botón Dibujar tabla, de la barra de herramientas Tablas y bordes, y arrastrar diagonalmente la herramienta Dibujar tabla a través del texto tabulado, para convertirlo en una tabla.

3. Seleccione el contenido del cuadro de texto Fórmula y oprima la tecla Supr para borrar el elemento.

4. Escriba un signo = y luego haga clic en la flecha a la derecha del cuadro de texto Pegar función, para desplegar la lista de funciones. Seleccione PROMEDIO. A continuación Word pega la función y un juego de paréntesis en el cuadro de texto Fórmula.

5. Los números que usted quiere promediar están en la segunda columna — columna B — y en las filas 3 a 8 de la tabla; por lo tanto, escriba *B3:B8* entre los paréntesis, y haga clic en Aceptar.

6. Repita los pasos 2 a 5 para las otras dos columnas utilizando C3:C8 y D3:D8 como especificaciones de las celdas.

7. Guarde el memorando, imprímalo, y luego cierre el documento.

Si lo desea, tómese un tiempo para explorar las funciones de Word por su cuenta. Es posible que éstas no le permitan crear proyecciones sofisticadas de inventarios o análisis de préstamos; sin embargo, si las fórmulas que usted utiliza en las hojas de cálculo no son muy complejas, la posibilidad de crearlas en Word puede ahorrarle una considerable cantidad de tiempo.

¿Cuándo una tabla no es una tabla?

Algunas veces puede usar la opción de tablas de Word para dar un diseño especial a ciertas partes de un documento. Por ejemplo, puede usar tablas para crear el encabezado de una carta o la cubierta de un fax. Usando la estructura de una tabla puede manipular más fácilmente bloques de texto que aparecen enfrentados, puesto que están contenidos en diferentes celdas de la tabla. En esta sección creará un encabezado sencillo para el formulario de los gastos de un viaje ficticio de negocios. Siga estos pasos para ver lo fácil que es esta técnica usando la opción para tablas de Word:

1. Haga clic en el botón Nuevo, en la barra de herramientas Estándar, para abrir un documento nuevo en su pantalla. Cambie el tamaño de la fuente a 12 puntos.

2. Luego haga clic en el botón Insertar tabla, y arrastre el puntero del ratón a lo largo de dos columnas y una fila.

3. En la primera celda de la tabla escriba *EN EL SACO*. Oprima Tab y escriba a continuación *Gastos de Viaje de Negocios*.

4. Guarde el documento como *Formulario Gastos Viaje*.

   Agréguele algo de formato al encabezado para darle un poco más de vida. Siga estos pasos:

1. Haga clic a la izquierda del texto en la primera celda para seleccionarlo, y luego cambie la fuente a Arial, 48 puntos, negrita.

2. Para volver el texto blanco y el fondo negro, haga clic en la flecha a la derecha del botón Color de sombreado, en la barra de herramientas Tablas y bordes, para desplegar una paleta de colores.

Botón Color de sombreado

3. Haga clic en la casilla de color negro (la primera opción en la cuarta fila). Word cambia el fondo a negro, a pesar de que usted no pueda ver este efecto porque su texto aún está seleccionado.

4. Sin mover la selección, escoja Fuente, del menú Formato. Haga clic en la flecha a la derecha del cuadro de texto Color de fuente y escoja Blanco. Luego, haga clic en la casilla de verificación Versales, en la sección Efectos.

Cambiar el color de la fuente

5. Ahora escoja la pestaña Espacio entre caracteres y haga clic en la flecha a la derecha del cuadro de texto Espacio. Elija Expandido y en el cuadro de texto De cambie el valor a *4 pto* para aumentar el espacio entre los caracteres. Haga clic en Aceptar para confirmar los cambios, y luego haga clic en cualquier parte en el documento. Aprecie el resultado en la parte superior de la página siguiente:

Cambiar el espacio
entre caracteres

Ahora dé formato rápidamente a la segunda columna del encabezado:

1. Seleccione el texto de la segunda celda y cambie la fuente a Times New Roman de 14 puntos.

2. Para bajar un poco el texto, de manera que visualmente se alinee mejor con la primera celda, haga clic en la flecha al lado derecho del botón Alinear, en la barra de herramientas Tablas y bordes, y seleccione Alinear en el centro a la izquierda.

Ahora ajuste el ancho de las columnas:

1. Haga clic en la primera columna, escoja Propiedades de tabla, del menú Tabla, y seleccione la pestaña Columna.

Botón Alinear

Más herramientas de alineación de texto

Además de las múltiples opciones disponibles cuando hace clic en el botón Alinear celda, hay otros botones de alineación de texto en la barra de herramientas Tablas y bordes. Por ejemplo, puede rotar el texto dentro de su celda, para lo cual debe usar el botón Cambiar dirección del texto. Si desea que el texto de su tabla vuelva a los valores predeterminados, seleccione la celda, rote el texto hasta que éste se lea de izquierda a derecha, luego haga clic en el botón Alinear celda, y escoja Alinear arriba a la izquierda.

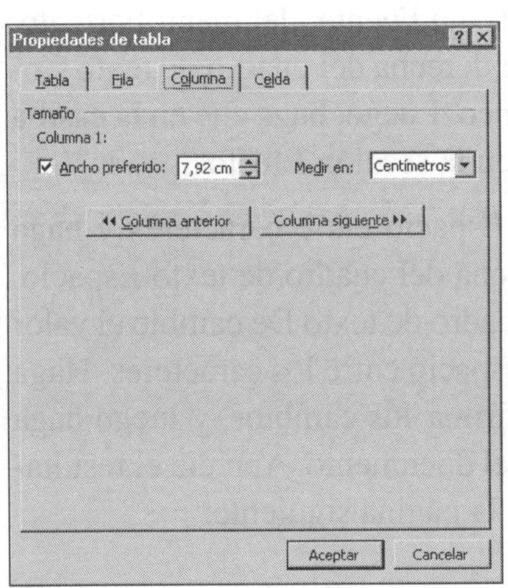

2. Cambie el valor Ancho preferido a 12,5 cm, haga clic en el botón Columna siguiente y cambie el valor Ancho preferido a 2,5 cm. Luego haga clic en Aceptar. Oprima Ctrl+Fin para ver los resultados:

3. Oculte la barra de herramientas Tablas y bordes haciendo clic en el botón Tablas y bordes. Luego guarde el documento, el cual utilizará en la siguiente sección cuando cree un formulario.

Crear formularios

Hasta ahora ha usado listas tabuladas y tablas para mostrar información organizada. Puede crear facturas, órdenes de compra o documentos similares usando estas técnicas, pero hay una forma más fácil. Puede crear un documento llamado *formulario*, de manera que al oprimir la tecla Tab pase sobre los elementos de texto que no cambian, llamados *etiquetas*, a las secciones que deben ser llenadas, llamadas *campos de formulario*.

Para ver cómo crear formularios, le enseñaremos a diseñar un formulario de gastos de viaje de negocios para En El Saco. Siga estos pasos:

1. Con el punto de inserción al final de Formulario Gastos Viaje, oprima Retorno un par de veces para agregar espacio en blanco entre el encabezado y el formulario que va a crear.

2. Haga clic derecho en cualquier barra de herramientas, escoja Formularios, del menú contextual, y luego fije la barra de herramientas Formularios debajo de las barras de herramientas Estándar y Formato.

Ahora le mostramos cómo crear campos de formulario utilizando los botones de la barra de herrramientas:

1. Escriba *Motivo del viaje:* y oprima Tab. Haga clic en el botón Campo con texto. Word introduce el campo en el punto de inserción:

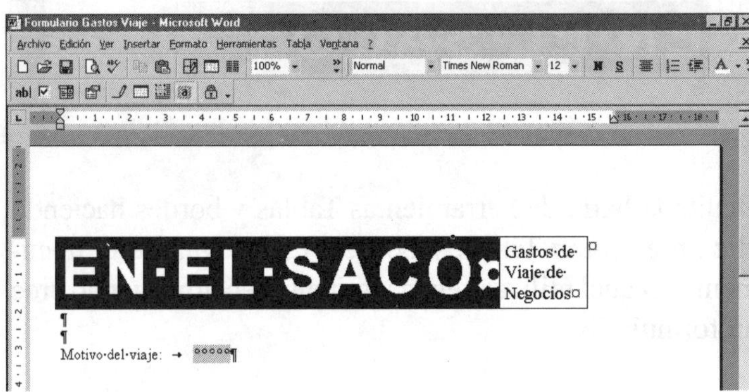

2. Oprima Retorno para empezar una nueva línea, escriba *Pasajes:* y oprima Tab.

3. Haga clic en el botón Campo con texto, y luego oprima el botón Opciones de campos de formulario para mostrar este cuadro de diálogo:

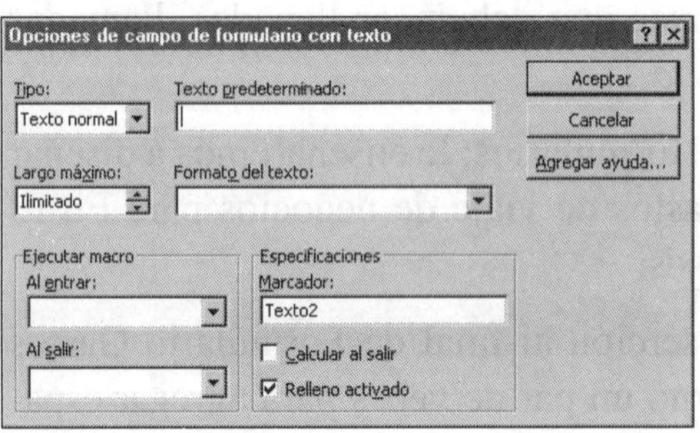

4. Haga clic en la flecha a la derecha del cuadro Tipo, y elija Número. Luego, haga clic en la flecha a la derecha del cuadro Formato de número, y escoja la quinta opción (la que contiene el signo $). Ahora, haga clic en Aceptar.

5. Haga clic al lado derecho del campo de formulario Pasajes; oprima Tab; escriba *Forma de pago:*, presione Tab nuevamente, y haga clic en el botón Campo de formulario con lista, en la barra de herramientas Formularios.

Botón Campo de formulario con lista

6. Haga clic en el botón Opciones de campos de formulario; escriba *Tarjeta empresarial* en el cuadro Elemento de la lista, y oprima el botón Agregar. Luego, escriba *Tarjeta personal* en el cuadro Elemento de la lista; oprima el botón Agregar, y finalmente haga clic en Aceptar. Word inserta el primer elemento de la lista como el que seleccionará por valor predeterminado — en este caso, *Tarjeta empresarial*.

7. Haga clic a la derecha del campo nuevo y oprima Retorno para agregar una línea en blanco. Luego, mueva el puntero sobre la barra de selección a la izquierda de la línea Pasajes y, cuando el puntero se convierta en una flecha hueca orientada a la derecha, haga clic para seleccionar la línea.

8. Haga clic en el botón Copiar para copiar la línea, presione Ctrl+Fin para mover el punto de inserción a la línea en blanco al final del documento y haga clic dos veces en el botón Pegar.

9. Cambie la segunda vez que aparece Pasajes por *Alimentación* y la tercera por *Hotel*. Su formulario ahora se ve como se muestra en la página siguiente:

Campos con casilla de verificación

Para agregar una casilla de verificación a un formulario, haga clic en el botón Campo de formulario con casilla de verificación, de la barra de herramientas Formularios. Luego, use el botón Opciones de campos de formulario para modificar algunos valores, como el tamaño o el valor predeterminado de la casilla (si por valor predeterminado aparece con o sin marca).

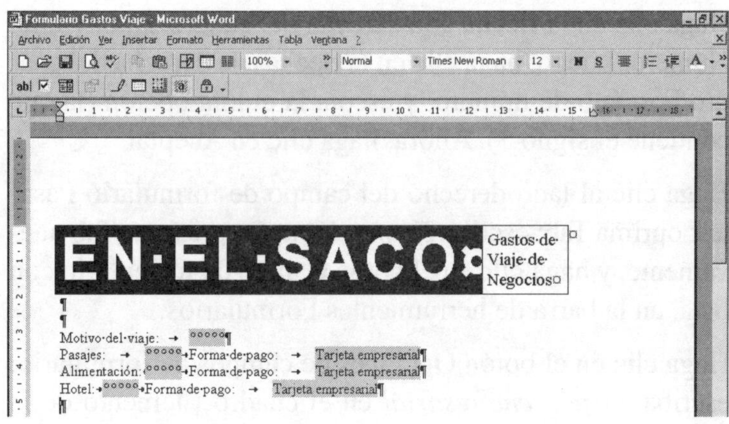

Modificar formularios

El formulario de gastos de viaje está tomando forma. Si quiere modificar las etiquetas del formulario, puede usar las técnicas ordinarias de edición de texto, pero si lo que desea es cambiar los campos del formulario, deberá usar el cuadro de diálogo Opciones de campo de formulario. Siga estos pasos para modificar algunos de los campos de manera que incluyan texto de ayuda en la barra de estado cada vez que seleccione uno de los campos:

1. Primero haga clic en el campo Motivo del viaje, para seleccionarlo, y luego en el botón Opciones de campos de formulario, en la barra de herramientas Formularios.

2. En el cuadro de diálogo Opciones de campo de formulario con texto, haga clic en el botón Agregar ayuda, para mostrar este cuadro de diálogo:

Usar Autotexto para obtener ayuda

Acelere la introducción del texto de ayuda de uso frecuente creando elementos de Autotexto (vea página 40). Puede usar Elemento de autotexto, en el cuadro de diálogo Texto de ayuda, para los formularios, y seleccionar el nombre apropiado para hacer que el texto correspondiente aparezca en la barra de estado.

3. Escoja la opción Escriba su propio texto, y escriba en el cuadro *Introduzca el nombre del evento o conferencia*. Luego, haga clic dos veces en Aceptar para cerrar los dos cuadros de diálogo. (El texto de ayuda no aparecerá en la barra de estado hasta que usted active la protección del documento, lo que hará en la página 132.)

4. Ahora, haga clic derecho sobre el campo Pasajes y escoja Propiedades, del menú contextual, para mostrar nuevamente el cuadro de diálogo Opciones de campo de formulario con texto.

5. Haga clic en el botón Agregar ayuda, elija la opción Escriba su propio texto, y escriba en el cuadro *Introduzca el valor total*. Haga clic dos veces en Aceptar para cerrar los dos cuadros de diálogo.

6. Repita los pasos 4 y 5 para agregar el mismo texto de ayuda a los campos *Alimentación* y *Hotel*.

Ahora edite los campos con lista desplegable, agregándoles alguna ayuda de texto. Siga estos pasos:

1. Haga doble clic en la primera vez que aparece el campo Forma de pago para abrir el cuadro de diálogo Opciones de campo de formulario con lista desplegable.

2. Haga clic en el el botón Agregar ayuda, escoja la opción Escriba su propio texto, y escriba *Haga clic en la flecha a la derecha para desplegar las formas de pago*. Haga clic dos veces en Aceptar para cerrar los dos cuadros de diálogo e introducir los cambios.

3. Repita los pasos 1 y 2 para agregar el mismo texto de ayuda a los otros dos campos Forma de pago.

4. Cuando termine de agregar el texto de ayuda, haga clic en el botón Guardar para guardar su trabajo.

Dar formato a formularios

Ahora que ya organizó los campos como los quería, puede dar formato al formulario para mejorar su apariencia y hacerlo más facil de leer. Hará algunos ajustes a las tabulaciones, pero antes debe ocuparse de cualquier cambio de los formatos de párrafo o caracteres. Para aplicar formato al texto de un formulario, use las mismas técnicas que emplearía en cualquier otro documento de Word. Aplique algo de formato básico:

1. Seleccione la etiqueta *Motivo del viaje:* (no el campo que sigue) y haga clic en el botón Negrita. Repita este paso para formatear las otras etiquetas.

2. Ahora seleccione todo el formulario (excepto el encabezado) y escoja Párrafo, del menú Formato.

3. En la sección Espaciado, cambie los valores Anterior y Posterior por 3 puntos; haga clic en Aceptar. Veamos:

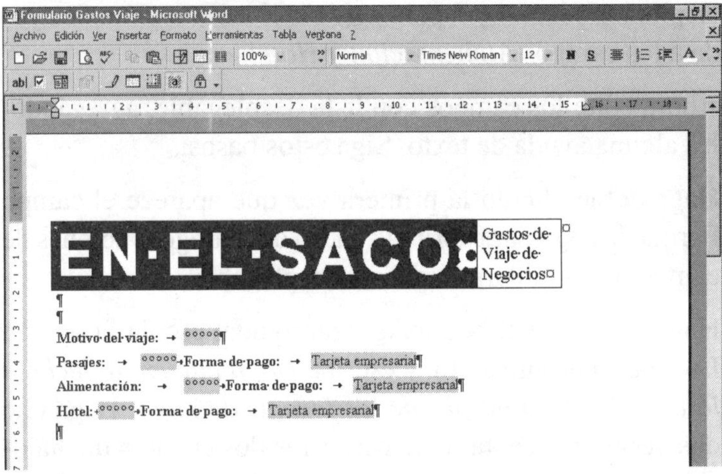

Como puede ver, las posiciones de las tabulaciones necesitan un ajuste para que los campos se alineen. Siga estos pasos para hacer los ajustes:

1. Seleccione todo el formulario, haga clic en el botón Tabulación, hasta que su icono se convierta en el indicador de tabulación de alineación izquierda (vea la página 108), y haga clic en la marca 3,5 cm de la regla. Word inserta una tabulación en la regla y mueve el texto con respecto a ella.

2. Haga clic en la marca 6,75 cm para indicar una posición de tabulación, y luego coloque una última tabulación en la marca 10,5 cm.

Parece que el espacio entre los campos es un poco ancho, pero en lugar de volver a comenzar, ajuste las tabulaciones en la regla, de esta manera:

1. Con el formulario aún seleccionado, apunte a la tabulación de la marca 6,75 cm, mantenga presionado el botón izquierdo del ratón y arrastre la tabulación hacia la izquierda, hasta la marca 5,75 cm. Word ajusta la posición de la etiqueta *Forma de pago*.

2. Ahora repita el paso 1 para mover la tabulación de la marca 10,5 cm hacia la marca 9,5 cm. El formulario se ve así:

◄ —————————————
Ajustar las tabulaciones con la regla

Cálculos en formularios

Los formularios como el de gastos de viaje incluyen generalmente cálculos. ¿Por qué efectuarlos manualmente si usted puede indicarle a Word que los haga? Como ya vio, si introduce en la tabla los valores que se van a usar en los cálculos, Word puede utilizar referencias a las celdas para efectuar las operaciones. Agregue una tabla de gastos varios en efectivo que requieren ser totalizados. Veamos:

Más sobre el uso de la regla para definir tabulaciones

Cuando define una tabulación manualmente usando la regla (o usando el comando Tabulaciones), ésta afecta únicamente al párrafo que contiene el punto de inserción o a los párrafos seleccionados. Si quiere eliminar una tabulación personalizada, apúntele, mantenga presionado el botón izquierdo del ratón, y arrástrela fuera de la regla. Al hacer doble clic sobre una tabulación en la regla, se abre el cuadro de diálogo Tabulaciones, donde rápidamente podrá personalizar esa tabulación. Por ejemplo, puede cambiar la alineación o el tipo de línea de relleno. (Para mayor información sobre el cuadro de diálogo Tabulaciones, vea el recuadro de la página 106.)

1. Oprima Ctrl+Fin para desplazarse al final del documento Formulario Gastos Viaje. Oprima Retorno un par de veces para agregar algo de espacio entre la parte superior del formulario y la tabla que va a crear.

2. Escriba *Varios (Efectivo):* y presione Retorno.

3. Haga clic en el botón Insertar tabla, oprima y mantenga presionado el botón izquierdo del ratón, y arrastre el puntero en la cuadrícula a lo largo de dos columnas y cinco filas.

4. En la primera celda escriba *Gasolina:*, presione Tab y luego haga clic en el botón Campo con texto, en la barra de herramientas Formularios.

5. Haga clic en el botón Opciones de campos de formulario y escoja: en Tipo, Número, y en Formato de número, la quinta opción (la que tiene el signo $). Haga clic en Aceptar.

6. Haga clic en la primera celda de la segunda fila; escriba *Estacionamiento:*. Presione la tecla flecha Abajo y escriba *Peajes:*. Oprima la tecla flecha Abajo y escriba *Taxi:*.

7. Ahora, copie el campo de formulario en la fila Gasolina y péguelo en la segunda columna de las filas Estacionamiento, Peajes y Taxi. Su tabla debe verse así:

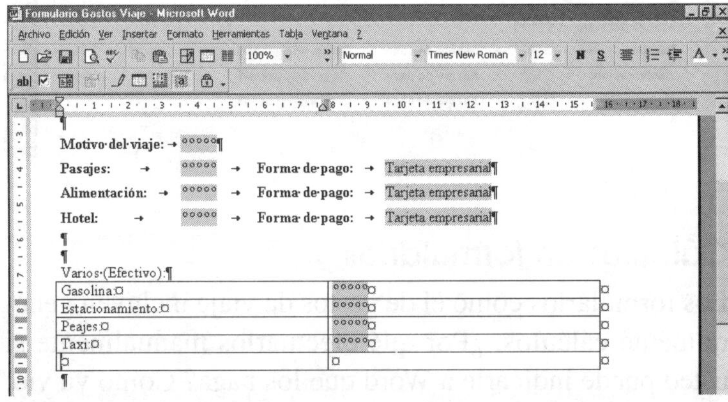

Agregue la fórmula que totalizará los gastos varios:

1. Haga clic en la primera celda de la última fila. Escriba *TOTAL:* y oprima Tab.

2. Haga clic en el botón Campo con texto, en la barra de herramientas Formularios, y luego haga clic en el botón Opciones de campos de formulario.

Insertar un campo de cálculo

3. En la lista desplegable Tipo, escoja Cálculo.

4. Haga clic en el cuadro de texto Expresión, después del signo igual (=), y escriba *SUMA(B1:B4)*. Esta expresión (fórmula) le indica a Word que debe totalizar los valores desde la primera hasta la cuarta celda de la segunda columna (B).

5. En la lista desplegable Formato de número, seleccione la quinta opción y luego haga clic en Aceptar.

Termine el formulario con un formato sencillo:

1. Seleccione el título que está sobre la tabla y haga clic en el botón Negrita.

2. Luego seleccione la primera columna de la tabla y haga clic en el botón Negrita.

3. Mueva el puntero hasta el borde entre la primera y la segunda columna; arrástrelo hacia la izquierda hasta la marca 3,5 cm, de manera que los campos de formulario en la tabla se alineen con los campos de formulario en la sección superior del formulario. Después reduzca el ancho de la segunda columna. El formulario se ve así:

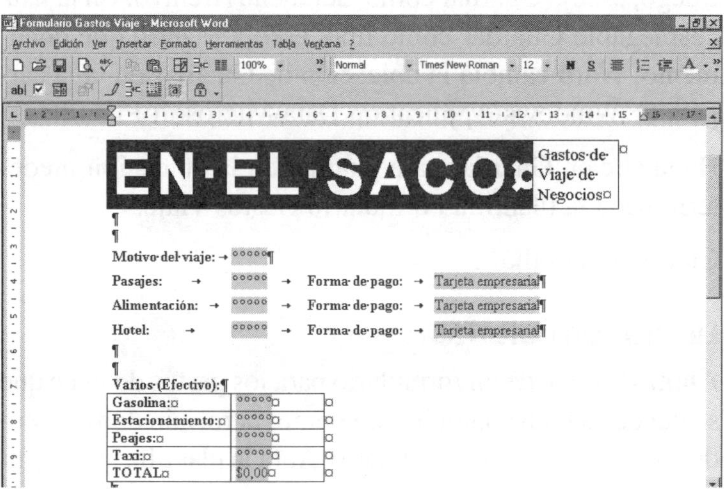

4. Antes de seguir adelante, guarde el formulario.

Guardar formularios como plantillas

Creado el formulario, va a guardarlo como una plantilla para luego, en cualquier momento, utilizarlo como lo hizo en el capítulo 3 con la plantilla del memorando (vea las páginas 68 y 69). Pero antes de que pueda guardar el formulario como una plantilla, debe *proteger* el documento de manera que solamente puedan cambiarse los campos, no las etiquetas ni la estructura. Proteja el documento Formulario Gastos Viaje:

1. Haga clic en el botón Proteger formulario, en la barra de herramientas Formularios.

2. Trate de insertar el puntero en el título o en las etiquetas, o en frente de una marca vacía de párrafo. Usted no podrá modificar el texto en el documento a menos que éste aparezca en un campo de formulario.

Guarde el documento como una plantilla, de manera que pueda llenarlo:

1. Cierre la barra de herramientas Formulario. Para ello, haga clic derecho sobre ella y retire la marca de Formularios, del menú contextual.

2. Luego, escoja Guardar como, del menú Archivo. En la lista desplegable Guardar como tipo, escoja Plantilla de documento. Word cambia la ubicación de Guardar en, a la carpeta C:\Windows\Application Data\Microsoft\Plantillas.

3. Haga clic en Guardar para guardar en la ubicación predeterminada la plantilla Formulario Gastos Viaje.

4. Cierre la plantilla.

Llenar formularios

Ahora dispone de un formulario para los gastos de viaje que se puede usar en cualquier momento; pero, aún debe aprender cómo funciona el formulario. Abra la plantilla para com-

---

pletar la información de un viaje a una feria en Lima. Siga estos pasos:

1. Escoja Nuevo, del menú Archivo, y en la pestaña General haga doble clic en el icono Formulario Gastos Viaje. Word abre el formulario y resalta el campo de formulario Motivo del viaje.

2. Primero guarde el documento. Para ello, escoja Guardar como, del menú Archivo; escriba *Gastos Feria Lima* y haga clic en Guardar.

3. En el campo Motivo del viaje escriba *Feria Lima* y presione Tab. Word pasa por encima de la etiqueta Pasajes y se detiene en su campo.

4. Escriba *520000* y oprima Tab. Word aplica automáticamente el formato de moneda al número, tal como usted se lo indicó anteriormente cuando creó el campo de formulario.

5. Para la compra del tiquete aéreo se utilizó la tarjeta de crédito empresarial; por lo tanto, oprima Tab para dejar este campo como está.

6. En el campo Alimentación escriba *220000*. Presione Tab, haga clic en la flecha a la derecha de Tarjeta empresarial, y seleccione Tarjeta personal, de la lista desplegable. Luego, oprima Tab.

7. Escriba *380500* en el campo Hotel, oprima Tab dos veces para dejar la forma de pago como está, y luego escriba los siguientes números en los campos de formulario correspondientes, oprimiendo Tab para moverse de un campo al otro:

Gasolina:	*65000*
Estacionamiento:	*35800*
Peajes:	*0*
Taxi:	*28800*

8. Oprima Tab nuevamente. Word se mueve al comienzo del documento, saltando el campo TOTAL, que contiene *$0,00*.

¿Significa esto que Word no ha efectuado el cálculo? No; simplemente usted no le indicó que actualizara el contenido del campo TOTAL. Para hacerlo podría ejecutar una macro en este campo, pero el tema de las macros está fuera del alcance de este libro (si le interesa, revise la ayuda de Word). Puede lograr el mismo resultado si hace un ajuste sencillo en el cuadro de diálogo Opciones e imprime el formulario; tome este camino, que es más fácil:

1. Escoja Opciones, del menú Herramientas, y haga clic en la pestaña Imprimir.

2. En la sección Opciones de impresión, seleccione la casilla de verificación Actualizar campos, y a continuación haga clic en Aceptar.

3. Escoja Imprimir del menú Archivo para imprimir el formulario. Después de imprimirlo, el número del campo calculado aparece en su pantalla. En la página 105 encontrará una muestra de un formulario impreso.

4. Guarde y cierre Gastos Feria Lima.

Personalizar plantillas de formulario

Ya aprendió a crear y llenar un formulario de Word, pero, ¿qué ocurre si quiere hacer otro formulario similar a uno existente? Es sencillo. Como demostración, personalizará rápidamente el formulario de gastos de viaje para crear un formulario con el fin de controlar los gastos de un plan de mercadeo:

Guardar una plantilla con un nombre nuevo

1. Escoja Nuevo, del menú Archivo, y en la pestaña General haga doble clic sobre Formulario Gastos Viaje.

2. Elija Guardar como, del menú Archivo, y escoja Plantilla de documento, de la lista desplegable Guardar como tipo. Word introduce Plantillas en el cuadro Guardar en.

3. Escriba *Formulario Gastos Plan Mercadeo* como nombre de la plantilla nueva de archivo, y haga clic en Guardar.

Ahora procederá a personalizar el formulario de los gastos para el plan de mercadeo. Siga estos pasos para conseguir ese propósito:

1. Haga clic derecho sobre cualquiera de las barras de herramientas y a continuación escoja Formularios, del menú contextual, para desplegar la barra de herramientas Formularios.

2. Haga clic en el botón Proteger formulario para desactivar la protección y personalizar los títulos y las etiquetas del formulario nuevo.

Desactivar la protección de un formulario

3. A continuación seleccione las palabras *Viaje de Negocios* en el encabezado del formulario y reemplácelas con las palabras *Plan de Mercadeo*. (Ajuste el ancho de la columna si es necesario.)

4. Luego, cambie *Motivo del viaje* por *Proyecto* y continúe cambiando las etiquetas, con los textos que aparecen en la lista siguiente:

Pasajes	*Radio*
Alimentación	*Impresos*
Hotel	*Revistas*
Varios (Efectivo)	*Gastos varios*
Gasolina	*Correo*
Estacionamiento	*Suministros*
Peajes	*Costos de diseño*

5. Cambie todas las etiquetas *Forma de pago* por *Condiciones pago*.

6. Seleccione la fila Taxi en la tabla, a continuación escoja Eliminar y luego elija Filas, del menú Tabla. El formulario se ve como el de la pantalla que está al inicio de la página siguiente:

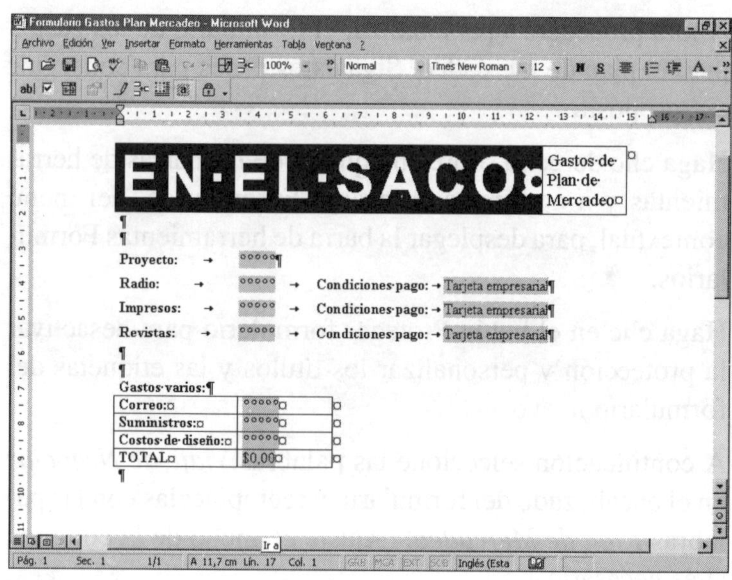

A continuación procederá a ajustar algunos campos del formulario:

Editar un campo de cálculo

1. Puesto que borró una fila de la tabla, haga doble clic sobre el campo de formulario TOTAL, cambie la referencia de las celdas en el cuadro de texto Expresión, de B1:B4 a B1:B3, y haga clic en Aceptar.

Editar un campo de formulario con lista

2. Haga doble clic sobre el campo de formulario Condiciones de pago y, con Tarjeta empresarial seleccionado en Elementos en la lista, haga clic en Quitar. Haga clic nuevamente en Quitar, de manera que borre de la lista Tarjeta personal.

3. En el cuadro de texto Elemento de la lista, escriba *Neto a 30 días*; haga clic en Agregar; escriba a continuación *Neto a 60 días*; haga clic en Agregar; escriba después *Neto a 90 días*; haga clic en Agregar, y finalmente haga clic en Aceptar.

4. Seleccione el segundo campo de formulario Condiciones de pago, y bórrelo. Luego, copie y pegue el primer campo de formulario Condiciones de pago, en el segundo campo Condiciones de pago.

5. Repita el paso 4 para actualizar el último campo de formulario Condiciones de pago.

6. Finalmente, haga doble clic en el campo de formulario Proyecto, haga clic en el botón Agregar ayuda y cambie *evento o conferencia* por *proyecto,* y a continuación haga dos veces clic en Aceptar, con el fin de cerrar ambos cuadros de diálogo.

7. Haga clic en el botón Proteger formulario y cierre la barra de herramientas Formularios. Ahora su formulario debe verse similar a éste:

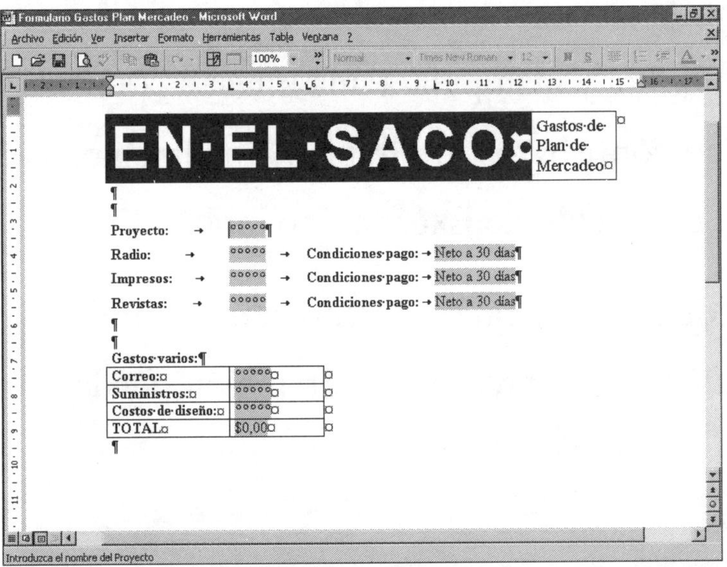

8. Guarde y cierre la plantilla.

9. Si lo desea, abra un documento nuevo basado en la plantilla Formulario Gastos Plan Mercadeo y luego trate de llenarlo.

Como aprendió, las tablas y los formularios le ofrecen dos formas de mostrar información creada en Word. En el siguiente capítulo verá diferentes maneras de utilizar, en sus documentos de Word, la información creada en otros programas.

Más efectos visuales

Utilizará WordArt para crear texto elaborado a medida que desarrolla una plantilla con membrete y otra con un diseño vertical. Luego importará y manipulará una imagen. También hará un gráfico con Microsoft Graph y, finalmente, importará una hoja de cálculo de Excel como tabla.

La plantilla con el diseño vertical que creará aquí se utilizará para un comunicado de prensa, pero también puede usar este tipo de diseño para boletines informativos, invitaciones y anuncios.

...los y conceptos tenidos en cuenta:

...orte imágenes
...orativas

...nunciar que la **Serie Sacos**
...nea de sacos de dormir, está
...roducción. Gracias al duro
... desarrollo, el producto se
... tiempo previsto. El uso del
..."ill" contribuye a hacer los
...os. Muchos almacenes han
...lores sacos de dormir aptos

...nciar que la **Serie Sacos**
... de sacos de dormir, está
...n. Gracias al duro trabajo de
...el producto se terminó de

Adorne sus documentos
con letras capitales

Coloque una imagen "detrás" del
texto a manera de marca de agua

...rmación que solicitó:

Color	Precio base
Verde	$150.800
Azul	$240.500
Rojo	$350.000

...BRUTAS SACOS DE DORMIR GLACIAR Julio – Diciembre 2005 Valores en miles de $		
Glaciar 1000	Glaciar 2000	Glaciar 3000
35.100,50	45.505,45	57.800,50
32.450,15	42.400,70	52.000,30
40.600,35	61.250,00	68.520,10
52.700,40	70.320,20	89.630,00
67.350,00	89.850,30	102.960,85
102.010,60	106.950,95	119.320,35
330.212,00	416.277,60	490.232,10
55.035,33	69.379,60	81.705,35

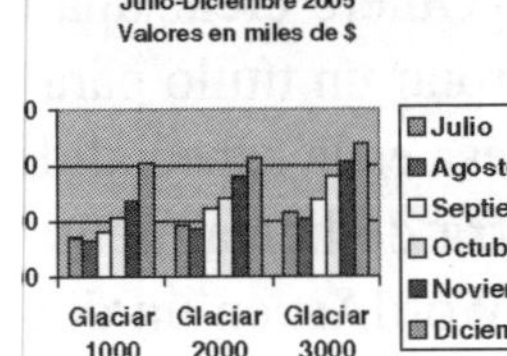

UTILIDADES GLACIAR 2005 Valores en miles de $			
	3er trimestre	4to trimestre	Total
	525.480,00	711.241,70	1.236.721,70
...entas	130.686,90	195.245,80	325.932,70
...ercadeo	63.562,30	80.108,60	143.670,90
...rales	87.124,00	160.217,50	247.341,50
Gastos totales	281.373,20	435.571,90	716.945,10

Haciendo los ejemplos del capítulo anterior descubrió las opciones de Word para dar formato y combinar distintos formatos en la creación de documentos de aspecto profesional. Sin embargo, en algunas ocasiones las necesidades de un documento en particular exceden las capacidades de Word. Es en esos momentos cuando necesita la ayuda de otras aplicaciones.

En este capítulo comenzaremos por mostrarle cómo crear efectos especiales con texto y cómo incorporar imágenes en los documentos de Word. Luego, aprenderá a hacer gráficos para presentar visualmente las cifras. Y para aquellas ocasiones en las que introdujo su información en una hoja de cálculo o en una base de datos y no desea escribirla nuevamente en Word, le mostraremos cómo importar una hoja de cálculo o una base de datos como una **tabla de Word**.

Texto como imágenes

En los capítulos anteriores aprendió algunas maneras de dar formato al texto para hacerlo más atractivo visualmente. Pero, en ocasiones, este tipo de formato no es lo suficientemente llamativo. En esta sección conocerá un par de técnicas para darles más dinamismo a los documentos. Luego, podrá ensayar por su cuenta diferentes maneras de combinar efectos para crear la apariencia que desea.

Crear efectos especiales con WordArt

¿Quiere crear una ola de texto a lo ancho de la página o rotar un título para llamar la atención de la gente? Bueno, ésa es la especialidad del botón Insertar WordArt de la barra de herramientas Dibujo. Al incorporar un objeto de WordArt en un documento, le da una apariencia atractiva que puede manejar casi cualquier tipo de impresora.

Crear una plantilla con membrete

En el primer ejemplo ensayará a crear un membrete con WordArt. Siga estos pasos:

Trabajar con objetos

Un objeto es cualquier elemento dentro del documento, que puede manipularse independientemente del texto. Puede ser un bloque de texto, una imagen, una tabla, un gráfico, etc. Incorpore objetos a un documento de tres maneras: (1) Copie y pegue el objeto, en cuyo caso la copia se convierte en parte integral del documento y se almacena junto con él. (2) Incruste el objeto en el documento; en este caso se almacena junto con el documento, pero conserva información acerca de la aplicación en que fue creado. Si desea modificarlo, haga doble clic sobre él, y el objeto se abrirá en la aplicación en la que originalmente se creó; haga los cambios necesarios y cierre la aplicación para regresar nuevamente al documento con los cambios del objeto en su lugar. (3) Vincule el objeto al documento, en cuyo caso éste existe en un archivo separado, pero se muestra en el documento. Cualquier cambio que efectúe al objeto se reflejará en el documento que lo contiene. (Vea el recuadro en la página 164 para mayor información acerca de los métodos incrustar y vincular.)

1. Abra un documento nuevo y haga clic en el botón Dibujo, de la barra de herramientas Estándar, para desplegar la barra de herramientas Dibujo a lo largo de la parte inferior de la pantalla. (Si no está en vista Diseño de impresión, Word se pasa a esta vista.)

Botón Dibujo

2. Oprima Retorno y luego la tecla flecha Arriba.

3. Haga clic en el botón Insertar WordArt, de la barra de herramientas Dibujo, para desplegar el cuadro de diálogo Galería de WordArt:

Botón Insertar WordArt

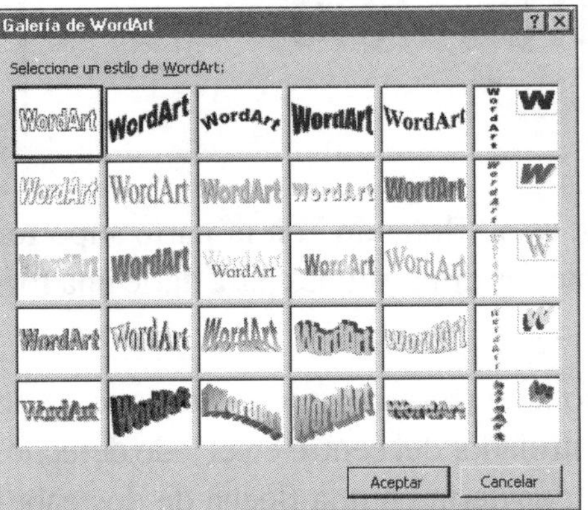

4. Haga clic en la segunda opción de la cuarta fila, y luego en Aceptar, para mostrar este cuadro de diálogo:

5. Escriba *EN EL SACO*, cambie la fuente a Arial y haga clic en Aceptar.

La barra de herramientas WordArt

Hay una variedad de botones en la barra de herramientas WordArt. El botón Modificar texto le permite cambiar el texto de WordArt, la fuente o el tamaño. Modifique el estilo haciendo clic en el botón Galería de WordArt. Para cambiar el color, el tamaño, la posición o la forma como el texto corriente se ajusta automáticamente alrededor del objeto de WordArt, haga clic en el botón Formato de WordArt. Los demás botones le permiten alterar la forma, la rotación, el ajuste automático de líneas, el tamaño, la orientación, la alineación y el espacio entre los caracteres del objeto de WordArt. También puede cambiar la forma del objeto, arrastrando hacia arriba o hacia abajo el pequeño diamante amarillo que aparece a su izquierda. A medida que lo arrastra, la línea punteada muestra la forma aproximada que tomará el objeto una vez que suelte el botón del ratón.

6. Cierre la barra de herramientas WordArt. Su pantalla se verá así:

El objeto de WordArt está "flotando" en la parte superior del documento. Cambie sus dimensiones para darle una forma más triangular:

Modificar el tamaño de un objeto de WordArt

1. Con el objeto seleccionado (rodeado por controladores de tamaño), apunte al controlador del centro en el lado derecho. Cuando el puntero se convierta en una flecha de dos cabezas, arrástrelo hacia la izquierda aproximadamente 2,5 cm.

2. Luego, arrastre hacia abajo el controlador del centro de la parte inferior, aproximadamente 1,5 cm. El objeto de WordArt se ve más o menos así:

No está mal para empezar. A continuación centre el objeto de WordArt en la parte superior de la página y agregue una dirección debajo del nombre de la compañía:

Posicionar un objeto
de WordArt

1. Apunte al texto de WordArt, y cuando el puntero se convierta en una flecha de cuatro cabezas, arrástrelo hasta que su base se encuentre cerca de la marca 3 cm, de la regla vertical, y su parte superior esté cerca de la marca 8 cm, de la regla horizontal.

2. Presione Ctrl+Fin y oprima Retorno hasta que el punto de inserción se encuentre aproximadamente a 0,5 cm por debajo del objeto de WordArt. Luego, haga clic en botón Centrar, de la barra de herramientas Formato.

3. Escriba *Bodega 5 - Zona Franca de Fontibón, Santafé de Bogotá, Colombia.* Luego, oprima Retorno nuevamente para agregar una línea en blanco.

4. Seleccione el texto de la dirección, cambie el tamaño de la fuente a 11 puntos y luego haga clic en el botón Negrita.

5. Si es necesario, ajuste con más precisión la posición del objeto de WordArt, de manera que esté centrado sobre la dirección. He quí los resultados:

Objetos flotantes

Por valor predeterminado, Word inserta el texto WordArt como un objeto "flotante" sobre una capa de dibujo separada, de manera que pueda posicionarlo con exactitud en el sitio que desea. De igual manera, el objeto se fija al párrafo que contenía el punto de inserción cuando lo creó y, por lo tanto, se moverá junto con ese párrafo. Para controlar cómo interactúa un objeto con el texto de su documento, haga clic en el botón Formato de WordArt, en la barra de herramientas WordArt; luego escoja la pestaña Diseño, en el cuadro de diálogo Formato de WordArt, y especifique un estilo de ajuste. Puede especificar que el ajuste sea en línea con el texto, cuadrado, estrecho, detrás y delante de un objeto. Si hace clic en el botón Avanzado, Word muestra el cuadro de diálogo Diseño avanzado. En la pestaña Posición de la imagen, puede retirar la marca de la casilla Mover objeto con texto, para eliminar el vínculo entre el objeto y su párrafo.

Agregar bordes a las páginas

Para algunos documentos puede ser apropiado agregar un borde alrededor de cada página. Para hacerlo, escoja Bordes y sombreado, del menú Formato, y luego elija la pestaña Borde de página. Seleccione las opciones que desee y haga clic en Aceptar. Puede escoger entre muchos estilos de bordes de la lista desplegable Arte. (Es posible que Word le indique que debe instalar esta opción.) Si desea que el borde aparezca únicamente en un lado de la página, elija Personalizado, en la sección Valor, y luego, en el cuadro Vista previa, haga clic en el sitio donde desea que aparezca el borde. Si quiere que el borde aparezca únicamente en una página o sección particular de un documento, elija la opción apropiada, de la lista desplegable Aplicar a. Si quiere especificar la ubicación exacta del borde de una página, haga clic en el botón Opciones y escriba los valores apropiados en el cuadro de diálogo Opciones de borde y sombreado. Para borrar el borde de una página, escoja la pestaña Borde de página, en el cuadro de diálogo Bordes y sombreado, y elija Ninguno, en la sección Valor.

Puesto que posiblemente En El Saco use este membrete con frecuencia, guárdelo como plantilla. Siga estos pasos:

1. Escoja Guardar como, del menú Archivo.

2. En el cuadro de diálogo Guardar como, seleccione Plantilla de documento, de la lista desplegable Guardar como tipo, escriba *Membrete* en el cuadro Nombre de archivo, y haga clic en el botón Guardar. Luego cierre la plantilla nueva.

Crear una plantilla con un diseño vertical

Continúe y haga algo más complejo. Usará WordArt y la barra de herramientas Dibujo para diseñar la plantilla de diseño vertical para En El Saco, dejando espacio al lado derecho para insertar un comunicado de prensa.

1. Haga clic en el botón Nuevo, en la barra de herramientas Estándar, para abrir un documento nuevo.

2. Componga la página en columnas, de manera que tenga el diseño a la izquierda y el texto a la derecha. Para ello, haga clic en el botón Columnas y arrastre el puntero hasta seleccionar dos columnas.

3. Luego, escoja Salto del menú Insertar, seleccione Salto de columna y haga clic en Aceptar para mover el punto de inserción al comienzo de la segunda columna.

4. Haga clic en el botón Insertar WordArt, de la barra de herramientas Dibujo, seleccione la última opción en la primera fila, y haga clic en Aceptar.

5. Escriba *EN EL SACO*, cambie la fuente a Arial y el tamaño del texto a 96 puntos y haga clic en el botón Negrita. Haga clic en Aceptar para volver a su documento.

6. Cierre la barra de herramientas WordArt.

Mueva el objeto de WordArt a la posición deseada en el documento:

1. Mueva el puntero sobre el objeto de WordArt y cuando se convierta en una flecha de cuatro cabezas, arrástrelo hacia la izquierda de la página y luego hacia abajo, aproximada-

mente a 2 cm del borde superior, como se muestra a continuación:

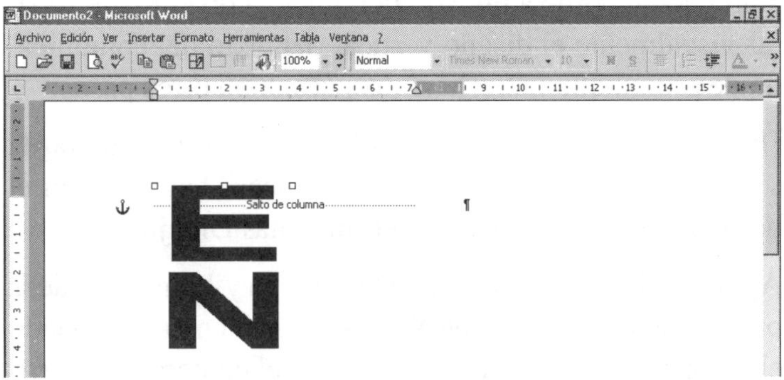

2. Desplácese hacia la parte inferior de la página y arrastre el controlador inferior central hacia abajo. Suelte el botón del ratón cuando el margen inferior sea de aproximadamente 2,5 cm.

3. Haga clic en el botón Vista preliminar y observe:

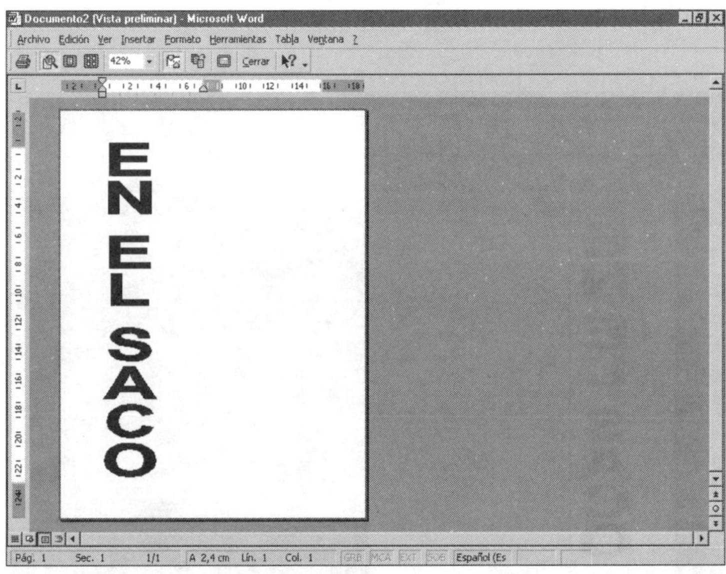

4. Haga clic en el botón Cerrar para regresar a vista Diseño de impresión, haga los ajustes que considere necesarios y lue-

Insertar símbolos especiales

Usted puede utilizar símbolos especiales en un documento para atraer la atención del lector. Para insertar un símbolo especial, coloque el punto de inserción donde desea colocar el símbolo, escoja Símbolo, del menú Insertar, y elija una fuente (Wingdings es una buena elección si busca imágenes pequeñas y atractivas). Después, haga clic en el símbolo que desea utilizar, haga clic en Insertar, y luego en Cerrar. Si con frecuencia usa el mismo símbolo, puede crear un método abreviado de teclado para el símbolo: haga clic en el botón Teclas, en el cuadro de diálogo Símbolo, y especifique un método abreviado que comience con Ctrl o Alt o con una combinación de ambas teclas.

go guarde el documento como una plantilla llamada *Cabecera*. (De ahora en adelante guárdelo con frecuencia.)

Agregue un borde a un lado del objeto, con el fin de separar visualmente el diseño vertical del texto del comunicado de prensa que adicionará después. Siga estos pasos:

Botón Línea

1. Haga clic en cualquier parte del documento para quitar la selección del objeto de WordArt. Luego, haga clic en el botón Línea, de la barra de herramientas Dibujo.

2. Apunte más o menos 0,5 cm a la derecha y 1 cm abajo de la parte inferior del texto de WordArt, mantenga presionado el botón izquierdo del ratón y arrastre el puntero hacia arriba, hasta aproximadamente 1 cm por encima del borde superior del texto de WordArt. (Si la línea está torcida, simplemente mueva el ratón hacia la izquierda o la derecha para enderezarla.) Luego, suelte el botón del ratón.

Botón Estilo de línea

3. Con la línea aún seleccionada, haga clic en el botón Estilo de línea, de la barra de herramientas Dibujo, y escoja de la lista de opciones la línea de $1\frac{1}{2}$ pto. En Vista preliminar la plantilla se ve así:

Modificar objetos de WordArt

Si desea hacer cambios a un objeto de WordArt después de haberlo insertado en un documento, haga doble clic sobre él para desplegar el cuadro de diálogo Modificar texto de WordArt, junto con la barra de herrramientas WordArt. Luego, puede cambiar el texto o usar los botones del cuadro de diálogo para hacer los ajustes. Cuando termine, haga clic Aceptar, para regresar a su documento. Mientras el objeto de WordArt esté seleccionado, puede hacer los ajustes usando los botones de la barra de herramientas WordtArt (vea el recuadro en la página 141).

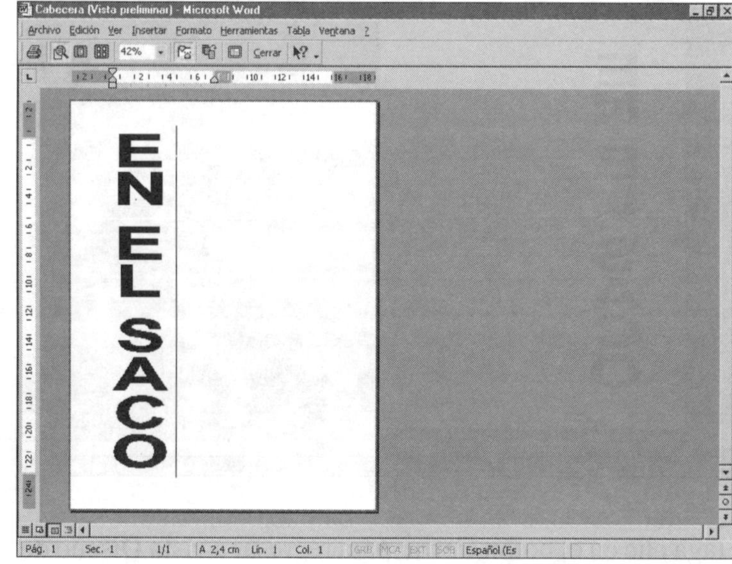

4. En caso de que necesite alargar o acortar la línea, apúntele al controlador superior o inferior y arrástrelo en la dirección apropiada.

Ahora agregue algún texto de prueba a la plantilla del comunicado de prensa. (Cuando desee crear un comunicado de prensa nuevo basado en esta plantilla, usted simplemente debe reemplazar este texto.) Siga estos pasos:

1. Primero ajuste el tamaño de la columna del diseño vertical. Apunte a la marca de la columna, en la regla, y cuando el puntero se transforme en una flecha de dos cabezas, arrastre la marca hacia la izquierda, hasta que la línea vertical punteada se alinee con la línea que acaba de dibujar.

2. Haga clic en la segunda columna.

3. Abra el documento Memorando Glaciar (el que creó en el capítulo 3), haga clic en su botón Restaurar (en el extremo derecho de la barra de título de Word) y cambie el tamaño de la ventana, de manera que ocupe solamente la mitad de la pantalla.

Copiar texto usando un "recorte"

4. A continuación cambie el tamaño de la ventana del documento Cabecera, de manera que parte del escritorio de Windows esté visible.

5. Active la ventana Memorando Glaciar, seleccione el primer párrafo del texto y arrástrelo hacia el escritorio. Cuando aparezca un signo más debajo del puntero, suelte el bo-

Marcadores

Si utiliza con frecuencia una parte del texto en un documento, puede ser útil crear un marcador para ir con facilidad a ese texto. Haga clic al comienzo del texto y escoja Marcador, del menú Insertar. Escriba un nombre, en el cuadro de diálogo Marcador, y haga clic en Agregar. Cuando necesite moverse al texto, seleccione Ir a, del menú Edición, escoja Marcador, de la lista Ir a, elija el nombre del marcador de la lista desplegable Nombre del marcador, haga clic en el botón Ir a, y luego haga clic en Cerrar.

tón del ratón. Word crea un icono de documento "recorte", que representa una copia del texto, como se muestra a continuación:

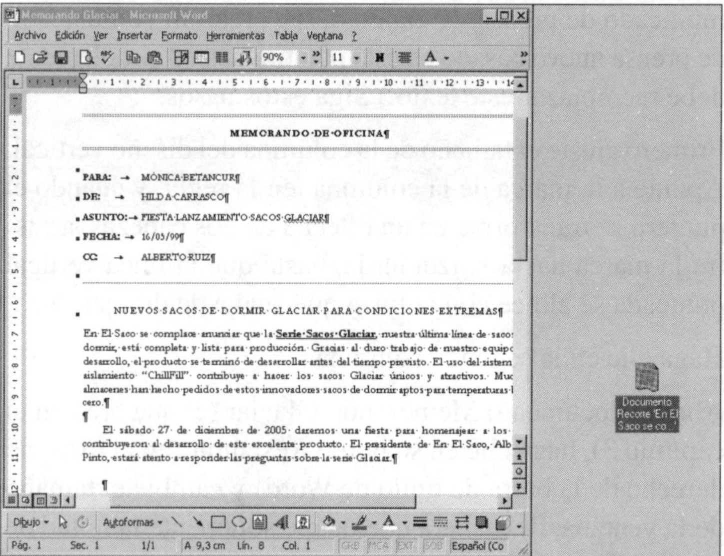

6. Cierre el documento Memorando Glaciar, y luego arrastre el icono del recorte del documento desde el escritorio hasta el frente de la marca de párrafo, en la segunda columna de la plantilla con el diseño vertical. Word inserta el texto en el documento.

7. Maximice el tamaño de la ventana. Luego, seleccione el párrafo recién insertado y la marca de párrafo al final, cambie el tamaño de la fuente a 12 puntos y haga clic en el botón Copiar.

8. Oprima Retorno para insertar una marca adicional de párrafo y a continuación haga clic en el botón Pegar.

9. Haga clic dos veces más en el botón Pegar, de manera que tenga cuatro párrafos, tal como se muestra en la pantalla de la página siguiente (redujimos el tamaño a 50% para mostrar todos los párrafos):

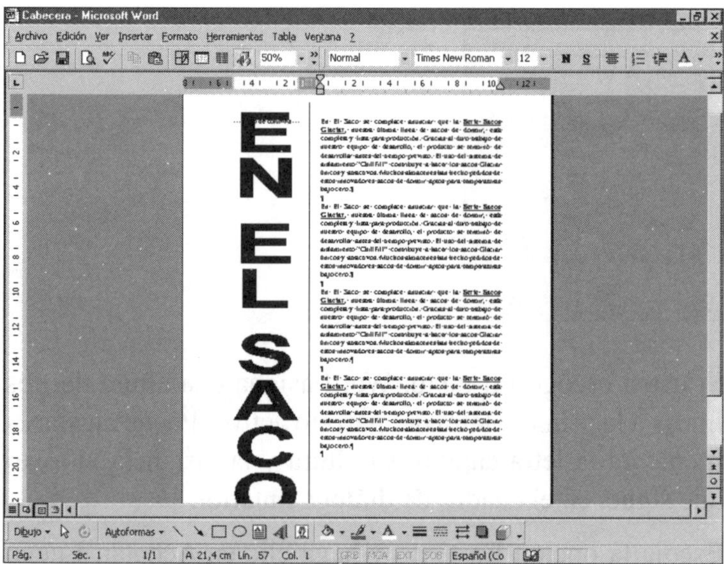

10. A continuación guarde la plantilla pero todavía no la cierre. Por último, oculte la barra de herramientas Dibujo para que aprecie mejor el resultado de su trabajo.

Agregar una letra capital

Una forma sencilla de agregar un toque elegante de diseño a un documento es usar el formato *letra capital*. Como habrá notado, las letras capitales se usan al inicio del primer párrafo de cada capítulo de este libro. Las letras capitales pueden ayudar a realzar boletines informativos, reportes y otros documentos que reciben escrutinio público. Inserte una letra capital en el primer párrafo del comunicado de prensa. Para ello, siga los pasos que se indican a continuación:

1. Haga clic a la izquierda del primer párrafo y a continuación oprima Retorno para agregar algo de espacio al comienzo.

2. Escoja Letra capital, del menú Formato, para desplegar el cuadro de diálogo que aparece en la parte superior de la página siguiente:

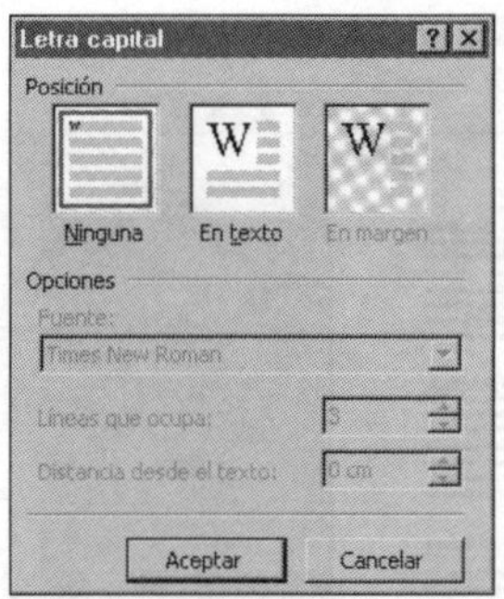

Si usted escoge En texto, Word asigna una altura de tres líneas a la primera letra del párrafo activo. Puede ajustar la fuente de la letra capital, su altura y la distancia al texto que sigue, en el cuadro de diálogo anterior.

3. Escoja la opción En texto y haga clic en Aceptar. Luego haga clic en cualquier parte del primer párrafo, el cual debe verse así:

Importar imágenes

Imágenes prediseñadas

Word 2000 trae una colección de archivos de imágenes prediseñadas apropiadas para varios tipos de documentos. Como ejemplo, colocará la misma imagen en la parte superior e inferior del comunicado de prensa. Siga este procedimiento:

1. Haga clic a la izquierda de la marca del párrafo en blanco, al comienzo del texto del comunicado de prensa, oprima una vez Retorno para agregar un poco más de espacio, y luego presione una vez la tecla flecha Arriba.

2. Escoja Imagen y luego Imágenes prediseñadas, del menú Insertar, para desplegar la ventana Insertar imagen prediseñada, como se muestra a continuación:

Insertar una imagen

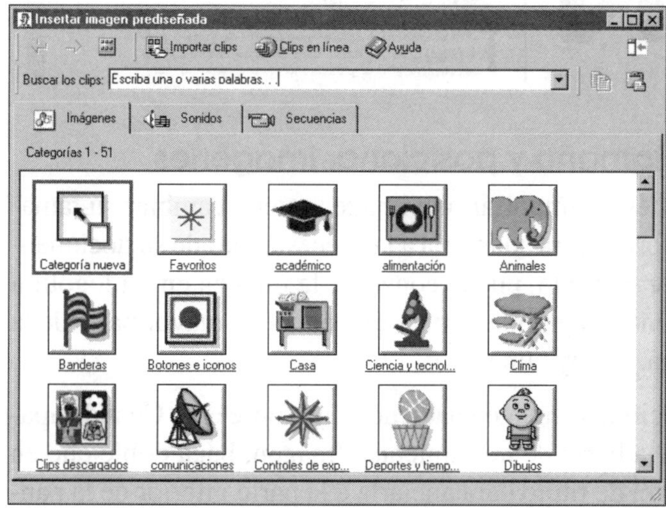

3. Desplácese por las categorías, y elija Naturaleza.

4. Desplácese por las vistas previas, escoja las montañas con la bandera, y haga clic en el botón Insertar clip.

Botón Insertar clip

Imágenes en línea

A diferencia de los objetos de WordArt, de manera predeterminada las imágenes no están en una capa de dibujo separada sino incrustadas directamente en el documento, en el sitio donde está el punto de inserción. Para convertir una imagen en línea en una imagen flotante, selecciónela, despliegue el cuadro de diálogo Formato de imagen, y en la pestaña Diseño escoja un estilo de ajuste diferente de En línea con el texto.

5. Cierre la ventana para ver la imagen en la parte superior de la plantilla, como se observa a continuación:

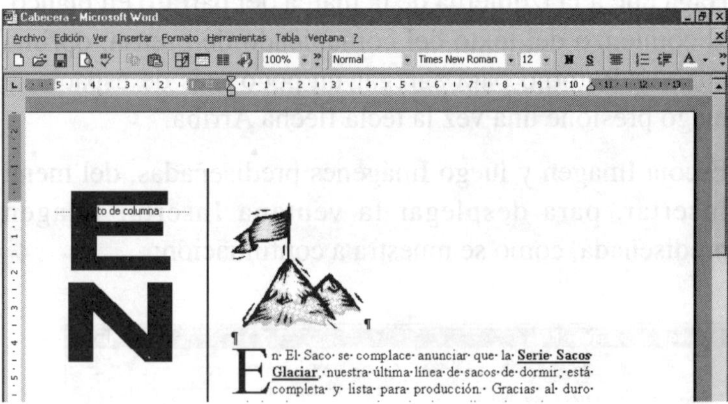

Dar tamaño y posicionar imágenes

Después de importar una imagen puede cambiar su tamaño y forma para adaptarla a las necesidades de su documento. Por ejemplo, puede convertir la imagen en un logotipo pequeño, o agrandarla para que ocupe la mayor parte de la página. Ensaye un poco:

1. Seleccione la imagen haciendo clic sobre ella. Cuando aparezca la barra de herramientas Imagen, haga doble clic en su barra de título para anclarla a la parte inferior de la pantalla.

2. Para aumentar el tamaño de la imagen, apunte al controlador de la parte inferior en el lado derecho, y cuando el puntero se convierta en una flecha de dos cabezas, arrástrelo hacia abajo, a la derecha.

Si arrastra los controladores de las esquinas, cambia el tamaño de la imagen sin alterar su proporción; si lo hace del centro de los lados del marco, sí la modifica. Puede controlar la proporción ancho/alto de forma más precisa desde un cuadro de diálogo, así:

1. Con la imagen seleccionada, haga clic en el botón Formato de imagen, en la barra de herramientas Imagen. Cuando

---

Dibujos propios

Puede crear dibujos sencillos en Word. Haga clic en el botón Dibujo, en la barra de herramientas Estándar, para activar en la parte inferior de la pantalla la barra de herramientas Dibujo. Utilice los botones Línea, Flecha, Rectángulo y Elipse para dibujar las formas. También puede hacer clic en Autoformas, para desplegar un menú de opciones que le permite crear una variedad de formas más complejas. Use los otros botones para manipular sus dibujos en varias maneras; por ejemplo, modifique su color y orientación.

Word muestre el cuadro de diálogo Formato de imagen, haga clic en la pestaña Tamaño para ver estas opciones:

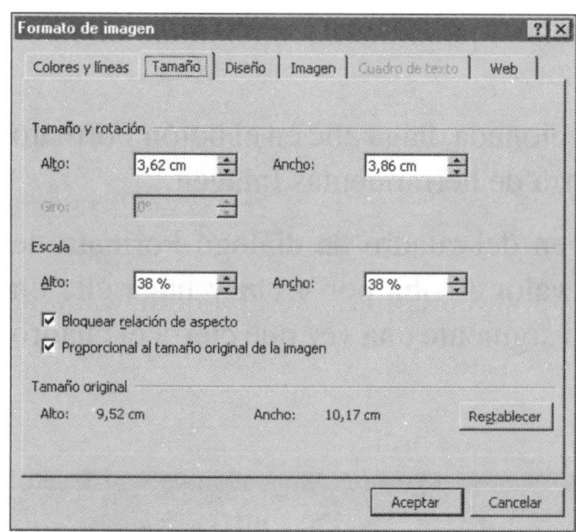

2. En la sección Escala, retire la marca de la casilla Bloquear relación de aspecto. Luego, cambie el valor Alto por 60% y el valor Ancho por 30%, y haga clic en Aceptar. Aquí está el resultado:

Si quiere usar solamente una parte de la imagen, puede cambiar el tamaño del marco que la contiene sin modificar las dimensiones de la imagen en sí. Este ajuste produce el efecto de "recortar" las partes de la imagen que no quiere que se vean. Siga estos pasos:

Recortar una imagen

1. Con la imagen seleccionada, haga clic en el botón Formato de imagen, de la barra de herramientas Imagen.

2. En la pestaña Imagen del cuadro de diálogo Formato de imagen, cambie el valor Arriba por *4 cm* y haga clic en Aceptar. Usted ve lo siguiente una vez que cierra el cuadro de diálogo:

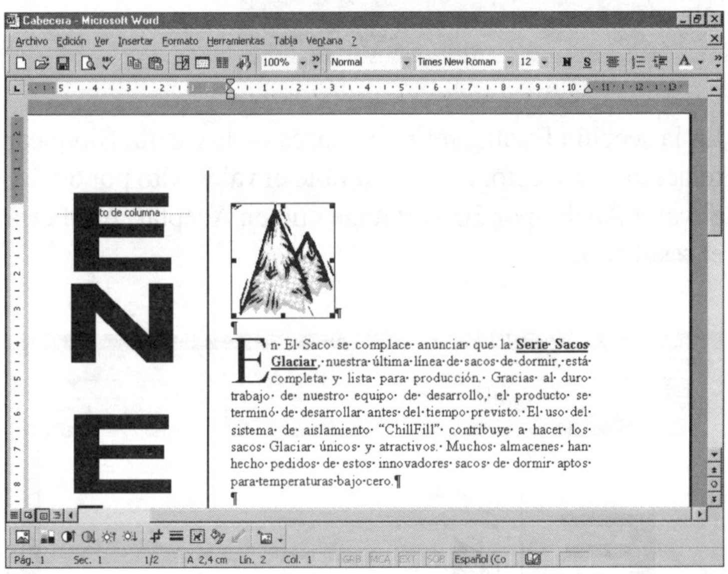

Botón Recortar

También puede usar el botón Recortar, de la barra de herramientas Imagen, para editar imágenes. Seleccione la imagen, haga clic en el botón Recortar, y use la herramienta de corte para arrastrar el controlador apropiado y cambiar el tamaño del marco de la imagen. Haga clic nuevamente en el botón Recortar para desactivar la herramienta de corte.

3. Haga clic en el botón Restablecer imagen, de la barra de herramientas Imagen, para recuperar la imagen original sin recortes y sin escalas.

Botón Restablecer imagen

Ahora trabaje con más precisión en el tamaño y la posición de la imagen:

1. Haga clic en el botón Formato de imagen, de la barra de herramientas Imagen, y escoja la pestaña Tamaño; escriba los siguientes valores: Alto *2,2 cm* y Ancho *10 cm*.

2. Haga clic en la pestaña Diseño y cambie a Cuadrado el valor en Estilo de ajuste. (Para indicar una posición absoluta de la imagen en la página, debe seleccionar un estilo distinto de En línea con el texto, de manera que la imagen sea un objeto flotante.) Luego, haga clic en el botón Avanzado para desplegar el cuadro de diálogo Diseño avanzado. En la pestaña Posición de la imagen, introduzca *5 cm* y Margen como Posición absoluta, en la sección Horizontal; luego introduzca *-1,2 cm* y Margen como Posición absoluta en la sección Vertical. Haga clic en Aceptar.

3. En la pestaña Imagen escriba *0,7 cm* como valor en Izquierda y *4 cm* como valor en Arriba. Luego, haga clic en Aceptar para volver al documento.

4. Si es necesario, ajuste manualmente el tamaño y la posición de la imagen.

Copiar imágenes

Por diversión, y también para adornar un poco la página, coloque la misma imagen en la parte inferior del comunicado de prensa empleando el sencillo procedimiento de copiar y pegar.

1. Con la imagen seleccionada, haga clic en el botón Copiar y luego en el botón Pegar.

2. Haga clic en el cuadro Zoom, escriba *40* y presione Retorno para cambiar el aumento a 40%.

Modificar imágenes

Para modificar una imagen que haya creado o insertado usando el comando Imagen, haga clic en la imagen con el fin de desplegar la barra de herramientas Imagen; luego, utilice los botones de la barra de herramientas Imagen para aplicar el efecto deseado; cuando termine, haga clic en cualquier parte fuera de la imagen.

3. Arrastre la copia nueva de la imagen debajo del texto del comunicado de prensa. Los resultados se muestran a continuación:

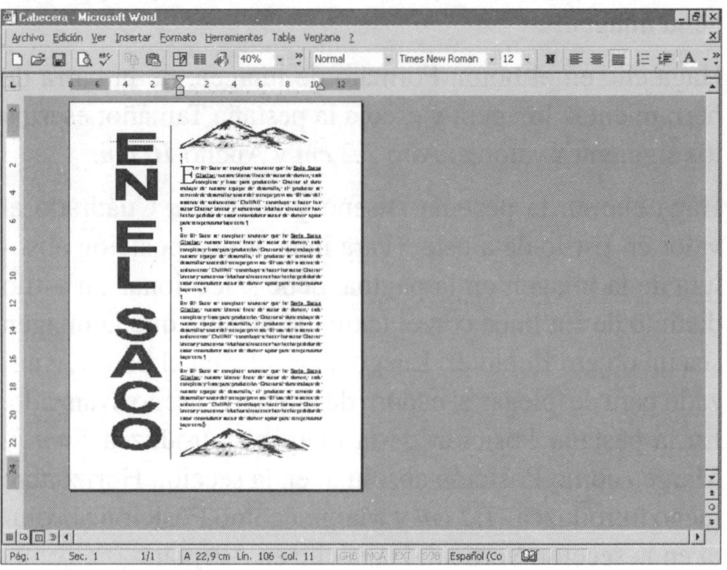

Usar imágenes como marcas de agua

Ahora agregue a la plantilla otra imagen que sirva como *marca de agua*. Una marca de agua es un logotipo, imagen o texto que aparece "detrás" de un documento. (Los diplomas y algunos certificados tienen generalmente marcas de agua.) En este ejemplo, usted insertará una marca de agua en la plantilla con el diseño vertical, de manera que aparezca en todas las páginas del documento. Siga estos pasos:

1. Regrese el aumento a 100% y escoja Encabezado y pie de página, del menú Ver.

2. Haga clic en el botón Mostrar u ocultar texto del documento, de la barra de herramientas Encabezado y pie de página. Word oculta el texto y las imágenes del comunicado de prensa.

Usar cuadros de texto

Para tener mayor flexibilidad en el manejo del texto, inserte un cuadro de texto en un documento y luego escriba directamente en él. Word trata los cuadros de texto como cualquier objeto; es decir, usted puede colocarlos en el lugar que desee en la página, y darles el tamaño que quiera. Para agregar un cuadro de texto, escoja Cuadro de texto, del menú Insertar, o haga clic en el botón Cuadro de texto, de la barra de herramientas Dibujo. Luego, mantenga oprimido el botón izquierdo del ratón mientras arrastra el puntero en forma de cruz. Cuando suelte el botón del ratón, Word dibujará un cuadro de texto con el punto de inserción dentro de él a la espera de que usted escriba el texto. Puede modificar el texto y formatearlo de la manera usual. También puede usar los botones de la barra de herramientas Dibujo para formatear el cuadro de texto, o escoger Cuadro de texto, del menú Formato, para ajustar su tamaño, posición o estilo de ajuste. Otra opción es utilizar los botones en la barra de herramientas Cuadro de texto para cambiar la dirección del texto, crear vínculos entre cuadros de texto y moverse entre cuadros vinculados.

3. Escoja Imagen y luego Imágenes prediseñadas, del menú Insertar, para desplegar la ventana Insertar imagen prediseñada, mostrada anteriormente en la página 151.

4. Desplácese a la categoría Controles de exploración, escoja el símbolo de la brújula, haga clic en el botón Insertar clip y cierre la ventana.

5. Haga doble clic en la imagen para abrir el cuadro de diálogo Formato de imagen.

6. En la pestaña Imagen, haga clic en la flecha al lado del cuadro de texto Color, en la sección Control de imagen, y escoja Marca de agua. Luego, cambie el valor en Contraste, a *50%*.

7. Seleccione la pestaña Diseño y escoja Detrás del texto. Luego, haga clic en el botón Avanzado, introduzca *6,7 cm* y Margen como el valor en Posición absoluta, en la sección Horizontal, y *7 cm* y Margen como el valor en Posición absoluta, en la sección Vertical. Haga clic en Aceptar.

8. En la pestaña Tamaño, en la sección Escala, cambie el valor Alto por *500%*. Haga clic en el valor Ancho, el cual se ajusta a *500%*. Haga clic en Aceptar. Su pantalla se verá parecida a ésta:

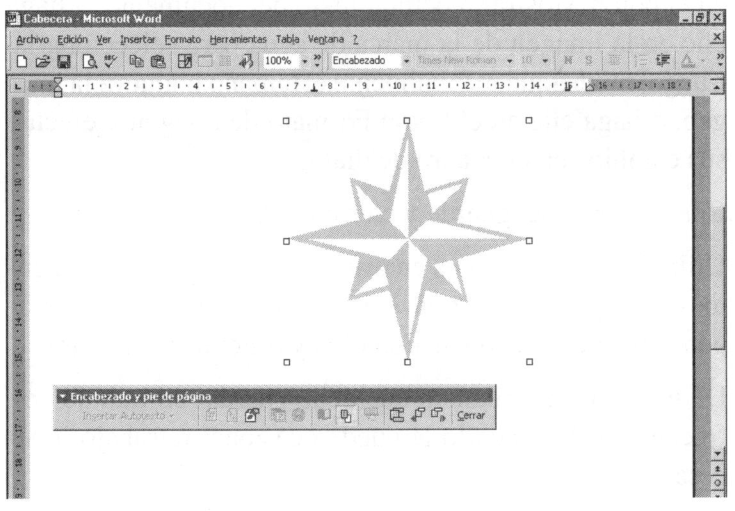

Agregar una marca de agua a una sola página

En nuestro ejemplo agregó una marca de agua al encabezado para que apareciera en todas las páginas del documento. Si desea agregar una marca de agua solamente a una página, inserte la imagen, haga clic en el botón Control de imagen, de la barra de herramientas Imagen, y escoja Marca de agua; luego, haga clic en el botón Ajuste del texto, y escoja Detrás del texto. Word convierte la marca de agua en una imagen flotante de manera que usted puede moverla y modificar su tamaño manualmente; también puede usar los valores del cuadro de diálogo Diseño avanzado para hacer ajustes más precisos.

9. Haga clic en el botón Cerrar, de la barra de herramientas Encabezado y pie de página, para regresar a la plantilla, y luego haga clic en el botón Vista preliminar para ver los resultados que mostramos a continuación:

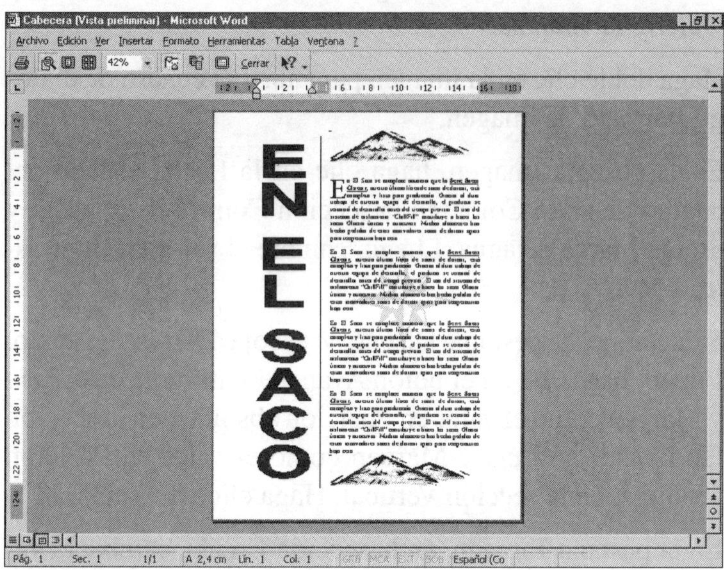

Ocultar imágenes

Insertar imágenes en un documento puede disminuir la velocidad de desplazamiento del texto. Con las imágenes en línea puede incrementar esa velocidad. Escoja Opciones, del menú Herramientas, elija la pestaña Ver, seleccione la casilla de verificación Marcadores de imagen, en la sección Mostrar, y finalmente haga clic en Aceptar. Word reemplaza las imágenes con marcadores (marcos vacíos). Repita este procedimiento a la inversa para desplegar nuevamente las imágenes.

Si necesita hacer ajustes adicionales a la marca de agua, regrese a la vista de encabezado y pie de página, haga clic en el botón Mostrar u ocultar texto del documento, y haga clic en la imagen de la marca de agua para seleccionarla. Luego, modifique manualmente el tamaño o mueva la imagen, o haga clic en el botón Formato de imagen y efectúe sus cambios en el cuadro de diálogo.

10. Cuando termine, guarde y cierre la plantilla.

Utilizó varias imágenes en este ejemplo. En los documentos que haga usted, es conveniente que limite el uso de imágenes para evitar congestionarlos y dificultar la lectura.

De nuevo le recordamos que debe guardar su trabajo con frecuencia. No hacerlo le puede ocasionar retrabajo innecesario.

Microsoft Graph

Con Word puede cortar o copiar diagramas y gráficos de otras aplicaciones y luego pegarlos en un documento de Word. Pero Word incluye además Microsoft Graph, una aplicación que le permite crear objetos gráficos basados en la información de un documento de Word. Ensaye usando parte de la tabla que creó en el memorando del capítulo 4. Siga estos pasos:

1. Abra el documento Memo Ventas y guárdelo como *Memo Ventas 2*.

2. Con el valor del Zoom en 100%, haga clic debajo de la tabla y oprima Retorno dos veces para agregar algo de espacio.

3. Seleccione las filas dos a ocho de la tabla — todo excepto el título y las filas de totales y promedios — y haga clic en el botón Copiar.

4. Escoja Objeto, del menú Insertar, para mostrar el siguiente cuadro de diálogo: 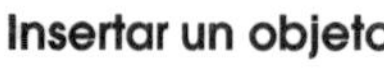

Insertar un objeto

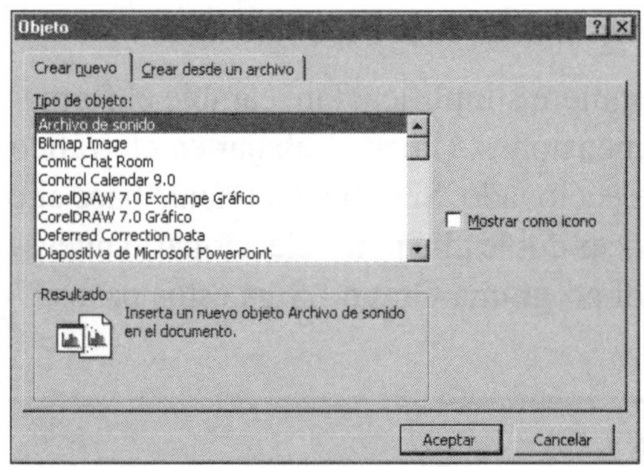

5. Desplácese por la lista de los tipos de objetos, la cual refleja los programas instalados en su computador

6. Seleccione Gráfico de Microsoft Graph 2000, y haga clic en Aceptar. Word carga Graph, el cual introduce los datos de la tabla en una hoja de datos y traza el gráfico con un

formato predeterminado, como se muestra a continuación. (La barra de menú de Graph, así como sus barras de herramientas Estándar y Formato, reemplazan las barras de Word en la parte superior de la ventana.)

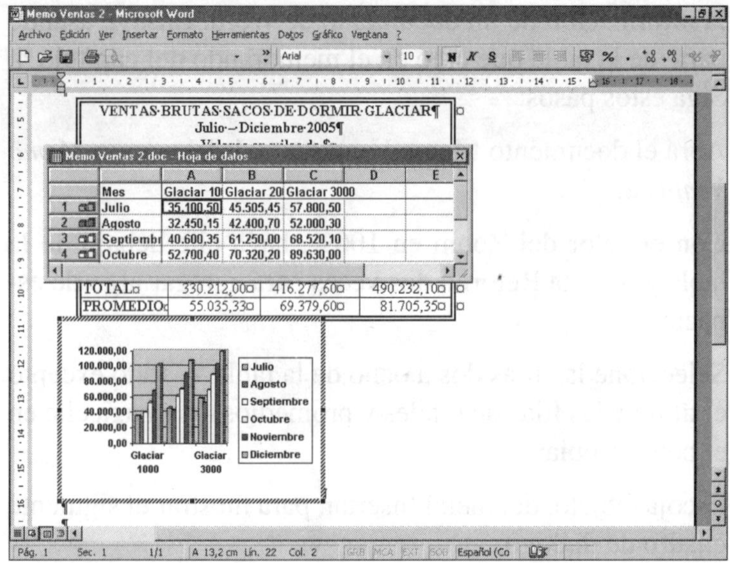

7. Haga clic en el botón Cerrar de la hoja de datos.

Como el gráfico requiere simplificación, cambie el formato de tres a dos dimensiones. (Puede trabajar en el gráfico sólo cuando está seleccionado. Si accidentalmente hace clic fuera de él, debe hacer doble clic para seleccionarlo nuevamente y reactivar el programa Graph.) Siga estos pasos:

Importar gráficos

Para importar a Word un gráfico creado con Microsoft Excel, éste debe estar guardado en su propio archivo. Escoja Objeto, del menú Insertar, y seleccione la pestaña Crear desde un archivo. Luego, haga clic en el botón Examinar, desplácese hasta el archivo del gráfico que desea abrir, y haga clic en Aceptar. Word inserta una copia del archivo en su documento. Para modificar el gráfico y activar Graph, debe hacer doble clic sobre él.

1. Para cambiar el tipo de gráfico, haga clic en la flecha a la derecha del botón Tipo de gráfico, de la barra de herramientas Estándar de Graph, para desplegar una paleta de opciones.

Botón Tipo de gráfico

2. Escoja la primera opción de gráfico de columnas, en la tercera fila, para cambiar el gráfico de 3-D a 2-D, como se muestra a continuación:

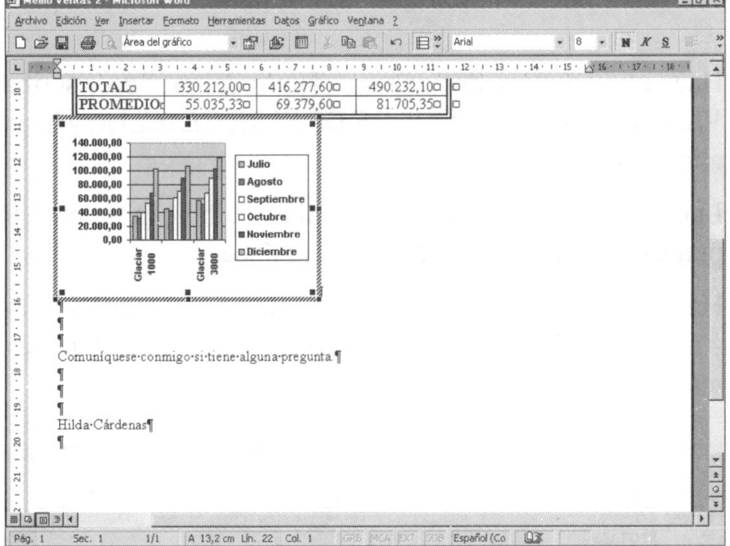

No está mal para comenzar, pero obviamente el gráfico requiere algunos ajustes. Para ver todos los rótulos en el eje de categorías (eje x), aumente un poco el tamaño de la ventana del gráfico. Ensaye esto:

1. Apunte a la esquina inferior derecha del gráfico, y cuando el puntero se convierta en una flecha de dos cabezas, arrastre el borde hacia abajo, a la derecha, hasta que el gráfico mida aproximadamente 10 x 6 cm y se vean todos los rótulos.

2. Ahora agregue un título y un subtítulo. Primero escoja Opciones de gráfico del menú Gráfico y, si es necesario, haga clic en la pestaña Títulos para mostrar las siguientes opciones:

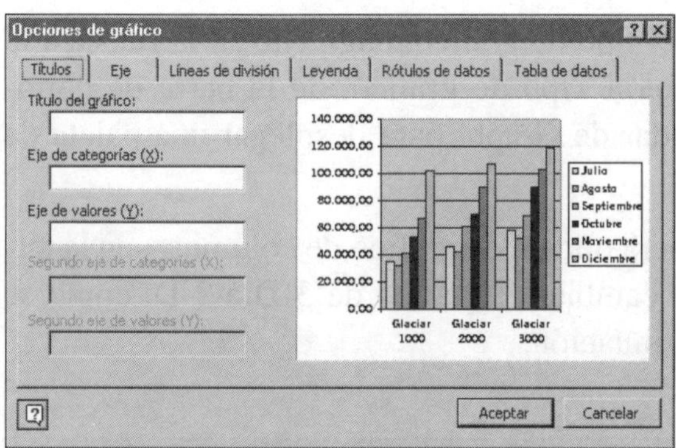

3. Haga clic en el cuadro de texto Título del gráfico, escriba *VENTAS BRUTAS SACOS DE DORMIR GLACIAR*, y haga clic en Aceptar.

4. Luego, seleccione el texto del título y cambie la fuente a 9 puntos, para que quepa en una sola línea.

5. Haga clic al final del título, oprima Retorno y escriba *Julio - Diciembre 2005*, presione Retorno y escriba *Valores en miles de $*. Ahora el gráfico se ve así:

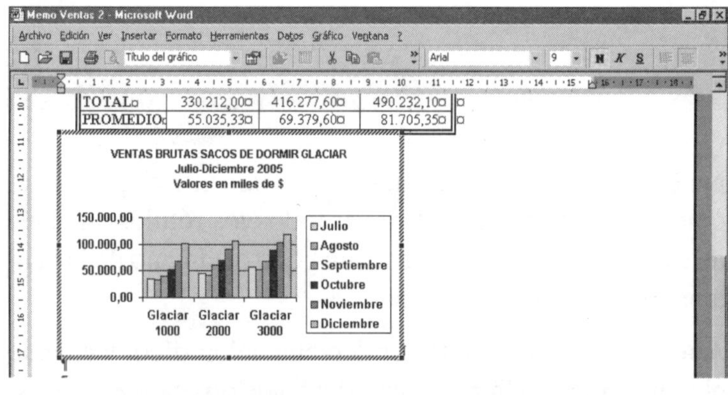

Agregar bordes a los objetos

Para agregar un borde a cualquier objeto, selecciónelo y escoja el comando Bordes y sombreado, del menú Formato. Dependiendo del tipo de objeto, Word muestra la pestaña Bordes, del cuadro de diálogo Bordes y sombreado (como ocurre en el ejemplo de la página siguiente), donde puede hacer su selección de la manera acostumbrada, o muestra la pestaña Colores y líneas, del cuadro de diálogo Formato de imagen. Aquí puede cambiar el color, estilo y grosor del borde.

6. Haga clic por fuera del marco del gráfico para cerrar Microsoft Graph y actualizar el gráfico en Memo Ventas 2.

Cuando regresa al documento en Word, ve que el gráfico está insertado debajo de la tabla, pero no exactamente en el sitio que quiere. Siga estos pasos para hacer unos ajustes adicionales:

1. Si es necesario, desplácese por la ventana hasta que vea las marcas de párrafos en blanco, debajo del gráfico. Luego, haga clic una vez en el gráfico para seleccionarlo, mantenga presionado el botón izquierdo del ratón y arrastre el punto de inserción sombreado hasta que esté al frente de la primera marca de párrafo debajo del gráfico. Cuando suelte el botón del ratón, el gráfico se moverá hacia abajo, a su nueva posición, y una marca de párrafo lo separará de la tabla.

◄──────── **Mover un gráfico**

2. Para alinear el gráfico con la tabla, asegúrese de que el gráfico esté aún seleccionado y arrastre el triángulo superior, en el extremo izquierdo de la regla horizontal, hasta la marca de $^1/_2$ cm.)

◄──────── **Alinear un gráfico**

El marco del gráfico no tiene borde. Agréguele uno rápidamente:

1. Con el gráfico seleccionado, escoja Bordes y sombreado, del menú Formato.

◄──────── **Agregar un borde a un gráfico**

2. Haga clic en Cuadro, en la sección Valor, seleccione la doble línea en Estilo, escoja *1¹/₂ pto* de la lista Ancho, y haga clic en Aceptar. Aquí están los resultados:

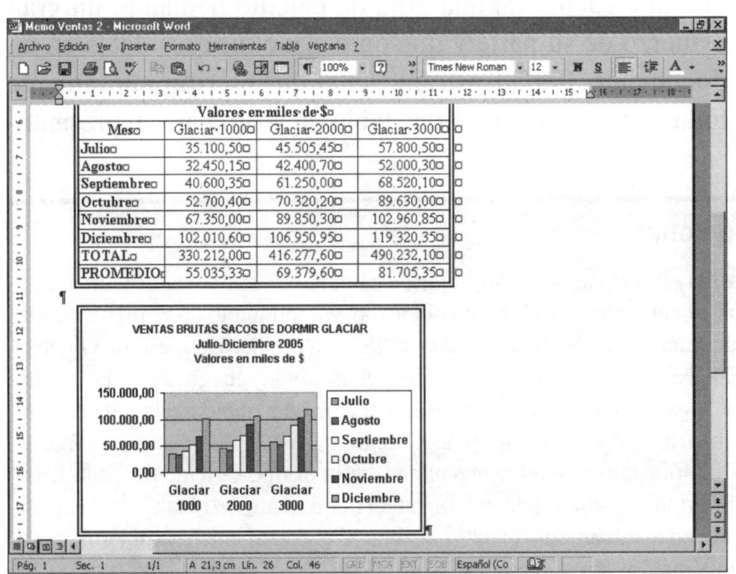

3. Haga clic en el botón Guardar para guardar su trabajo.

Modificar un gráfico →

Para modificar el gráfico puede simplemente hacer doble clic sobre él y abrirlo en Microsoft Graph, en donde puede cambiar datos de la hoja de datos, dar formato y escoger otro tipo de gráfico.

A pesar de que Graph no ofrece tantas alternativas como un programa especializado de gráficos, con frecuencia es suficiente para generar rápidamente presentaciones visuales de sus datos. Si lo desea, puede invertir un poco más de tiempo con este programa, utilizando la tabla que creó en el capítulo 4 o datos suyos más complejos.

Importar hojas de cálculo

Como vio anteriormente, Word le permite crear tablas bien presentadas y efectuar con facilidad cálculos sencillos. Sin embargo, no puede manejar fórmulas y funciones complejas como lo hace un programa de hoja de cálculo. Por otra parte, a pesar de que un programa de hoja de cálculo es ideal para efectuar cálculos, carece de las características necesarias para agrupar en forma dinámica los reportes. Suponga que la creación de una hoja de cálculo demandó un gran esfuerzo de su parte y que quiere incluir esos datos en un documento. Sería frustrante tener que escribir nuevamente toda la información en una tabla de Word para su presenta-

Vincular datos de otras aplicaciones

Puede crear un vínculo dinámico entre la información de las hojas de cálculo o bases de datos y un documento de Word de dos formas: incruste la información como un objeto en el documento de Word o cree un vínculo entre la información y el documento de Word. Para usar la técnica de incrustar, escoja Objeto, del menú Insertar, y en la pestaña Crear desde un archivo, seleccione el archivo, y luego active la casilla de verificación Vincular al archivo, y haga clic en Aceptar. Para usar la técnica de vincular, abra el archivo en la aplicación original y copie la información al Portapapeles; luego, pásese al documento de Word, escoja Pegado especial, del menú Edición, seleccione Pegar vínculo, elija el tipo de vínculo en la lista Como, y haga clic en Aceptar. Si la información vinculada cambia en el documento original, Word actualizará automáticamente la información en el documento cuando lo abra. Si el documento está abierto, puede actualizarlo si escoge el comando Vínculos, en el menú Edición.

ción. Afortunadamente no tiene que hacerlo. Con Word 2000 puede combinar lo mejor de dos mundos — el manejo numérico de un programa de hoja de cálculo con el profesionalismo del tratamiento de texto de Word.

Para demostrarlo, importe una hoja de cálculo al documento Memo Ventas 2. (Importará la que aparece a continuación, creada con Microsoft Excel 2000.)

	3er trimestre	4to trimestre	Total
UTILIDADES GLACIAR 2005			
Valores en miles de $			
	3er trimestre	*4to trimestre*	*Total*
Ventas	525480	711241,7	1236721,7
Gastos de ventas	130686,9	195245,8	325932,7
Gastos de mercadeo	63562,3	80108,6	143670,9
Gastos generales	87124	160217,5	247341,5
Gastos totales	281373,2	435571,9	716945,1
Utilidades	244106,8	275669,8	519776,6

Para importar un archivo de Excel puede hacer clic en el botón Insertar hoja de Microsoft Excel, en la barra de herramientas Estándar. Pero, puesto que usted puede importar hojas de cálculo creadas en otros programas, le mostraremos la forma más general de hacerlo. Siga estos pasos con su archivo de hoja de cálculo (o puede crear rápidamente su versión de la nuestra):

Botón Insertar hoja de Microsoft Excel

1. Haga clic a la izquierda de la segunda marca de párrafo, debajo del gráfico en el documento Memo Ventas 2. (Si es necesario presione Retorno para agregar un poco de espacio.)

2. Escoja Archivo, del menú Insertar. Word despliega el cuadro de diálogo Insertar archivo.

3. Elija Todos los archivos, de la lista desplegable Tipo de archivo. Navegue hasta la carpeta donde está almacenado el archivo de la hoja de cálculo que quiere importar a Word y haga doble clic sobre su nombre. Word presenta el cuadro de diálogo que se muestra a continuación (es posible que antes de hacerlo Word le indique que debe instalar esta opción):

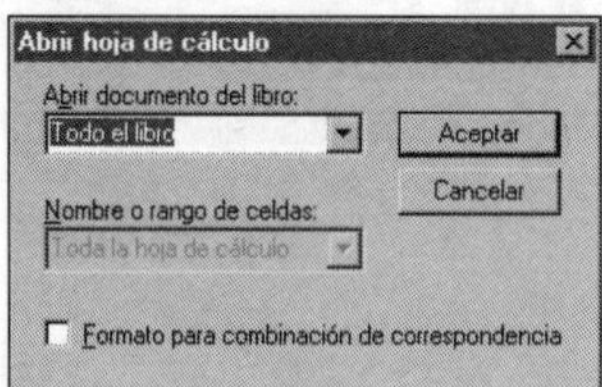

4. Acepte la opción predeterminada Todo el libro, o haga clic sobre la flecha que está a la derecha del cuadro Abrir documento del libro, y escoja una hoja de cálculo de la lista desplegable. Si selecciona una hoja de cálculo, puede especificar el rango que desea importar, en el cuadro Nombre o rango de celdas. (Por ejemplo, nosotros seleccionamos Hoja1 y especificamos A1:D11 como el rango.) Haga clic en Aceptar para iniciar el proceso de conversión. Cuando Word termina la conversión, y queda la hoja de cálculo insertada como una tabla en el sitio donde está el punto de inserción.

5. Por último, aplique formato a la hoja de cálculo usando las técnicas de formato de tablas que describimos en la página 115. En la página siguiente aparece nuestra tabla con un porcentaje de zoom del 50%, después de haberle agregado un borde, sangrarla, cambiarle el tamaño y hacerle otros pequeños ajustes:

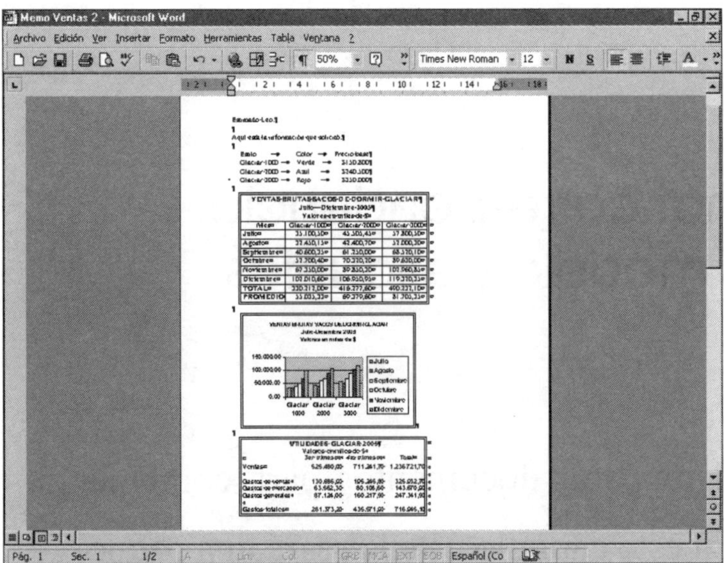

Usando únicamente las opciones de Word puede crear documentos bastante elaborados; al agregarles efectos especiales de texto, algunas imágenes y gráficos, les da un toque de distinción. Arriésguese y permita que Word le ayude a crear documentos en los cuales se fijen sus clientes y colegas.

Combinar correspondencia: cartas modelo y etiquetas

Con Word es fácil preparar documentos para combinar correspondencia. En este capítulo usted creará una pequeña base de datos de sus clientes y la usará para imprimir cartas. Luego, hará cartas modelo más complejas con instrucciones condicionales. Finalmente, imprimirá un conjunto de etiquetas postales.

Podrá usar estas habilidades para facilitar la comunicación con cualquier grupo de personas, como sus clientes, empleados o colegas del club.

Documentos creados y conceptos tenidos en cuenta:

Bodega 5-Zona Franca de Fontibón, Santafé de Bogotá, Colombia

Carlos Casadiego
Viajes El Nevado S.A.
Calle San José 831
Buenos Aires, Argentina

Estimado Carlos:

Gracias por su reciente pedido de sacos de dormir Glaciar. Su pedido por $ 250000 en mercancías es muy valioso para nosotros.

Estamos muy entusiasmad
Para nosotros la forma más
atender sus sugerencias. Po
devuélvanoslo lo antes pos

Apreciamos sus comentari
negocios con usted.

Cordialmente,

Alberto Pinto, Presidente

Bodega 5-Zona Franca de Fontibón, Santafé de Bogotá, Colombia

Arturo del Valle
Nuevas Expediciones
2a. Calle 15-68 Zona 10
Guatemala, Guatemala

Estimado Arturo:

Gracias por su reciente pedido de sacos de dormir Glaciar. Su pedido por $ 600000 en mercancías es muy valioso para nosotros. Debido al valor de su pedido le ofrecemos un descuento adicional del 10% en su próxima compra.

Estamos muy entusiasmados con esta nueva línea y esperamos con interés sus comentarios. Para nosotros la forma más efectiva de mejorar continuamente nuestros sacos de dormir es atender sus sugerencias. Por favor, tómese unos minutos para llenar el formulario adjunto y devuélvanoslo lo antes posible.

Apreciamos sus comentarios y esperamos una próxima oportunidad para hacer nuevamente negocios con usted.

Cordialmente,

Alberto Pinto, Presidente

Imprima etiquetas postales usando el mismo conjunto de datos

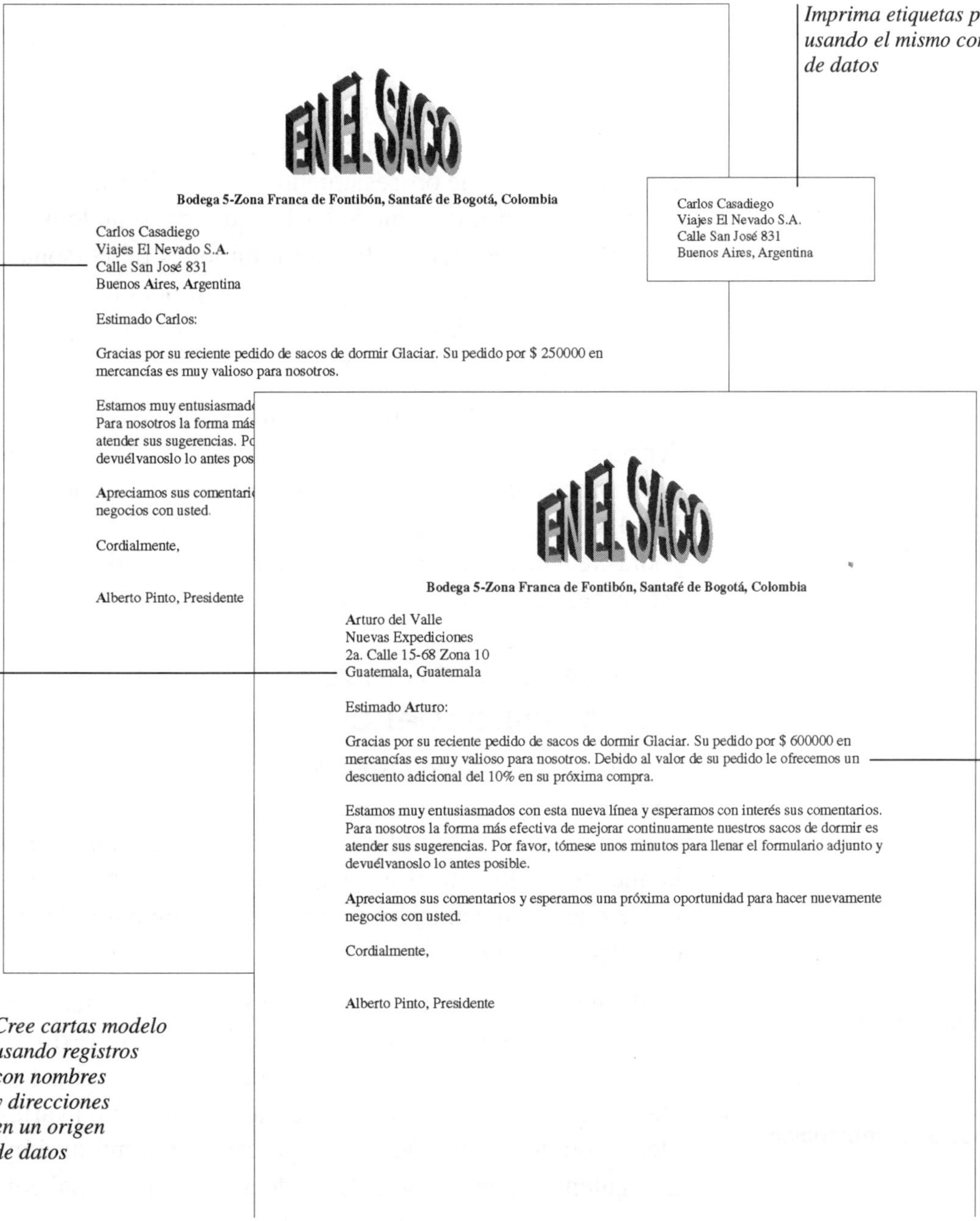

Carlos Casadiego
Viajes El Nevado S.A.
Calle San José 831
Buenos Aires, Argentina

Cree cartas modelo usando registros con nombres y direcciones en un origen de datos

Imprima texto para los registros que cumplan ciertas condiciones

Muchas personas reciben cartas personalizadas; ¡aun los niños! Usted conoce el estilo: su nombre se repite deliberadamente a lo largo del texto, se hacen referencias a la ciudad donde vive y se incluye algún otro elemento de información personal. El correo de este tipo es un ejemplo del uso, y con frecuencia del abuso, de la opción para combinar correspondencia disponible en varios programas de procesamiento de texto. No queremos contribuir a la destrucción de los bosques del mundo mostrándole cómo enviar publicidad a millones de personas. Pero, si usa sus nuevos conocimientos prudentemente y dentro de ciertos límites, le develaremos los misterios de la combinación de correspondencia.

En realidad, con Word 2000 la combinación de correspondencia no es algo misterioso. Si ha usado esta opción en otros procesadores de texto o en versiones anteriores de Word, se sorprenderá gratamente con la facilidad con la que podrá crear documentos para combinar correspondencia con este programa. Comencemos con una definición.

Qué es la combinación de correspondencia

La combinación de correspondencia es la impresión de un conjunto de documentos similares combinando la información en un documento, llamado *documento principal,* con lo que esencialmente es una base datos de información variable que se encuentra en un segundo documento, llamado *origen de datos*.

El documento principal contiene la información que permanece constante en todas las impresiones — el texto de una carta modelo, por ejemplo —, junto con sustitutos llamados *campos de combinación,* para la información variable, y códigos que controlan el proceso de combinación. El siguiente es un ejemplo de un documento principal con un conjunto típico de campos de combinación; luego se muestra un ejemplo de un documento origen de datos:

Documento principal

Campos de combinación

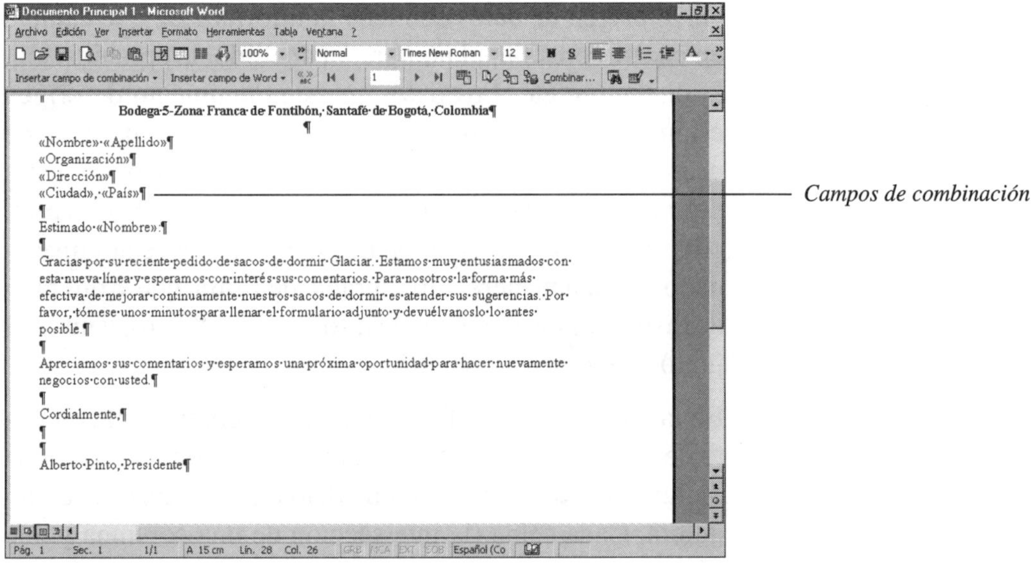

Campos de combinación

Nombre del campo   Campo

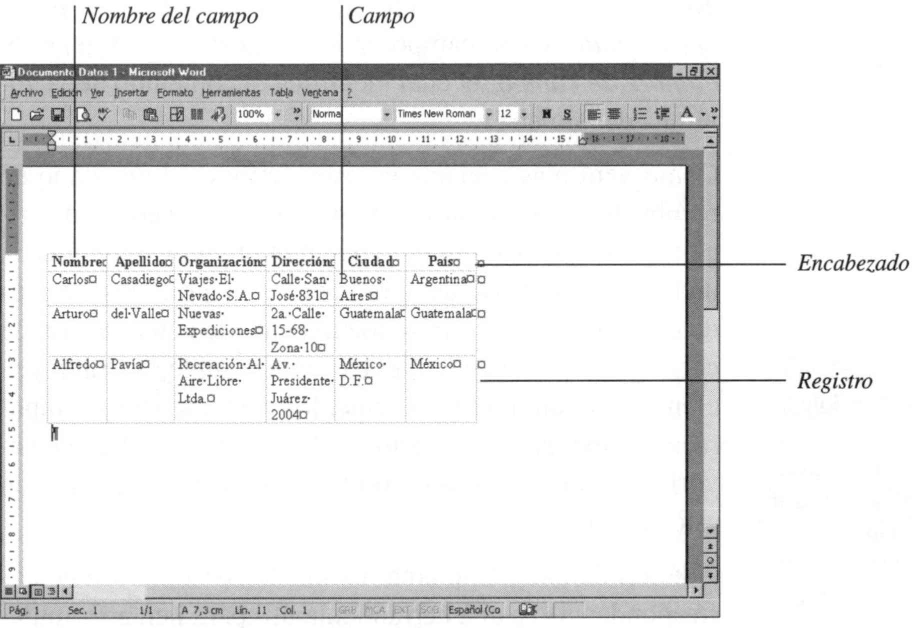

Encabezado

Registro

Cada palabra encerrada entre los caracteres « » corresponde al nombre de un campo en el origen de datos seleccionado, ambos mostrados en esta página. Observe que el ar-

Origen de datos

chivo origen de datos contiene la información que cambia en cada impresión: el nombre, el apellido, la organización, la dirección, etc. Los datos en este documento de origen están almacenados en forma de tabla de Word, pero puede usar otros formatos, como por ejemplo archivos de texto delimitados por tabulaciones o por comas, listas de Excel o bases de datos de Access. Los datos deben estar almacenados de una manera estructurada, de forma que Word pueda distinguir un elemento de información de otro, y un conjunto de elementos de otro.

Registros

En la tabla, cada fila, llamada *registro*, contiene el conjunto de elementos variables para una impresión. Usted puede incluir en el archivo origen de datos tantos registros como quiera. Cada celda (la intersección de una columna y una fila), llamada *campo*, contiene un elemento variable. El número de campos que puede tener es prácticamente ilimitado. El primer registro (la primera fila de la tabla) se llama *encabezado*. Cada campo en el encabezado contiene un *nombre de campo,* el cual identifica el contenido de la columna debajo de él.

Campos

Encabezados y nombres de campo

Como verá más adelante en este capítulo, el resultado de combinar el documento principal de muestra con el de origen de datos mostrados en la página 171, es tres cartas, cada una con la información apropiada en lugar de los campos de combinación. Algunos documentos de combinación de correspondencia pueden ser bastante complejos e incluyen elementos condicionales, cálculos matemáticos, comparaciones lógicas e instrucciones de bifurcación. Pero la mayoría son tan sencillos como los que usará de ejemplo en este capítulo.

Ubicación de los campos

El orden de los campos en el origen de datos no tiene importancia en la operación de combinar correspondencia. El documento principal puede utilizar cualquier combinación de campos, en cualquier orden. En caso de que el orden de los campos en el origen de datos tenga alguna importancia, insértelos manualmente donde desea ubicarlos o muévalos después de que han sido insertados.

Además de permitirle crear cartas, la combinación de correspondencia es una herramienta útil para llenar formularios con la información contenida en una base de datos o en una hoja de cálculo. Por ejemplo, puede usar la combinación de correspondencia para imprimir facturas, cheques, formularios de seguros, así como todo tipo de etiquetas para correspondencia, colecciones de discos, cintas de audio, cintas de vídeo y libros. La impresión de etiquetas de varios tipos es un uso tan común de la combinación de correspondencia, que Word incluye instrucciones para guiarlo a lo largo del proceso. Trataremos el tema de las etiquetas posteriormente. Por ahora, escriba la carta de muestra.

Crear cartas modelo sencillas

El primer paso en la creación de una carta modelo es tomarse unos minutos para planearla. Puede escribir en borrador una carta modelo y marcar todas las palabras o frases que van a cambiar de una carta a otra. Luego, puede organizar sus fuentes de información para tener la seguridad de que tendrá fácil acceso a todos los nombres, las direcciones y otros datos requeridos. Solamente después de terminar estas tareas, creará el documento principal y el de origen de datos. Suponga que ya pasó por este proceso y puede empezar la parte interesante.

Crear el documento principal

Word lo lleva por los pasos necesarios para crear cuatro tipos de documentos principales: cartas modelo, etiquetas postales, sobres y catálogos. (En la página 187 encontrará información sobre cómo configurar las etiquetas, y en el recuadro de la página 181 hallará una breve discusión sobre cómo hacerlo para los catálogos.) Empiece por configurar el documento principal. Siga estos pasos:

1. Después de iniciar Word, escoja Nuevo, del menú Archivo, y haga doble clic en el icono de la plantilla Membrete, creada en el capítulo 5.

2. Haga clic en el botón Guardar, y en el cuadro de diálogo Guardar como, asigne al archivo el nombre *Documento Principal 1*, y guárdelo en la carpeta Mis documentos.

3. Escoja Combinar correspondencia, del menú Herramientas, para mostrar el siguiente cuadro de diálogo:

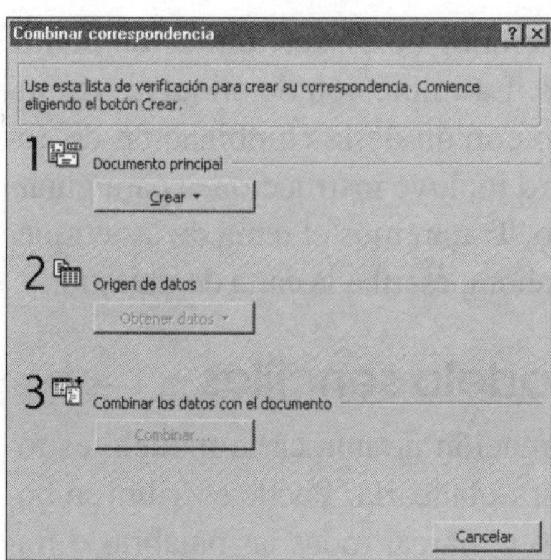

Como puede ver, Word está listo para guiarlo por el proceso de combinar correspondencia.

4. Siga las sugerencias de la parte superior del cuadro de diálogo, y haga clic en el botón Crear. Aparece una lista desplegable con las siguientes alternativas:

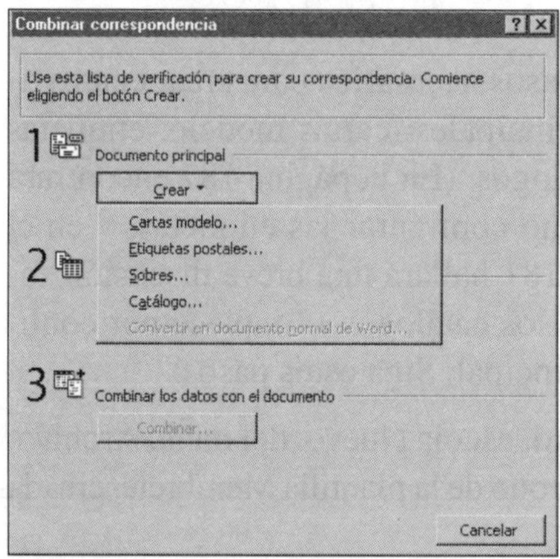

Especificar el tipo de documento principal ➤ 5. Escoja Cartas modelo. A continuación Word muestra el cuadro de diálogo que aparece en la parte superior de la página siguiente:

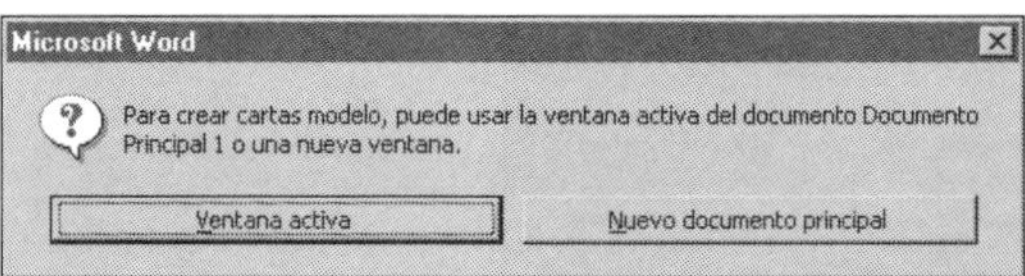

6. Haga clic en el botón Ventana activa para usar Documento Principal 1 como su documento principal.

Ahora cree el origen de datos que contendrá toda la información variable para las cartas modelo.

Crear el origen de datos

Con la mayoría de los procesadores de texto el archivo origen de datos debe existir antes de empezar el proceso de combinación de correspondencia. Con Word, usted puede abrir un origen de datos existente o hacer que lo guíe por el proceso de crear uno, como en este caso:

1. Con el cuadro de diálogo Combinar correspondencia aún abierto, haga clic en el botón Obtener datos, para mostrar esta lista desplegable de opciones:

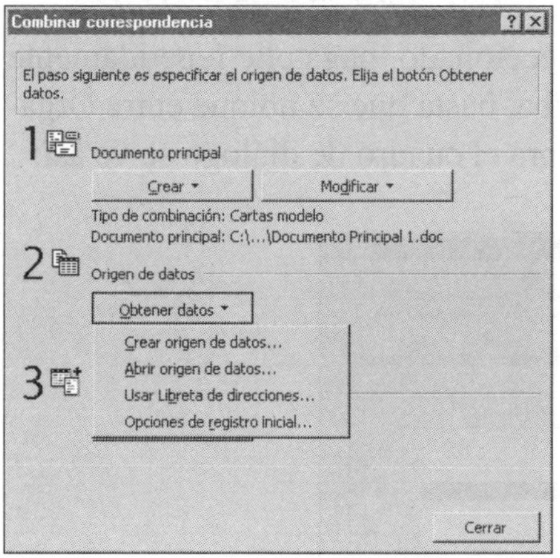

2. Escoja Crear origen de datos para desplegar el cuadro de diálogo que aparece en la parte superior de la página siguiente, el cual ayuda a la configuración del archivo origen de datos.

Preparación del origen de datos

Antes de crear el archivo origen de datos para un documento de combinación de correspondencia, debe analizar la forma como va a usar los datos. Si planea ordenarlos (vea el recuadro de la página 184), necesita colocar en campos diferentes la información que desea ordenar. Si piensa que existe la posibilidad de utilizar el archivo origen de datos para diferentes tipos de combinación de correspondencia, puede colocar campos adicionales de información que no se utilizarán en un tipo de documento, pero sí en el otro. Por ejemplo, en un documento de etiquetas de direcciones puede incluir el nombre y el cargo, como *Alberto Pinto, Presidente*, pero posiblemente en el saludo sólo quiera incluir el nombre o el apellido (*Estimado Sr. Pinto:* o *Estimado Alberto:*). Tendrá más flexibilidad si incluye toda la información pero la organiza en campos diferentes.

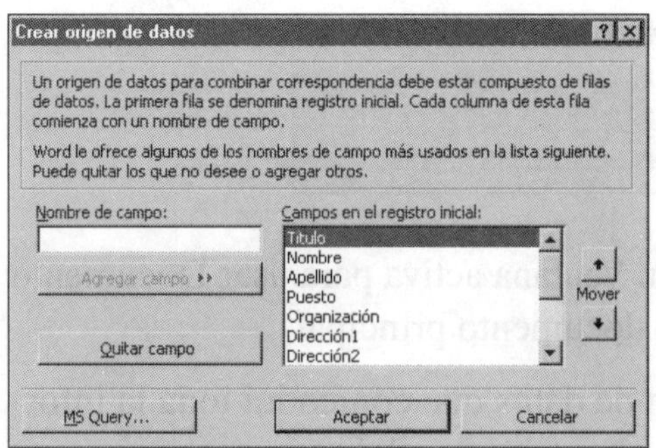

3. El cuadro con la lista al lado derecho muestra los nombres de campo más usados. Este archivo de origen de datos va a contener los siguientes campos: Nombre, Apellido, Organización, Dirección, Ciudad y País. No va a usar el nombre de campo seleccionado Título; por lo tanto, haga clic en Quitar campo, para suprimirlo de la lista; elimine también Puesto, Dirección2, Provincia, CódigoPostal, TeléfonoCasa y TeléfonoTrabajo.

4. Ahora, suprima de la lista Dirección1. Con Dirección1 en el cuadro de texto Nombre de campo, borre el 1 y haga clic en Agregar campo para incorporar a la lista Dirección.

5. Con Dirección aún seleccionado, haga clic repetidamente en la flecha Mover arriba, hasta que se ubique entre Organización y Ciudad. Ahora el cuadro de diálogo se ve así:

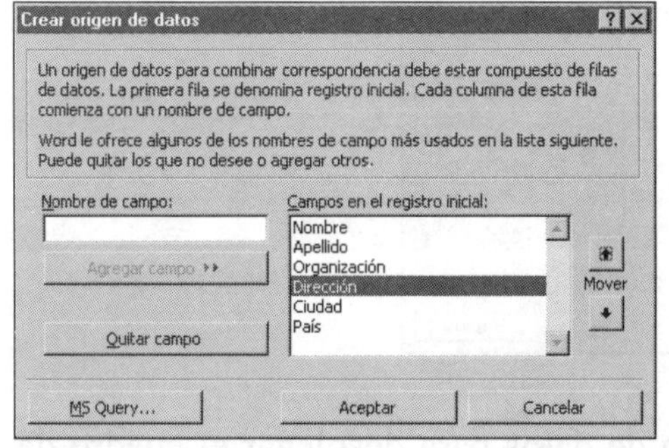

6. Haga clic en Aceptar parra cerrar el cuadro de diálogo. Word muestra el cuadro de diálogo Guardar como, para que usted pueda dar un nombre al origen de datos nuevo.

Suprimir nombres de campos

Editar nombres de campos

Reorganizar nombres de campos

Reglas para los nombres de los campos

Los nombres de los campos pueden tener hasta 40 caracteres que incluyen letras, números y guiones de subrayar (_). Todo nombre de un campo debe comenzar con una letra y no puede tener espacios en blanco. Para eludir la regla "no tener espacios en blanco" puede definir los nombres de los campos compuestos como PrimerNombre o Primer_Nombre.

7. Asigne al documento el nombre *Documento Datos 1*, y haga clic en Guardar. Word muestra este cuadro de diálogo:

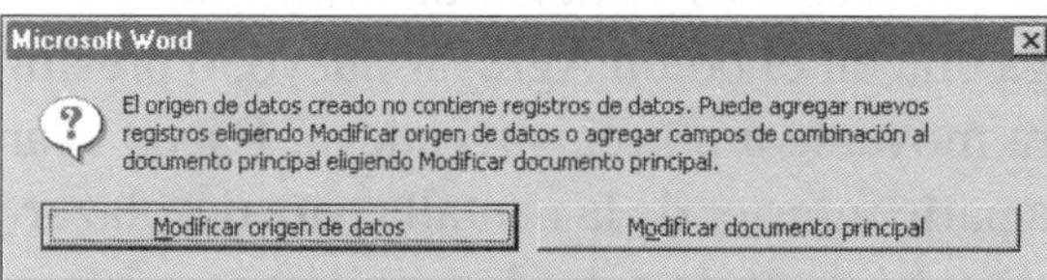

8. Haga clic en el botón Modificar origen de datos, para desplegar el cuadro de diálogo Ficha de datos, el cual se muestra abajo. En él puede comenzar a escribir los registros del origen de datos.

Usar un origen de datos existente

Si desea utilizar un documento existente de Word como origen de datos para sus cartas modelo, escoja Abrir origen de datos, de la lista Obtener datos, en el cuadro de diálogo Combinar correspondencia, y luego seleccione el archivo que desea utilizar. (La información del archivo debe estar organizada en forma de tabla o separada por tabulaciones o comas para que Word la pueda usar como origen de datos para combinación de correspondencia.) También puede usar información de una base de datos existente como el archivo origen de datos (bases de datos creadas en ciertas versiones de Microsoft Access, Microsoft Excel, Microsoft FoxPro y dBASE). El proceso de abrir una base de datos creada en otra aplicación es básicamente el mismo que el utilizado para abrir un documento de Word, a pesar de que con frecuencia se requiere una aplicación para la conversión del archivo (suministrada con Word).

Usar una libreta de direcciones

Cuando crea una carta para combinación de correspondencia o un conjunto de etiquetas (vea la página 187), puede utilizar las direcciones de una libreta electrónica, tal como las de la lista de contactos de Microsoft Outlook. (Vea el recuadro de la página 73.) Seleccione Usar libreta de direcciones, de la lista Obtener datos, en el cuadro de diálogo Combinar correspondencia. Luego, escoja la libreta que desea usar y haga clic en Aceptar.

9. Siga adelante y escriba la información que se muestra a continuación, y presione Tab o Retorno para desplazarse de campo en campo. Después de llenar el último campo de un registro, haga clic en el botón Agregar nuevo, o presione Retorno para moverse a un registro nuevo. Puede usar las flechas de la parte inferior de la pantalla para desplazarse hacia adelante y hacia atrás entre los registros.

Agregar un registro nuevo →

Campo	Registro1	Registro2	Registro3
Nombre	Carlos	Arturo	Alfredo
Apellido	Casadiego	del Valle	Pavía
Organización	Viajes El Nevado S.A.	Nuevas Expediciones	Recreación Al Aire Libre Ltda.
Dirección	Calle San José 831	2a. Calle 15-68 Zona 10	Av. Presidente Juárez 2004
Ciudad	Buenos Aires	Guatemala	México D.F.
País	Argentina	Guatemala	México

10. Después de escribir los tres registros, haga clic en Aceptar. Word cierra el cuadro de diálogo y regresa al documento principal.

Completar el documento principal

Cuando usted regresa al documento principal, el cambio más obvio es que la barra de herramientas Combinar correspondencia aparece con las barras de herramientas Estándar y Formato, en la parte superior de la pantalla. Esta barra de herramientas facilita el trabajo de agregar campos de combinación para la información variable que se combinará desde el archivo origen de datos. Si quiere, mueva el puntero sobre los botones de esta barra para familiarizarse con ellos.

Barra de herramientas Combinar correspondencia →

Como siguiente tarea escribirá el texto de la carta insertando campos de combinación. Empiece con la información del destinatario:

1. Presione Ctrl+Fin para desplazarse hasta el párrafo en blanco debajo del encabezado de la carta. Oprima Retorno y luego aplique al párrafo nuevo el siguiente formato: alineado a la izquierda y fuente Times New Roman de 12 puntos.

2. Haga clic en el botón Insertar campo de combinación, en la barra de herramientas Combinar correspondencia, para desplegar la lista de campos disponibles.

Insertar campo
de combinación

3. Escoja Nombre. El campo de combinación Nombre aparece en el punto de inserción, encerrado entre los caracteres « ». (Si Word muestra {MERGEFIELD Nombre} en lugar de «Nombre», presione Alt+F9 para ocultar los códigos de campo y mostrar los campos de combinación. Si Word muestra el nombre del primer registro en el origen de datos, haga clic en el botón Ver datos combinados, de la barra de herramientas Combinar correspondencia, para mostrar el campo de combinación.)

4. Presione la barra espaciadora, haga clic nuevamente en el botón Insertar campo de combinación, escoja Apellido para insertar el campo de combinación, y oprima Retorno para empezar una nueva línea. Repita este procedimiento para los campos de combinación Organización y Dirección.

5. Haga clic en Insertar campo de combinación y elija Ciudad, escriba , (coma), presione la barra espaciadora e inserte el campo País.

6. Presione Retorno dos veces, escriba *Estimado* y deje un espacio en blanco.

7. Inserte el campo de combinación Nombre, escriba dos puntos (:) y oprima Retorno dos veces.

8. Ahora escriba el cuerpo de la carta como se muestra en la página siguiente (aumentamos el tamaño de la pantalla para mayor legibilidad):

Formatear campos de combinación

Formatee los campos de combinación de la misma manera como lo hace con el texto. Seleccione los campos y utilice los botones de la barra de herramientas Formato, o las opciones de formato de caracteres, en el cuadro de diálogo Fuente. Luego, cuando combine el documento principal y el origen de datos, Word aplica a los documentos combinados el formato especificado en el documento principal.

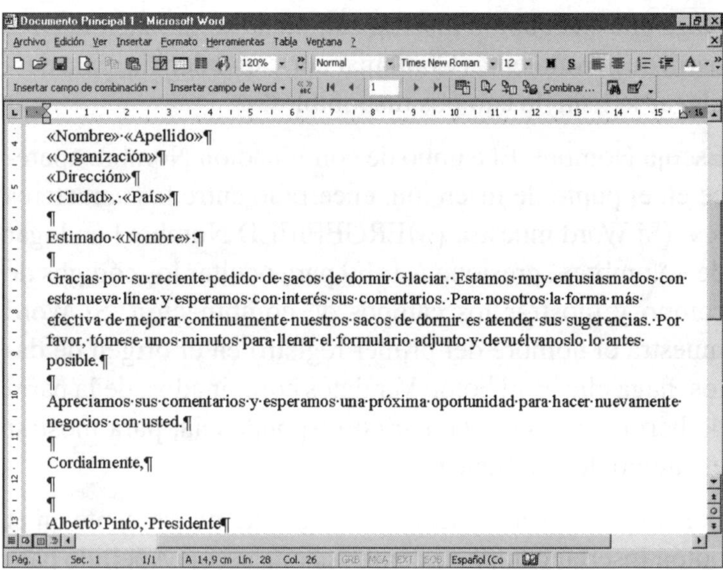

Combinar registros escogidos

Si su archivo de origen de datos contiene muchos registros y usted desea combinar únicamente los que cumplan ciertos requisitos (por ejemplo, solamente los que correspondan a una ciudad determinada), puede "filtrar" los registros para extractar únicamente los que quiere. El proceso de filtrar es demasiado complejo para discutirlo aquí en detalle, pero, brevemente, haga clic en el botón Opciones de consulta, en el cuadro de diálogo Combinar correspondencia, y especifique sus criterios en la pestaña Filtrar registros. Por ejemplo, defina el valor del campo Ciudad igual a Santiago para filtrar los registros en el origen de datos con Santiago en el campo Ciudad.

9. Guarde el documento.

Combinar los documentos

Ya está listo para combinar el documento principal con el archivo origen de datos. Tiene varias posibilidades. Fíjese en el conjunto de cuatro botones en el extremo derecho de la barra de herramientas Combinar correspondencia. Si hace clic en el botón Revisar errores, Word verifica si el documento principal y el origen de datos están configurados correctamente. Si hace clic en el botón Combinar en un documento nuevo, Word combina el documento principal con el archivo origen de datos y coloca las cartas resultantes en un documento nuevo, que puede guardar e imprimir posteriormente. Si hace clic en el botón Combinar al imprimir, Word combina el documento principal con el origen de datos y envía las cartas directamente a la impresora. Si hace clic en el botón Combinar, Word muestra un cuadro de diálogo en el que puede especificar dónde combinar los registros, qué registros combinar, si desea imprimir las líneas en blanco generadas por campos vacíos, etc. Ensaye lo siguiente:

1. Haga clic en el botón Revisar errores para mostrar estas opciones:

Botón Revisar errores

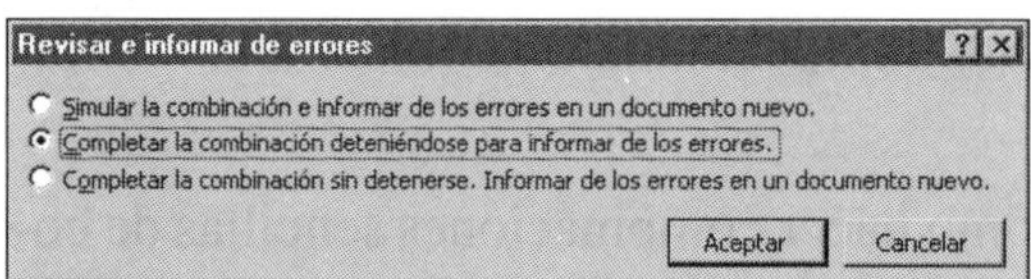

2. Escoja la opción Simular y haga clic en Aceptar. Si siguió las instrucciones, un cuadro de diálogo le dirá que Word no encontró errores de combinación de correspondencia. (Word le señala los errores de manera que usted pueda corregirlos.) Haga clic en Aceptar para regresar a su documento.

3. Ahora, haga clic en el botón Combinar en un documento nuevo. Word abre un documento nuevo llamado Cartas modelo1 y luego "imprime" las cartas en el documento con un salto de sección entre cada carta, así:

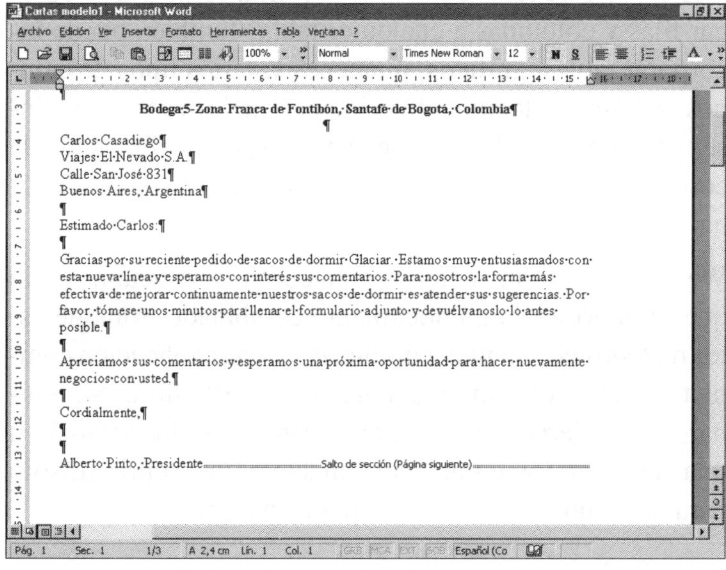

4. Guarde el documento Cartas modelo1 como *Cartas Modelo*, y luego ciérrelo.

Catálogos

Cuando desee crear listas de información utilizando los campos en un origen de datos, seleccione la opción Catálogo, de la lista Crear, en el cuadro de diálogo Combinar correspondencia, en el documento principal. Por ejemplo, supongamos que su compañía desea crear una lista de sus empleados con sus nombres y números de teléfono de emergencia usando tres campos de la base de datos del personal. Después de seleccionar Catálogo y de identificar el origen de datos, introduzca sólo una vez en el documento principal los campos Apellido, Nombre y Número telefónico de emergencia (asegúrese de oprimir la tecla Retorno después del último campo). Cuando haga clic en el botón Combinar en un documento nuevo, de la barra de herramientas Combinar correspondencia, Word crea un documento que contiene la información especificada para todos los empleados en el origen de datos.

Botón Combinar al imprimir

<hr>

Agregar datos al archivo origen de datos

Después de crear un campo nuevo en el origen de datos, puede agregar la información del campo de dos maneras: escriba la información directamente en la tabla del origen de datos o haga clic en el botón Formulario de datos, de la barra de herramientas Base de datos, para mostrar su cuadro de diálogo, donde puede agregar la información al campo, registro por registro.

5. Si su impresora está encendida y quiere ensayar el botón Combinar al imprimir, haga clic en él y luego haga clic en Aceptar, en el cuadro de diálogo Imprimir. Las cartas impresas se verán como las que se muestran al inicio del capítulo.

Ahora que sabe cómo hacer combinaciones sencillas de correspondencia, le mostraremos algunas opciones un poco más sofisticadas.

Crear cartas más sofisticadas

Para este ejemplo usted nombró el documento principal y el archivo origen de datos como Documento Principal 1 y Documento Datos 1, respectivamente, pero podría haber utilizado cualquier otro nombre. Además, puede abrirlos y modificarlos como lo hace con cualquier otro documento. El archivo origen de datos es un documento normal que contiene una tabla, de manera que puede agregar campos y registros a esta tabla de la misma forma como puede agregar filas y columnas a cualquier tabla. También puede incorporar tablas, gráficos, imágenes y varios tipos de campos de Word al documento principal; incluso es posible insertar campos que hagan que el proceso de combinación de correspondencia se detenga y solicite información adicional no incluida en el origen de datos.

Word ofrece varios métodos para controlar exactamente lo que se imprime en un documento combinado. Aunque estos métodos no son muy complicados, una explicación completa de ellos está fuera del alcance de este libro. Sin embargo, convierta rápidamente la carta modelo original en una carta que tome una decisión sobre qué imprimir, sólo para darse una idea de lo que puede hacerse.

Agregar campos al origen de datos

Cree una carta de agradecimiento a los clientes por sus pedidos de sacos de dormir Glaciar, e incluya un párrafo que Word imprimirá únicamente si el valor del pedido es superior a cierta suma de dinero. Para permitir que Word tome la decisión de imprimir, debe agregar un campo al origen de datos que contenga el valor del pedido. Siga estas instrucciones:

1. Puesto que Documento Datos 1 es un documento de Word común y corriente, ábralo en la forma acostumbrada para desplegarlo en una ventana sobre el documento principal.

2. Si al abrir el origen de datos no aparece la barra de herramientas Base de datos, haga clic derecho sobre una de las barras de herramientas y escoja Base de datos, del menú contextual. Si no ve las líneas de división, escoja Mostrar líneas de división, del menú Tabla.

3. Haga clic en el botón Administrar campos, de la barra de herramientas Base de datos, para mostrar este cuadro de diálogo:

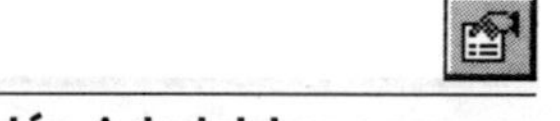

Botón Administrar campos

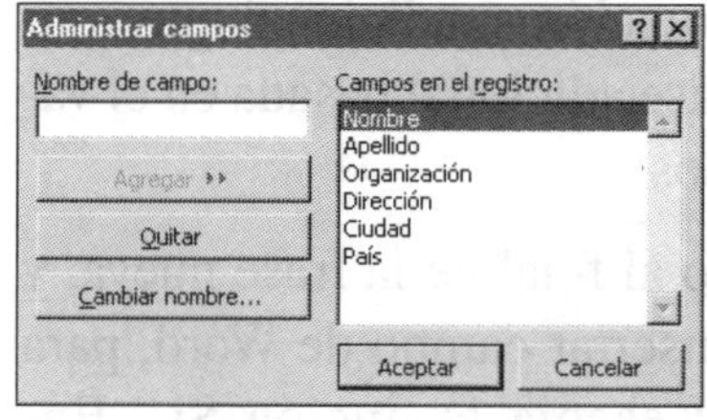

4. Escriba *Pedido* como nombre del campo, y oprima Retorno. Word agrega el campo al final de la lista en la parte derecha de la tabla. Haga clic en Aceptar para cerrar el cuadro de diálogo.

5. Haga clic en la primera celda de la columna Pedido y escriba *250000*. A continuación oprima la tecla flecha Abajo, escriba *600000*, presione la tecla flecha Abajo y escriba *1250000*.

6. Haga clic en el botón Guardar, y a continuación haga clic en el botón Documento principal, de la barra de herramientas Base de datos, para regresar al documento principal abierto.

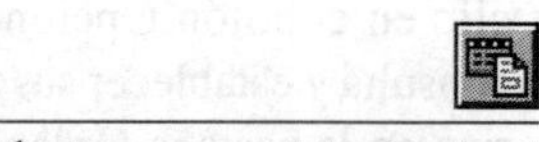

Botón Documento principal

Modificar el documento principal

En lugar de crear un documento principal nuevo desde el inicio, va a modificar el que tiene guardado. Siga estos pasos:

1. Haga clic a la izquierda de la letra *E*, en la segunda frase de la carta (la que comienza con *Estamos*).

2. Escriba *Su pedido por $* y presione la barra espaciadora.

3. Ahora haga clic en el botón Insertar campo de combinación y seleccione el campo nuevo Pedido. Luego, escriba un espacio seguido por *en mercancías es muy valioso para nosotros*.

4. Con el punto de inserción aún a la izquierda de la letra *E* en *Estamos*, presione la barra espaciadora y luego oprima Retorno dos veces, dejando un espacio después de la frase que acaba de escribir.

Ahora debe introducir la instrucción condicional que controlará la impresión de una frase adicional basada en el valor del pedido. Siga estos pasos:

1. Haga clic después del espacio al final de la frase nueva, y luego haga clic en el botón Insertar campo de Word, para mostrar la lista de campos; escoja la opción Si…Entonces…Sino… Word muestra el siguiente cuadro de diálogo:

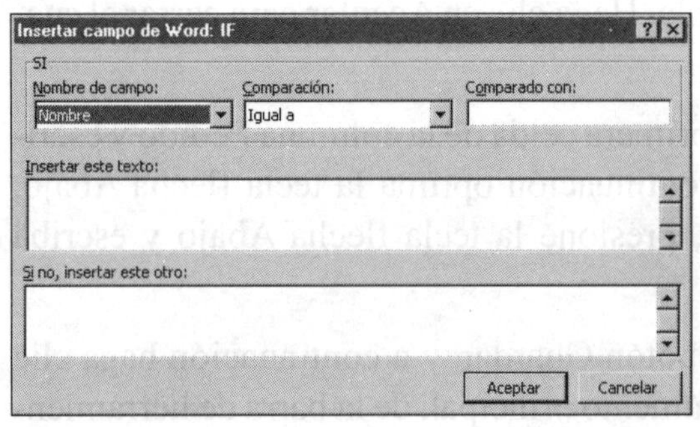

2. Haga clic sobre la flecha a la derecha del cuadro Nombre de campo, para desplegar la lista de los nombres de campo,

y escoja Pedido para que aparezca seleccionado en el cuadro Nombre de campo.

3. Despliegue la lista Comparación y seleccione Mayor que.

4. Haga clic en el cuadro Comparado con y escriba *500000*.

5. Oprima Tab para moverse hasta el cuadro Insertar este texto, y escriba lo siguiente:

Debido al valor de su pedido le ofrecemos un descuento adicional del 10% en su próxima compra.

Si el resultado de la instrucción condicional es verdadero — o sea, si el valor del pedido es mayor que $500.000 —, Word introducirá este texto en el documento combinado.

6. Deje en blanco el cuadro Si no insertar este otro, puesto que no desea que Word imprima algo si la instrucción condicional es falsa — si el valor del pedido es menor o igual que $500.000.

7. Ahora haga clic en Aceptar para cerrar el cuadro de diálogo, y luego oprima Alt+F9 para ocultar los campos de combinación y mostrar los códigos de campo; el documento se ve así:

Mostrar los códigos de campo

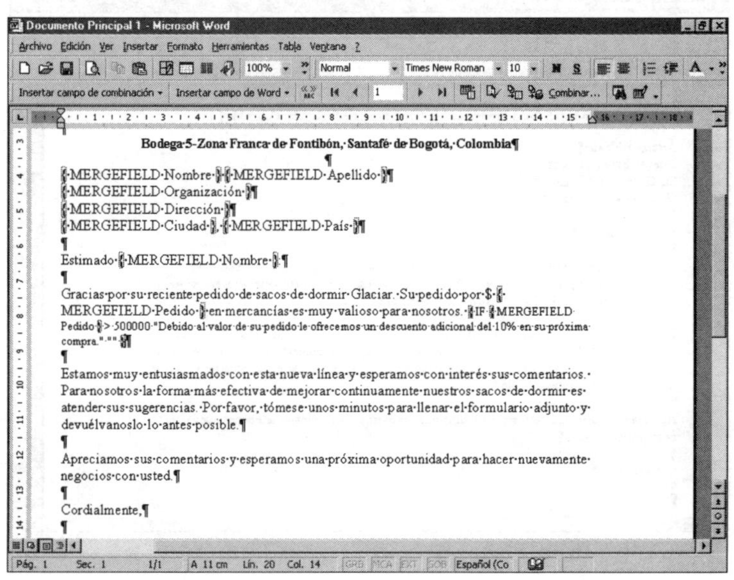

8. Oprima nuevamente Alt+F9 para ocultar los códigos de campo, y luego guarde el documento como *Documento Principal 2*.

Eso es todo. Ahora tiene varias opciones para revisar los resultados de su trabajo. Puede hacer clic en uno de los botones de la barra de herramientas Combinar correspondencia para combinar las cartas en un nuevo documento o al imprimir, o también puede ver los resultados en el documento principal. Ensaye lo siguiente:

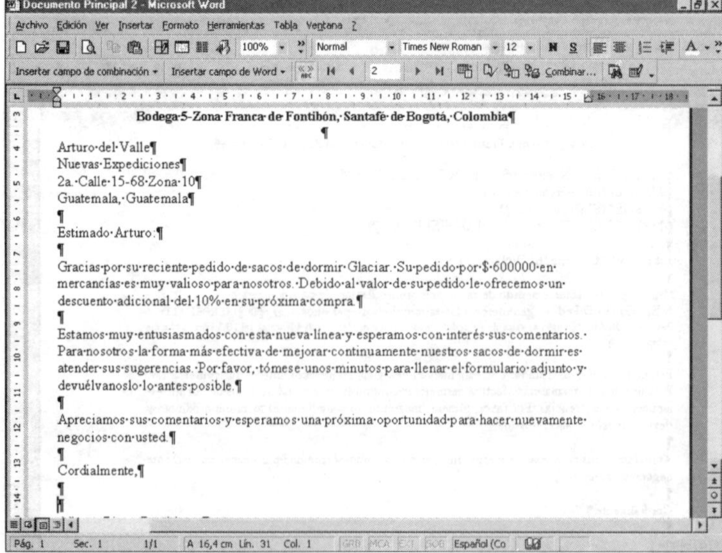
Botón Ver datos combinados

1. Haga clic en el botón Ver datos combinados, de la barra de herramientas Combinar correspondencia, para mostrar los datos del primer registro en lugar de los campos de combinación.

Desplazarse de un registro a otro

2. Haga clic en las flechas izquierda y derecha, de la barra de herramientas Combinar correspondencia, para desplazarse de un registro a otro en su archivo origen de datos. (El número del registro actual se muestra en el cuadro entre las dos flechas.) Los datos combinados para el segundo registro, cuyo pedido tiene un valor de $600.000, se muestran a continuación:

3. Si los valores que utilizó para los pedidos de los tres clientes fueron $250.000, $600.000 y $1.250.000, la carta del primer cliente no tendrá la frase adicional, mientras que la segunda y la tercera sí la tendrán. Haga el ejercicio de cambiar el operador de comparación de > (mayor que) a < (menor que): oprima nuevamente Alt+F9 para mostar los códigos de campo, seleccione el símbolo > y escriba < en su lugar; luego presione nuevamente Alt+F9 y desplácese por los registros para ver el resultado.

Cambiar el operador de comparación

4. Si lo desea, combine las cartas en un documento, guárdelo como *Cartas* y luego guarde y cierre todos los documentos abiertos, para prepararse para el siguiente ejemplo.

Ahora veamos cómo puede ayudarle a imprimir etiquetas la opción combinar correspondencia.

Crear etiquetas

Cuando utilizó el cuadro de diálogo Combinar correspondencia para crear la carta modelo, debió de notar que también se puede usar para elaborar etiquetas y sobres. En esta sección le mostraremos el procedimiento para imprimir varias etiquetas. (Si desea imprimir solamente una etiqueta o un sobre, utilice el comando Sobres y etiquetas, en el menú Herramientas, como se describe en el recuadro de esta página.) El procedimiento para imprimir varios sobres es similar al que describiremos aquí; encontrará que imprimir sobres es más sencillo porque tiene menos opciones para elegir.

Siga los pasos que se enuncian a continuación y cree un conjunto de etiquetas postales para la carta modelo usando el origen de datos que creó anteriormente. (Para crear otras etiquetas primero necesitará configurar y guardar un archivo de origen de datos, de manera que pueda escogerlo en el paso 4; vea la página 175.)

1. Haga clic en el botón Nuevo, de la barra de herramientas Estándar, para crear un documento nuevo que puede utili-

Un sobre o una etiqueta

Si desea imprimir un solo sobre o una sola etiqueta, escoja Sobres y etiquetas, del menú Herramientas. Luego, elija la pestaña Sobres o Etiquetas, en el cuadro de diálogo. Haga clic en Opciones para cambiar el tamaño del sobre o la etiqueta, y luego haga clic en Aceptar. Finalmente, escriba la información que quiere que aparezca en el sobre o la etiqueta, y haga clic en Imprimir. O haga clic en Agregar al documento, para ver el sobre o la etiqueta en la pantalla, antes de imprimirlo.

zar como documento principal en la elaboración de sus etiquetas.

2. Escoja Combinar correspondencia, del menú Herramientas, para mostrar el cuadro de diálogo Combinar correspondencia, que presentamos en la página 174.

3. Haga clic en el botón Crear, en la sección Documento principal, y de la lista de opciones escoja Etiquetas postales. Cuando Word le pregunte si desea usar la ventana activa o crear un documento nuevo, haga clic en Ventana activa.

4. De regreso en el cuadro de diálogo Combinar correspondencia, haga clic en el botón Obtener datos; en la sección Origen de datos, seleccione de la lista de opciones Abrir origen de datos, y haga doble clic en Documento Datos 1, el documento de origen que creó anteriormente.

5. Word le indica que necesita crear el documento principal. Haga clic en Establecer documento principal, para desplegar el cuadro de diálogo que se presenta a continuación, el cual le ayuda a definir la etiqueta que desea usar:

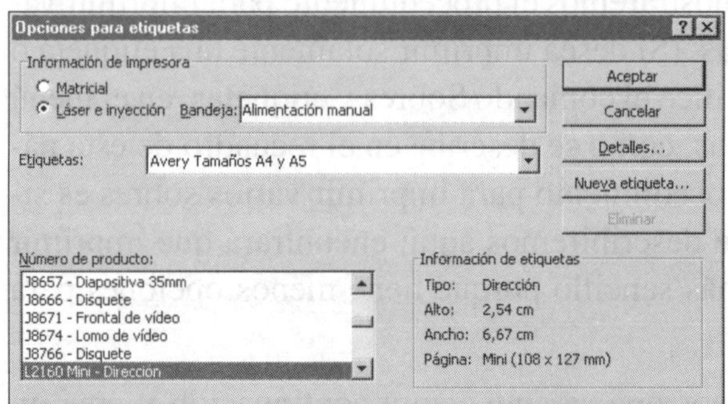

Fíjese que puede elegir Matricial o Láser e inyección, en la sección Información de impresora. Esta elección determina el tipo de etiquetas que aparecen en la lista Número de producto: las etiquetas para impresoras láser y de inyección de tinta generalmente vienen en hojas tamaño A4 (210 x 297 mm), y las etiquetas para impresoras de matriz vienen en papel tipo formas continuas.

6. Desplácese a lo largo de la lista Número de producto para darse una idea de las opciones disponibles. (Puede resaltar un elemento para ver información general relacionada con él en la sección Información de etiquetas. Haga clic en el botón Detalles para ver más información de la etiqueta seleccionada.)

7. Si tiene una impresora láser, seleccione la etiqueta L7159-Dirección; si tiene una impresora matricial, seleccione la etiqueta 4013-Dirección. Haga clic en Detalles. El siguiente cuadro de diálogo muestra la etiqueta L7159:

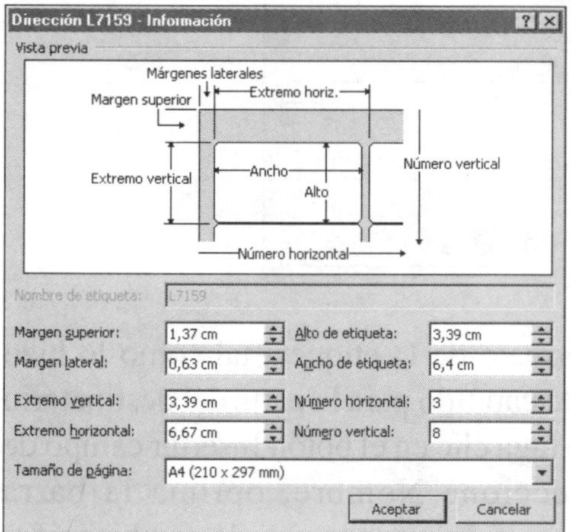

Observe que el cuadro de diálogo Información muestra un dibujo de la etiqueta seleccionada con una lista de sus características. Puede cambiar cada característica — márgenes, extremos, alto, ancho, número horizontal y vertical — escribiendo el valor nuevo en el cuadro de texto correspondiente. Esta flexibilidad es útil si desea imprimir etiquetas en un formato no incluido en las opciones de Word. Puede seleccionar un formato similar y luego hacer los ajustes necesarios en el cuadro de diálogo Información.

8. Ensaye a cambiar las características de esta etiqueta y vea las modificaciones en el dibujo. (Si hace clic en Aceptar, Word le pide que escriba, en el cuadro Nombre de etiqueta,

Otros tipos de etiquetas

Además de etiquetas corrientes, Word puede imprimir etiquetas para envíos de correo, carpetas de archivo, separadores, disquetes, cintas de audio y vídeo, y varios tipos de tarjetas. Vale la pena investigar cómo puede Word ayudarle a automatizar sus labores de impresión de etiquetas.

un nombre para su etiqueta personalizada.) Luego, haga clic en Cancelar para cerrar el cuadro de diálogo sin guardar los cambios.

9. Haga clic en Aceptar para cerrar el cuadro de diálogo Opciones para etiquetas. Word muestra este cuadro de diálogo para que pueda crear el formato de la etiqueta para su documento principal:

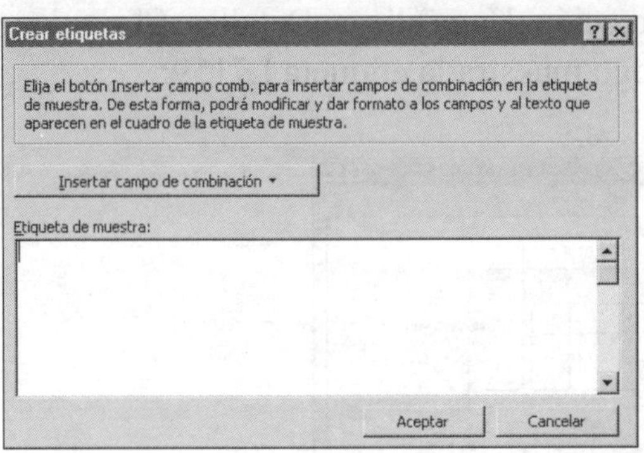

Insertar campos de combinación en una etiqueta

10. Después, cree el formato de la etiqueta tal como lo hizo anteriormente en este capítulo para la parte del destinatario de la carta modelo. Haga clic en el botón Insertar campo de combinación; seleccione Nombre; oprima la barra espaciadora; haga clic en Insertar campo de combinación; seleccione Apellido y presione Retorno. Luego, inserte los campos de combinación Organización, Dirección, Ciudad y País, así:

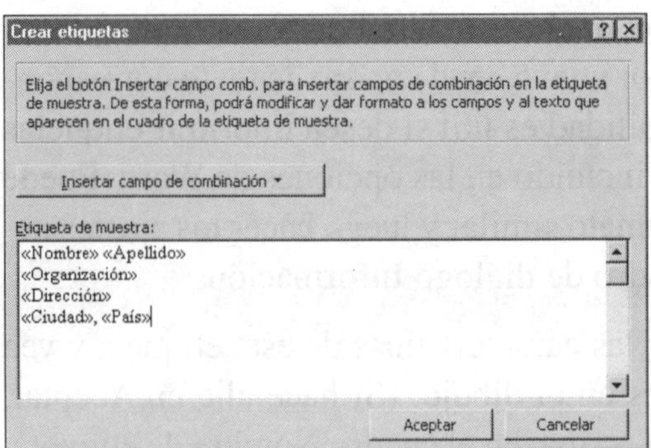

Asegúrese de que la última línea de las etiquetas tenga dos campos de combinación, como se muestra en la figura anterior, y que incluya la puntuación y el espacio en blanco.

11. Haga clic en Aceptar para regresar al cuadro de diálogo Combinar correspondencia, y luego haga clic en Combinar, en la sección Combinar los datos con el documento, para mostrar el siguiente cuadro de diálogo:

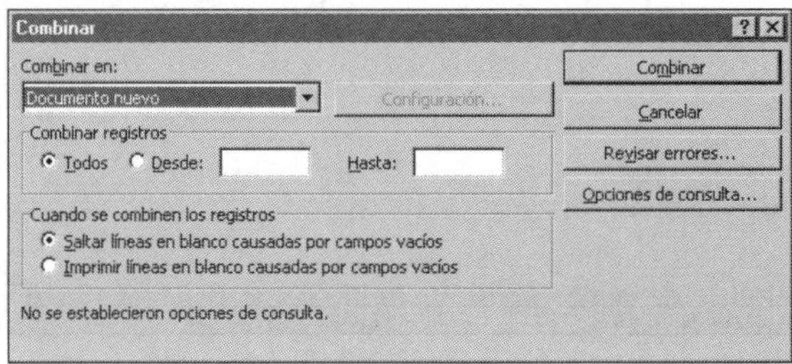

12. Haga clic en Combinar para combinar las etiquetas no en la impresora sino en un documento nuevo. Después de unos segundos usted debe ver en su pantalla algo como la figura de la página siguiente. Si lo desea, seleccione todo el texto y cambie el tamaño de la fuente a 12 puntos. (Si es necesario, escoja el comando Mostrar líneas de división, del menú Tabla, para ver los márgenes de cada etiqueta.)

Una página entera con la misma etiqueta

Algunas veces puede necesitar imprimir una página con la misma etiqueta — por ejemplo, para su dirección de remite. Escoja Sobres y etiquetas, del menú Herramientas, haga clic en la pestaña Etiquetas, y escriba la información deseada en el cuadro Dirección. Seleccione la opción Página entera con la misma etiqueta, en la sección Imprimir, haga clic en Opciones para elegir el tipo de etiqueta que está usando, y luego haga clic en Aceptar. Finalmente, haga clic en Imprimir para enviar la página de etiquetas directamente a la impresora, o haga clic en Nuevo documento para introducir la información de la etiqueta en un documento que puede modificar, formatear y guardar como cualquier otro documento de Word.

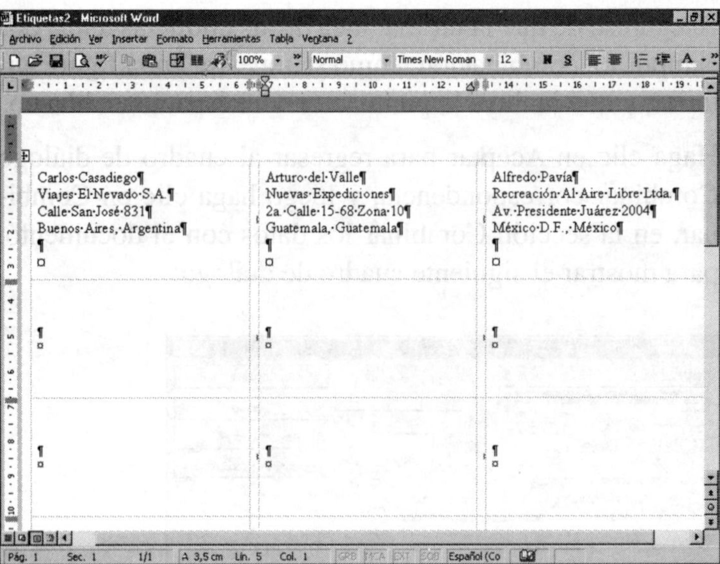

Si quiere, guarde el documento combinado con un nombre como *Etiquetas*, de manera que pueda imprimirlo más tarde. Guarde el documento principal como *Documento Principal Etiquetas;* así podrá usarlo de nuevo en el futuro.

Esto es todo. Haga una prueba de impresión de las etiquetas en papel corriente para revisar su alineación, y luego reemplace este papel por las hojas de etiquetas e imprímalas de nuevo. Luego de seguir todo el proceso una o dos veces, se dará cuenta de que es más rápido combinar un lote de etiquetas que leer estas instrucciones.

Imprimir sobres

Imprimir un lote de sobres es aún más fácil que imprimir un lote de etiquetas. Con un documento nuevo en blanco en su pantalla, escoja Sobres y etiquetas, del menú Herramientas, escriba una dirección de remite en el cuadro Remite, en la pestaña Sobres, y haga clic en Agregar al documento. Cuando Word le pregunte si desea guardar la dirección de remite como remite predeterminado, haga clic en Sí. Luego, escoja Combinar correspondencia, del menú Herramientas. Elija Sobres, de la lista desplegable que aparece cuando hace clic en el botón Crear, en la sección Documento principal del cuadro de diálogo Combinar correspondencia, y siga las instrucciones de Word para escoger un archivo origen de datos y preparar el documento principal en la ventana activa. La primera vez que cree sobres después de especificar la dirección de remite, Word le avisa que va a reemplazar la dirección de remite que aparece en el documento activo con la información de combinar correspondencia que acaba de preparar. (Esto no significa que Word borre su dirección predeterminada de remite.) Primero, haga clic en Aceptar, y luego haga clic en el botón Combinar para combinar los sobres en un documento nuevo o en su impresora. En el futuro, cuando utilice el comando Combinar correspondencia para crear sobres, Word agregará automáticamente la dirección de remite en la esquina superior izquierda de sus sobres.

¡Felicitaciones! Completó el *Curso rápido de Microsoft Word 2000*. Con las bases que aprendió aquí, junto con la ayuda y los documentos de ejemplo incluidos en Word, podrá crear documentos atractivos y bastante sofisticados.

Índice

OFICINAS DEL GRUPO EDITORIAL NORMA

ARGENTINA
Tomás Castillo
KAPELUSZ EDITORA S. A.
Calle San José 831
Cód. Postal 1076 Capital Federal
Tel.: (541) 3827400
Fax: 3838020
e-mail: gerencias@kapelusz.com.ar
Buenos Aires

COLOMBIA
Moisés Melo
GRUPO EDITORIAL NORMA
Avenida El Dorado No. 90-10
Tel.: (571) 4106355
Fax: 4105414
e-mail: mmelo@norma.com.co
Santa Fe de Bogotá

COSTA RICA
Ronald Sauter
EDICIONES FARBEN S. A.
GRUPO EDITORIAL NORMA
Pavas, 500 m al oeste de La Sylvannia
Tel.: (506) 2907125 – 2310252
Fax: 2900061
San José

CHILE
Carlos Baltierra
GRUPO EDITORIAL NORMA – CHILE
Av. Costanera
Andrés Bello 1531
Tel.: (562) 2363355
Fax: 2363362
e-mail: norma@entelchile.net
Providencia

ECUADOR
Samuel F. Del Castillo
GRUPO EDITORIAL NORMA – ECUADOR
Belo Horizonte 252 y Av. 6 de Diciembre
Tel.: (5932) 503295
Fax: 506328
e-mail: edinorma@uio.satnet.net
Quito

EL SALVADOR
Javier Gómez
GRUPO EDITORIAL NORMA S. A. DE C. V.
Alameda Juan Pablo II No. 292
50 m al norte de Av. Bernal
Tel.: (503) 2600173
Fax: (503) 2609340
e-mail: gnorma@cciglobal.net
San Salvador

ESPAÑA
Fernando Peñuela
PARRAMÓN EDICIONES S. A.
Gran Vía de les Corts Catalanes
322 - 324 6o. piso 08004 Barcelona
Tel.: (3493) 4261819
Fax: 4263730
España

GUATEMALA
Javier Gómez
GRUPO EDITORIAL NORMA – GUATEMALA
2ª. Calle 15-68 Zona 13
Tel.: (502) 3318053
Fax: 3342475 – 3318352
e-mail: edinorma@infovia.com.gt
Ciudad de Guatemala

MÉXICO
Francisco de la Parra
CARVAJAL S. A. DE C. V.
Av. Presidente Juárez No. 2004
Fracc. Ind. Puente de Vigas
C.P. 54090 Tlalnepantla de Baz
Tel.: (525) 5651289
Fax: 5658768
Ciudad de México

PANAMÁ
Luis Eduardo Rojas
EDITORIAL NORMA DE PANAMÁ, S. A.
Vía José Domingo Díaz - Tocumen
Edificio Carvajal
Tel.: (507) 266-5505
Fax: 2665115
e-mail: enorma@sinfo.net
Panamá

PERÚ
Andrés González
CARVAJAL S. A.
Jorge Basadre 990 San Isidro
Tel.: (511) 4409685 – 2216712
Fax: 4405871
e-mail: edinorma@carvajal.com.pe
San Isidro, Lima

PUERTO RICO
Ignacio Merchán
DISTRIBUIDORA NORMA, INC.
Royal Industrial Park
Carretera 869 km 1.5
Tel.: (1787) 7885050
Fax: 7887161
Bo. Palmas Castaño
San Juan

REPÚBLICA DOMINICANA
Carolina Henao
GRUPO EDITORIAL NORMA –
REPÚBLICA DOMINICANA
Calle Luis Alberti No. 20
Ensanche Naco-Casi Esq.
Mejía Ricard
Tel.: (1890) 2271840
Fax: 5475422
Santo Domingo

VENEZUELA
Orlando Benavides
EDITORIAL EXCELENCIA C. A.
Calle 8 Edif. Lance, piso 2
Urb. La Urbina, Z. Postal 1050
Tel.: (582) 2410422
Fax: 2410626
e-mail: normaven@infoline.wtfe.co
Sabana Grande, Caracas

Otros títulos de la serie

CC 09096
ISBN 958-04-5296-2

CC 09095
ISBN 958-04-5295-4

CC 09094
ISBN 958-04-5293-8

CC 09100
ISBN 958-04-5298-9

CC 09099
ISBN 958-04-5297-0

CC 09098
ISBN 958-04-5294-6

CC 09097
ISBN 958-04-5299-7

Curso rápido

¡El nombre lo dice todo!

"...la serie perfecta para ayudarles a los nuevos usuarios a volverse productivos rápidamente".

—PC Magazine

Perfecta para usuarios individuales e instructores,
CURSO RÁPIDO ofrece información precisa mediante
demostraciones concretas y ejercicios de aprendizaje progresivo.
Cada libro está concebido como una secuencia lógica de instrucciones
directas y fáciles de seguir para desarrollar documentos útiles,
los mismos que el usuario crea y utiliza en el trabajo cotidiano.

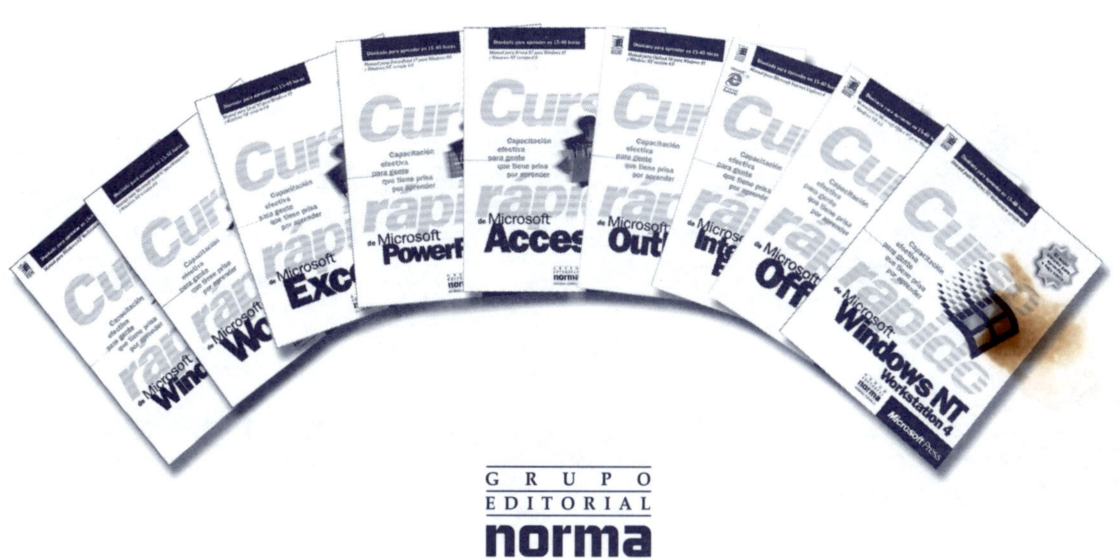

GRUPO
EDITORIAL
norma
INTERES GENERAL